李青潭 瞑想錄
마　음
李慧惺 撰

나의 人生觀
三育出版社

성불을 한 생 미루더라도 중생을 다 건지리

청담대종사 중생 제도상

기단 높이 16척, 화대 높이 11척, 중앙좌대 팔연비천상 높이 4.7척, 석상 높이 10척으로 전체 무게가 1백 35톤을 자랑하는 화강암과 현무암으로 된 보신석상

青潭大宗師石像

⇧ 부처님 사리가 봉안된 7층 석탑

⇧ 사리가 봉안되어 있던 사리함. 朴玄惺 주지스님이 수정함을 다시 제작하여 그 안 안에 봉한했다.

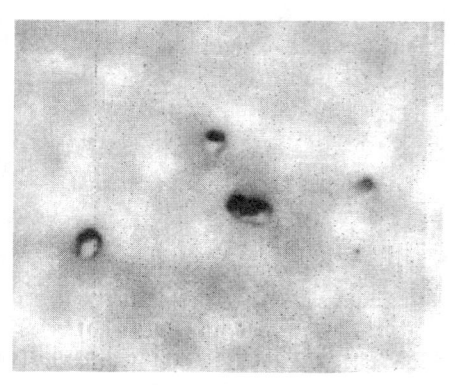

⇧ 7층 석탑에 모셔진 부처님 사리.

5색이 영롱한 『청담대종사』 사리 8과가 모셔진 이 탑은 하단의 길이가 14자, 높이가 24자나 된다. 기단은 여덟 용이 머리를 들고 몸을 틀어서 받치고 있다. 좌대 위에는 기초공사 중 발견된 문수보살상과 호법신장상을 조각한 탑신을 올리고 그 위에 옥개석을 올린 뒤 그 위에 복연앙연을 올렸다.

青潭大宗師舍利塔

5용두구신(龍頭龜身)으로 조각된 좌대 무게 50톤, 길이 16척, 높이 5.5척, 비신(碑身), 높이 15척, 두께 3.5척, 너비 5.5척, 맨 위의 용관석(龍冠石) 위에는 높이 5척, 너비 9척으로서 비석 전체 높이 10.2m에 무게 170톤의 국내에서 제일 높은 광개토왕비보다 높이 14척, 너비 2척이 더한다는 거대한 사리탑비.

青潭大宗師舍利塔碑

차 례

제1장 自畫像 ············· 13

見性과 破戒 사이── 15
緣따라 覺찾아 50年── 74

제2장 佛教와 人生 ············· 99

牛耳洞의 놀── 101
罪와 福── 105
올바른 生死觀── 109
肉身은 사멸하지만── 112
믿음은 죽음보다 强하다── 114
良識과 使命感── 117
우리를 슬프게 하는 것── 122
慈悲無敵── 126
6바라밀과 因果── 140
禪과 새 人間像── 147
佛教와 人生── 164

░░░ 제3장 마음의 사상·····················171

마음은 곧 나—— 173
어디서와 어디로 가나—— 198
사람은 왜 살고 있는가—— 202
人間의 自己管理—— 206
내 生命은 宇宙의 모든 것—— 212
永遠한 眞理를 찾아서—— 215
理想도 現實도 모두 꿈이다—— 218
因果應報와 輪廻의 實證—— 222
마음의 눈을 뜨고—— 236
成佛의 길—— 253

░░░ 제4장 歷史 앞에서·····················259

부처님의 큰 뜻—— 261
榮光에의 길—— 263
歷史의 한가운데서—— 267
修行과 正覺—— 270
平和·貧困·正義·正法—— 273
佛心과 放生—— 277
社會淨化와 佛敎의 使命—— 280
새 佛敎 宣言—— 282
宗敎는 사랑의 등불—— 289
奉仕를 통한 社會參與—— 293
나의 國家觀—— 296
人間社會의 밑바탕—— 301
人類의 나아가는 길—— 303
禪詩—— 306

열 가지의 죄악—— 312
열 가지의 착한 공덕—— 315
이 책을 내면서—— 319

길

길, 길은 사람이 존재하는 한 언제나 있고, 그러므로 그 길은 영원하다. 완성이란 언제나 없다. 완성이란 죽음 뿐이다. 그리고 그 죽음도 다만 탈바꿈에 지나지 않는다. 뜬구름 같은 우리의 삶, 끊임없이 나가고 있을 뿐이다.

그 길에 어느 때는 저토록 붉은 노을이 내리고 비가 내리고 인간의 외로운 발자국이 남겨지리다.

그 길은 나에게 젊음을 빼앗아 갔다. 그러나 그 길은 더 많은 것을 나에게 바라고 또 주겠노라 약속하고 있다.

──청담 대종사──

제1장 自畫像

青潭大宗師

見性과 破戒 사이

道詵寺의 밤숲을 거닐면서

깊은 밤 승려들은 바람과 적요를 만난다. 그것들은 길을 건너고 나무숲을 헤치면서 풍경소리가 뎅그렁뎅그렁 울리는 산간의 사원(寺院)을 찾아온다. 승려들은 바람소리를 본다. 바람은 기체(氣體)이다. 그러기 때문에 보이지 않는데도 본다고 하는 것은 보는 것이 눈이 아니라 마음이기 때문이다. 사람들은 마음으로 나뭇잎이 흔들리는 것을 보고 하늘이 푸른 것을 보고 노을의 아름다움을 보고 적요의 쓸쓸함을 보고 그것들 속에 내재한 만상의 이치를 본다.

승려들이, 아니 사유하는 모든 사람들이 그들의 시간을 이러한 밤으로 택하는 이유는 밤에 가장 조용하게 그 모든 것들과 대면할 수 있기 때문이다.

얼마나 많은 시간의 밤을 나는 찾아갔던가!

검은 이파리 사이에서, 냇물가에서 의문들은 머리를 들고 일어서고, 그것들은 마치 도금한 놋그릇들처럼 반짝이면서 나의 가슴에 와 부딪친다. 무수한 파장이 일어난다.

물결은 왜 아래로 아래로 흘러가며, 나뭇잎은 왜 한없이 석석이는 것일까? 왜 나는 그 소리들을 따라 걷고 있는 것일까? 무엇을 알자는 것일까? 안다는 것이란 또 무엇일까?

물결이 흐르는 것은 땅이 경사졌기 때문에 흐르고, 나뭇잎이 흔들리는 것은 바람에 밀리기 때문에 흔들릴 것이다. 마음이 있어서 흐르고 흔들리는 것이 아닐 것이다. 그런데도 밤에 밖에 나와 보면 그런 평면적인 대답이 무미건조하고 그 너머에 그 무엇이 도사리고 있는 것 같다. 그것이 무엇일까? 조주(趙州) 스님은 이럴 때 무어라고 대답하셨을까? 여전히 "무(無)"라고 대답하셨을까? 그랬을 것이라고 생각된다.

　그런데 스님이 무(無)라고 대답하셨을 때에는 다만 무를 의미하는 것이 아니고 그 무라는 말로 인해서 얻어질, 보다 크고 절대한 것을 의미했을 것이다. 그것이 무엇일까? 뒷날 대승들은 그것이 일체 명근(名根)을 끊어버리는 칼이라고 했고, 일체를 열어 주는 열쇠라고 했고 일체를 쓸어 버리는 쇠빗자루라고도 했고, 나귀를 매어 두는 말뚝이라고도 했다. 여기에 모든 정진하는 승려들의 위험이 따르는 법이다. 조주 스님의 "무"는 각자의 길로서 보는 수밖에 없다.

　조주 스님의 "무"의 그 의지(意旨)는 "무"에 있는 것이 아니고 다른 곳에 있는 것이니 제발 제승(諸僧)들은 조주스님의 뜻을 찾으려고 할지언정 무자(無字)에 떨어져서는 안되는 것이다. 이 무자화두(無字話頭)에는 좋은 비유가 하나 있으니 나는 그것을 여러분에게 보여 주리라. 옛날 양귀비가 궁성으로 들어갔을 때 그는 그의 애인을 궁성 아랫집에 살게 하고 매일 "소옥아 소옥아"하고 아무 의미도 없는 시종의 이름을 불러댔었다. 그렇게라도 하여 그의 음성을 애인에게 들려주는 의도에서였다. 다시 말하면 양귀비의 뜻이 소옥에게 있는 것이 아니라 소옥을 통해서 자기의 음성을 애인에게 전달하려는 데에 있었던 것이다. 이와같이 무자화두는 무자에 그 뜻이 있는 것이 아니라 무자를 통해서 얻어질 그 무엇에 의미가 있는 것이다. 그러므로 우리들은 어째서 조주스님은 "무라고 했는가, 그리고 뒷날의 대승들은 어째서 그것을 일체 명근을 끊어 버리는 칼날이라고 했는가를 의구(疑求)해야 하는 것이다. 그러한 질문들을 밀고 나아가면 그 끝에서 잡상들이 피어 오를 것이다. 그 잡상을 두려워해서는 안된다. 그것들을 버려 둬야 한다. 그리고 알 수 없는 그 의문 하나만을 간절히 간절히 일으키면서 나아가야 한다. 그렇게 의문이 끊어지지 않도록 이어주면서 오래 오래 나아가기만 한다면 그대들은 견성(見性)에 이를 수 있을 것이다.

우리들은 또 다른 의문이 일어난다. 견성이란 무엇인가? 자기의 본성(本性)을 보는 것이다. 본성이란 그러면 또 무엇인가? 변할래야 변할 수 없는 자기의 본체(本體), 즉 만물의 근원에 자리한 불(佛)이다. 어떤 처사(處士)는 그 불을 구하여 일생을 보낸 끝에 어느 날 한 대승을 만나 이야기했었다.

"이대로 시주만을 얻어먹고 도를 얻지 못하면 죽어서 소밖에 될 것이 있겠소?" 이때 대승의 말, "소가 되더라도 무비공(無鼻孔)만 되면 좋지" 무비공이라는 그 말에 순간 처사는 대오(大悟)하고 꿇어 엎드리었다. 있을 수도 없고 있어서도 안되는 "무비공"이라는 말은 모든 것을 초월하여 있어지는 세계였던 것이다. 그러나 그 대사와 처사가 간지 수백년이 지난 뒤의 한 작은 암자에서 선사 전강(田岡)은 의문하지 않으면 안되었다. 그 "무비공"이라는 말에는 "없다"라는 허물이 있고 미각시아가(味覺是我家)라는 말엔 "깨닫다"라는 허물이 있으니 그런 허물을 가지고 어찌 제 9암마리 식(識)을 건너갈 수 있을까? "건너간다"라는 말엔 건너가는 과정이라는 것이 구문상으로 불가피하게 존재하여야 하는 것이지만 해탈(解脫)에 있어서는 그것이 존재해서는 안되는 것이다.

그래서 사람들은 그 해탈을 가르쳐 말로 표현 할 수 없는 그 "무엇"이라고 하는 것이다.

무수한 승려들은 이렇게 의문에 의문을 넘어간다. 가령 나만 하더라도 일찍이 견성(見性)의 미미한 그림자를 보았을 때 세상에 내어 던진 소리,

만상의 나무들이 누렇게 시드는데
벼랑 위에 오직 한 나무 싱싱하게
푸르러 있더라.

오늘 나는 어두운 도선사(道詵寺)의 나무숲을 헤치고 가면서 그 게송에 의문을 던진다. 어떻게 "잎사귀가 시들고" "홀로 푸르다"는 흔적을 남기고 지혜의 바다를 건너갈 수 있을까? 흔적을 남긴다는 것은 아직도 미망의 그림자를 벗어버리지 못했다는 것이 아닐까? 마치 바람처럼, 마치 달빛처럼, 있으면서 없고 없으면서 있고, 어떠한 그릇에도, 어떠한 시간에도 자유자재로 담길 수 있는 것이 대오(大悟)가 아닐까? 그러한 세계이기 때문에 우리는 그것을 표현할 수도 없는, 시늉할 수도 없는 그것이라고 부르는 것이 아닐까?

그럴 것이다. 그래서 효봉종사(曉峰宗師)께서는 입멸(入滅)하시면서 수많은 불자(佛子)들이 송(頌)을 바랐을 때,

내가 말한 모든 법 그것 다 군더더기
오늘 일을 묻는다면 달빛이 천강(千江)에
비치리

라고 했던 것이다.

佛敎가 現世에서 갖는 意味

효봉이 모든 것을 군더더기라고 말했을 때, 나는 그 말속에서 말로 표현된 모든 것이 군더더기란 뜻 보다는 그분의 생애에서 모든 것을 그렇게 표현하고 있었지 않았을까 하는 생각이 든다. 법기암(法起庵) 토굴에서의 결사적인 정진 끝에 오도(悟道)한 이후로 그분은 한국불교의 통합과 불교의 전파를 위해서 몸을 바쳤고, 그리하여 그분은 63년 4월 11일 통합종

단의 초대 종정(宗正)으로 추대되었다. 다시 말하거니와 개인의 길에서 종정이라든가 전파는 거치장스런 것에 지나지 않는다. 개인의 길에서는 언제나 정진만이 있을 뿐이다. 그런데도 우리는 함께 세상을 태어났다는 인연 때문에 사해대중(四海大衆)들을 깨우치지 않으면 안되는 것이다. 아니다. 이렇게 말할 것이 아니다. 차라리 불교는 사해대중의 구제에 더 큰 뜻이 있을지 모른다. 그랬기 때문에 세존께서는 득도를 한 다음 우베라촌에서 내려왔고 의상 또한 고국 신라로 돌아왔던 것이다. 오늘 우리들은 그들이 왜 "내려왔고" "돌아왔는가"라는 사실을 깊이 생각하지 않으면 안된다. 그들은 누구에게로 돌아왔는가? 그의 나라로, 그의 형제들의 곁으로 온 것이다. 우리가 이곳에 태어났다는 사실은 어떤 사실 앞에도 우선하는 일이다.

우리들은 한국인이다. 많은 한국인의 구제가 오늘의 한국불교의 명제이다.

그렇다고 해서 내가 여기 애국론(愛國論)을 펼치고 있는 것은 아니다. 인간교육의 목표는 단순히 애국자를 배출한다거나 인재를 양성하는 것은 아니며 또 대중들을 천당으로 인도하는 데 목표가 있는 것도 아니다. 죄악과 번뇌와 고통 속에 잠긴 인간을 참 인간이게 하는 것, 그들로 하여금 죄악과 번뇌를 버리고 진정한 안락을 누리게 하도록 하는 것, 지혜롭게 하는 것, 자비로운 협조자이게 하는 것, 그것이 불교의 참 뜻인 것이다. 그것을 원효는 오직 "자리와 타리를 염원하고 보리(菩提), 즉 진정한 의미의 평화를 향해 노력하는 것"이라고 말했던 것이다. 그렇게 함에 있어서는 인간의 모든 지식이 필요하다. 아니 오히려 고오다 부다가 그러했듯이 그러한 모든 지식은 궁극적인 이해의 진리와 체현(體現)에 필수불가결의 기초지식이기도 하다. 이러한 불교의 대명제 앞에서 한국불교는 어떤 일을 하고 있는가? 매일의 신문들이 활자화 하고 있듯이 "내분", "탈퇴", "불만", "파문", "반대", "타락"의 일변도가 아닌가? 이러한 사회의 지탄을 받게 되는 책임이 다른 파에 있고 나에게는 없다는 것은 아니다. 나에게 이유가 있다면 그들에게도 이유가 있을 것이다. 그러므로 그 책임은 양자에게 다같이 있을 것이다. 나는 그 이유를 따진다거나 옳고 그름을 판가름하고자 하는 것은 아니다. 다만 한국불교가 대중을 구제하고 살아나갈 수 있는 것이 무엇인가? 그것이 무엇인가를 생각해 보고 싶을 뿐이다. 이것이 소위 사람들이 말하는 나의 "유신 재건론"이라는 것이 되겠지만 나는 굳이 "유신"이라는 말로서 그것을 표현하고 싶지는 않다. 그 말은 너무나도 세상을 떠들썩하게 했기 때문이다.

나의 惟信論

내가 내세운 세 가지 큰 항목 중의 하나인 불경(佛經) 한글 번역은 나의 주장이라기 보다는 차라리 용성대사(龍城大師)의 큰 뜻이었다고 해야 할 것이다. 불경 번역사업은 일찍이 대사로부터 시작되었기 때문이다.

불경은 승려들의 독점물이 아니다. 차라리 더 많은 대중들의 것이어야 한다. 그리고 오늘은 한문을 해독하지 못하는 세대들이 계속 자라나고 있기 때문에 불경번역은 한국불교의 가장 시급한 최대 사업이라고 해도 과언이 아니다.

불경 번역사업과 더불어 또 다시 해내지 않으면 안되는 일은 불교의 대중화 내지 불교의 현실화 운동이다. 사람들이 한가로운 때, 신심(信心)이 두터운 때에는 사찰이 산간에 있어도 될 것이다. 그러나 오늘날과 같이 사람들이 분주하고 어떠한 방법으로도 믿음이라는 것을 가지기에 어려운 시대에서는 신자와 승려들의 대화와 이해소통으로 그 갭을 메꾸어야 한다.

사람들은 시달리고 있다. 아침 일찍 일어나 밥먹고 출근하고 많은 일과 사교에 시달리고 그리고 저녁이면 솜같이 지쳐서 집으로 돌아간다. 밥을 먹고 잠에 떨어진다. 다음 날도 같은 일이 되풀이 된다. 그들에게 사찰을 찾을 만한 시간이 없는 것이다. 불교가 그들을 찾을 수밖에 없는 것이다. 여기서 "그러면 한국불교는 어떻게 대중들을 찾아가야 한단 말인가?"라는 다음 문제가 따라온다.

어떻게 대중들을 찾아가야 하는가 하는 문제는 승려들의 교육문제와 연관된다.

이제는 극락이라든가 기이한 선문답(禪問答)으로서 대중들을 거느릴 수 없다. 그러기에는 오늘날의 사람들은 너무나 영악하다. 그들은 환상이라든가 가상적 세계의 약속을 뿌리칠 수 있도록 충분히 영리하다. 그러기 때문에 승려들은 그들과 정식으로 만나는 수밖에 없다. 정연한 논리로서 보리의 참 모습을 보여줘야 한다.

나로서 이 세 가지 문제는 파벌이라든가 이해타산을 넘어서서 공감할 수 있고 공감으로써 실현시킬 수 있는 일이라고 생각되었었다. 그랬는데 어떻게 그런 결과가 빚어질 수 있었단 말인가. 내가 제의한 모든 안건은 깡그리 부결되고 말았었고 그리하여 나는 며칠을 번민한 끝에 탈퇴성명을 내지 않으면 안되었다. 각계의 지인들은 거기서 나의 경솔성을 지적하고 돌이켜 생각하라고 권유했었지만 내 생각으로는 그런 식으로 한국불교의 내일을 바랄 수 없었던 것이다.

이제와서, 이 글을 쓰는 지금은 그 탈퇴가 오히려 한국불교를 제자리로 옮겨놓은 첩경이 되고 말았지만, 탈퇴라는 너무도 소란스러운 사건으로까지 치달리지 않으면 안되었던 그때의 나의 심경엔 많은 앙금을 남기고 말았다. 그 앙금은 지금도 조용한 시간이면 나를 찾아온다. 그리하여 나는 이렇게 고즈넉한 밤에 문을 열고 나가 나무숲 사이로, 냇물가로 거니는 것이리라.

달빛과 노을과 새벽

　도선사의 마지막 층계를 밟고 내려가면 밤 나무숲에서는 물 큰한 진액냄새가 코끝을 스친다. 그리고 10월의 독특한 산냉기와 달빛의 매끈매끈한 감촉이 나를 휩싼다. 그 냉기가 좋다. 그리고 달빛이 좋다. 때때로 나는 밤숲을 거닐면서 "좋다 좋다"라는 말을 무심하게 입밖으로 흘러낼 때가 있는데, 냇물을 따라 흘러내려가고 있는 한, 이파리 단풍을 주워들고 그 앙상히 드러난 엽맥을 보고 있을 때, 이슬 내린 바위에 앉아 잠들어 조용해진 시내로 뻗어 내린 신작로를 보고 있을 때, 그 말은 너무나도 당연하게 소리내지 않으면 안되는 성질의 것처럼 보인다.
　나는 밤의 산길을 좋아한다. 길들은 끝이 없이 흘러간다. 그리고 냇물도 끝없이 흘러간다. 왜 흘러가는 것일까. 냇물은 지면이 낮기 때문에 흘러내리고 길들은 사람들의 발자국의 때가 묻어서 흘러내릴 것이다. 그 자체의 의지로서 된 것이 아닐 것이다. 그런데도 달빛아래 보고 있으면 그것은 한 의지처럼 보인다. 마치도 도(道)라든가 보리(菩提)라는 말 그 자체로서도 품격을 지니고 있는 듯이 생각키우기에……
　달빛 속에는 사해대중의 아픔이 보이지 않은 밀도로서 들어차 있다. 그래서 대승들은 그 달빛 속으로 나아가 정진하는 것이리라.
　중 일련의 기록에도 광덕은 밤마다 달빛 위에 떠올라 정진하였고 현수도 달빛 속에서 그의 선을 맞아 들였었다. 기록만이 아니다. 사실에 있어서도 달빛은 승려들의 정진과 깊은 연관관계를 맺고 있다. 대승들의 모든 게송 속에는 한 두마디 달빛의 이야기가 들어가 있다. 아니 달빛만이 아니다. 저녁 노을이라던가 새벽의 써득써득한 빛깔은 승려들이 너무도 사랑하는 색채이다.
　아침 다섯시가 되면 승려들은 눈을 뜨고 일어나 대빗자루를 들고 절 뜰을 한 바퀴 쓸고 구석구석에서 진회색의 냄새가 풍기는 법당의 문을 밀고 들어간다. 아침 염불을 외인다. 법당 문을 열고 나올 때는 벌서 건너산 위로 붉고 미숙한 햇빛이 트고, 나오던 승려들의 손은 합장하여지고 허리는 겸손하게 구부러진다. 절간을 둘러싼 대숲에서 바람에 이파리가 흔들리는 소리, 풍경이 흔들리는 소리, 이 아침의 소리들은 너무나도 미세하고 신경질적이다. 마치 신라인들의 귀금속품과 같다.

그렇게 긴 아침이 서서히 사라지고 난 뒤, 산으로 빼꼭히 둘러싸인 산간에는 저녁이 줄달음치듯이 뒤따라 온다. 더욱이 가을과 겨울에는 아침과 저녁이 거의 일직선으로 이어지고 있는 것 같다. 만산은 종일 붉은 노을에 잠겨 있는 듯하다.

아아, 승려들은 그 시간을 사랑한다. 더욱이나 그런 시간의 벼랑에서 또는 토굴에서 정진하고 있는 사람들은 그 노을을 온 몸으로 받아들이고 온 몸으로 토해낸다. 그리하여 그들은 이윽고 그 달빛과 노을과 일출위로 떠올라온다. 그런 다음 그들의 허적허적한 발길은 토굴을 빠져나 세상으로 향하여 진다. 법설(法設)이 시작되는 것이다.

길과 더불어 나의 半行을 향하여

또다시 나는 나의 이야기로 돌아가야겠다. 그래서 머릿글을 빨리 끝내야겠다.

길을 보고 있을 때 사람들은 걸어왔다는 사실과 그리고 걸어가야 한다는 사실을 동시에 생각하게 된다.

오늘밤 나에게도 그러한 사람들의 상습적인 사고는 되풀이 일고 있다.

나의 반생은 어떤 일을 하면서 걸어왔던가. 그리고 어떻게 앞으로 걸어가야 할 것인가.

서구의 어느 시인은 "모든 연대기(年代記)적인 사건이란 아무런 의미도 없다. 그것이 어떻게 그의 정신의 성장과 관계를 맺고 있는가라는 사실만이 중요하다"라고 말한 적이 있는데, 이 말은 불교적인 어투로 번역하자면 그의 본성을 어떻게 찾아가고 있었던가 라는 것이 될 것이다. 즉 수도기(修道記)가 될 것이다.

　나는 다음 글이 수도기이기를 바라지 않는다. 그것을 바라기에는 한 사람의 삶 속에는 너무나 너저분한 사건들이 가득 차 있고 우연이 널려 있다. 그럼에도 불구하고 그러한 사건들 속에서 내가 염원한 나의 "유신재건"이라는 커다란 명제를 볼 수 있다면 다행이겠다. 그것이 어떻게 싹트고 어떻게 커 나왔던가를…… 그럴 수만 있다면 그것은 써걱써걱한 관념이 아니고 싱싱한 삶이며 웅변이 아니고 사실이며 허위가 아니고 실체일 것이다. 그러기만 한다면 그것은 진짜일 것이다.

　그러면 대중들이여!
　우리는 이제 저 길을 따라 내려가 보자.
　과거를 만나러 가자.

書塾의 부엉이

"부엉이 부엉이, 부엉이야 부엉이, 무엇을 보고 있니? 엉큼한 눈으로……"라고 그가 글방의 마당에서, 짚더미 옆에서,
　무화과나무 그늘에서, 또는 강 언덕에서,
　알지 못할 상념에 잠겨 걷고 있을 때,
　생각하고 있을 때,
　동무들은 뒤따르면서 그를 놀려댔다.
　어떤 때는 옆구리를 찌르고 어떤 때는 돌멩이 질을 했다. 그러나 순진하고 어리석은 소년이었던 그는 그 놀림이 귀찮고 굴욕스럽기는 했으나 그들과 어울려 싸운다거나 대항하여 이기고 싶은 생각은 없었다. 차라리 그런 동무들로부터 떨어져

언제나 조용하고 명상적인 분위기에 잠겨 있고 싶었다.
　부모들의 권유로 그는 진주 남강가의 봉연제(鳳輦霽)라는 한문서숙에서 "하늘천 따지 감을현 누루황"을 읽고 있었으나 그 글자, 즉 "천지현황(天地玄黃)"이라는 자모(字模)는 머리속에 들어오지 않았다. 청아한 목소리로 외고 있는 아이들의 "하늘천 따지 감을현 누루황"이라는 어음만이 들리는 것이었다. 그리하여 그는 종종 눈을 멈추고 그 소리를 듣기를 즐겨 하였다.
　그때마다 스승의 긴 담뱃대가 그의 머리 위로 날라왔고,
　"이놈아, 그렇게 정신을 팔고 있으니 성적이 떨어지지"
　이런 꾸중이 들려왔다. 그는 담뱃대가 머리에 닿는 아픔보다도 "정신을 팔다니 그게 무슨 말일까? 정신을 팔 수도 있는 것일까?" 하고 생각하는 것이었다. 이렇게 그의 생각은 언제나 배우는 그것에 보다도 그 주변에 그 둘레에 더 많이 머물러 있었고, 그랬으므로 성적은 더욱 더 떨어져갔다.
　성적이 떨어졌기 때문에 오히려 그런 결과가 왔을지도 모른다. 그는 담뱃대와 퀴퀴한 냄새가 들어차 있는 서숙의 분위기보다는 쉬는 시간이면 나와 노는 마당의 모든 것이 좋았다. 그것들을 사랑하였다.
　햇빛이 내려비치면 백색으로 반짝이는 마당. 그 둘레에 심어져 있는 사철나무의 흔들리는 잎사귀들, 그리고 보이지 않게 일체를 흔들고 가는 바람들……
　그는 마당가의 볏짚에 작은 몸을 기대고 서서 무심한 눈으로 그 모든 것을 보았다. 지붕 위로 흘러내리는 햇빛도 보고 하늘도 보았다.
　하늘에는 구름이 흘렀다. 찬란히 바라보고 있는 그이 눈에는 구름이 삽시간 여러 가지 모양으로 변하는 것이 들어오고 있었다. 코끼리 모양으로, 젖먹이는 어머니 모양으로, 산모양으로, 바다 모양으로, 물긷고 가는 아낙네의 모양으로, 그리

고 염소 모양으로 토끼 모양으로…… 그토록 자유 자재로 변하는 구름 모양에서 그는 무엇을 보고 있었을까. 어렸을 때의 일을 세세하게 생각해 낼 수는 없는 일이지만 어쩌면 그는 그때의 구름의 변용에서 일종의 소년다운 감상적인 비애를 보고 있었을지도 모른다. 그리하여 비애는 장차의 그를 만드는 정서적인 원천을 이루고 있었을지도 모른다.

어쨌든 그의 모든 장점을 우리가 오늘 들추어 추겨 세워준다고 할지라도 그 무렵의 그는 분명히 훌륭한 소년은 아니었다. 훌륭한 사람으로서의 자질이 보일 뿐이었다. 그리하여 스승은 종종 공부는 못해도 순량한 놈이라고 했고 동무들은 "부엉이 부엉이"하고 놀리면서도 "좋은 놈"이라고 칭찬하기를 잊지 않았다.

특히 그의 아버지는 생각하는 사람들에게서 볼 수 있는 조용한 그늘이 아들의 얼굴에 흐르는 것을 보고 그는 틀림없이 장차 현자(賢者)가 될 것이라고 내심으로 기뻐하였고, 그의 어머니도 아들의 걸음걸이에서, 말씨에서, 행동거지에서 예절바르며 친절한 성미를 찾아내고 그 무엇에도 비견할 수 없는 사랑을 주는 것이었다.

이러한 종류의 부모들의 사랑은 그 누구나 맛보고 자라나는 성질의 것일 것이다. 그리고 아이들은 그 사랑으로부터 늘 벗어나려고 반항하는 것일 것이다.

그러나 삼강오륜(三綱五倫)이라는 유교(儒敎)의 굴레에 꽉 얽매어 있었던 그때의 아이들은 그 반항심이라는 것을 결코 나타낼 수는 없었다. 그것을 보였다가는 당장 불효(不孝)라는 낙인이 찍히고 마을에서 소문난 문제 아이가 되기 때문이다.

어느 면에서는 몹시도 기민했다고 할 수 있는 그는 결코 반항하지 않았다. 불편한 대로 부모들의 사랑과 기대를 등에 지고 매일 매일 아무런 재미도 없는 봉련제로 가는 것이었다. "하늘천 따지"를 읽기 위해서.

그날도 그렇게 책을 읽고 쉬는 시간이 되어 밖으로 나왔었다. 볏짚에 기대어 구름을 보고 있었다. 이백(李白)의 "초산진산계 백운백운 처처장수군(楚山秦山皆 白雲白雲 處處長隨君)"을 생각하고 있었을지도 모른다. 이미 17세라는 성숙기에 이르렀던 그에게 그때 "임"이라는 영상은 이미 깃들어 있었을 것이고, "임"이라는 영상이 깃들었다면 구름에서 그것을 떠올리지 않을 수 없었을 것이기 때문이다. 그렇게 그가 무엇인가를 열중하고 있었을 때였다. 한 친구가 "부엉이 부엉이, 부엉이야 부엉이"하고 너무나도 큰 소리로 그이 고막을 울리면서 그이 왼 팔을 잡아당겼다. 그는 쓰러졌고 일어섰을 때에는 더 이상 참을 수 없다는 분노가 전신에서 이글이글 타고 있었다.

그는 친구에게 대들었다. 몇 번이고 넘어졌다가 일어섰다. 나중에는 손에 잡히는 대로 돌을, 부지깽이를, 삽자루를 집어 던졌다. 싸움이 끝났을 때는 장독대의 항아리들이 부서지고 창문이 깨어져 마당은 아수라장이 되었었다.

선생은 노발대발했다.

"이놈 고약한 놈 같으니라고, 설사 서우(書友)가 잘못했다 손치더라도 깨우쳐 이해시켜 줘야지 그렇게 원수처럼 대드는 법이 어디 있느냐. 우리 서숙에서는 너 같은 독종은 필요없으니 나가거라."

그는 선생의 말이 떨어지는 즉시로 책보를 싸들고 나왔다. 걸음이 덜덜 떨렸다.

아버지와 어머니가 몇 번이고 그에게 "그것은 선생의 잠시의 화풀이이니 다시 나가라"고 사정했으나 완강히 거절하였다.

아버지는 할 수 없이 "그렇다면"하고 그를 진주 제일보통학교(晋州第一普通學校)에 입학시켜주었다.

꿈에 가득찬 少年

이상한 이야기 같지만 소년기에는 엉뚱한 변모라는 것이 가능하다. 그리고 그것은 예민한 소년들에게 일수록 일어날 가능성이 많다.

　나에게도 그 변모가 왔었다. 보통학교 학생이 되면서부터 나는 어리석은 아이의 틀에서 벗어나 무엇에나 앞장서려고 했고 그 무엇에나 지지 않으려고 바둥거렸다. 그렇게 서너달을 하고 나니 나의 성적은 빼어나기 시작하였다. 드디어 학년에서 1, 2등을 다투기 시작하였다.

　성적이 좋은 아이들은 언제나 우쭐거리는 법이다. 나는 공부 못하는 아이들, 어수룩한 아이들을 놀려먹기 시작하였고 겨울이면 그런 애들을 찾아가 눈덩이를 옷속에 집어넣고 도망갔다. 아이들은 내 뒤를 따라왔고 그 대열은 그리하여 너무도 자연스럽게 달음질 경주가 되는 것이었다.

　그때의 남강에는 뱀들이 득실거렸다. 그래서 아이들은 헤엄질이나 고기잡이를 그들끼리 가지 못하고 언제나 나를 앞장세웠다. 나는 뱀들을 숭숭 붙잡아 뚝 넘어로 집어던졌다. 그제서야 아이들은 와와 하고 물속으로 뛰어드는 것이었다. 물방울이 강물위로 튀어오르는 것이었다.

　우리들은 그때 누구나 없이 일인(日人) 교사의 말씨와 동작을 사랑했었다는 생각이 든다. 담배만 피우고 앉아 "맹자왈(孟子曰)……"을 가르치는 서숙의 늙은 선생보다 그 일인 교사에게서는 신선하고 향긋한, 무어라고 했으면 좋을까, 사람을 달게 끌어들이는 일면이 있었다. 그리하여 우리는 그가 하는 말이면 무엇이나 새겨들었고 그가 하는 일이면 무엇이나 모방하려고 애썼다. 선생은 나를 좋아 했었던 듯하다. 선생은 학생들에게 무엇인가를 질문하고 그것을 대답해 내지 못하면,

　"이순호 너는 어떻게 생각하지?"하고 그 흰 목을 나에게로 향하여 돌리는 것이었다. 나는 서슴없이 일어나,

　"겨울에 독이 깨어지는 것은 독에서 물이 얼어 그 부피가 커지기 때문입니다."

"나뭇잎이 푸른 것은 나뭇잎 속에 있는 엽록소가 푸르기 때문입니다"라고 대답하는 것이었다. 그러면 선생은,
"좋아 좋아"하고 카랑카랑한 목소리로 말씀하시었다. 나는 어깨를 으쓱이면서 자리에 앉았다. 모든 급우들의 시선이 나에게 몰리는 듯한 느낌을 가지면서 한편으로는 무심한 듯이 눈길을 창밖으로 돌리었다.

창밖은 언제나 햇볕이 가득 차 있었다. 그것은 마치 소년들의 무한한 꿈처럼 운동장 아래서 반짝이고 있었고 우리들의 꿈은 무한하게 그 밖으로 뻗어나가고 있었다.

꿈이라는 것이 우리에게 붙어있을 때, 그리고 그것이 창창하게 타고 있을 때, 우리들에게는 그 꿈의 실체인 사실이라는 것이 찾아 오는 것 같다. 그리하여 그때 나에게도 그 꿈의 형체일 수 있는 사랑이라는 것이 찾아왔던 것 같다.

秘藏의 密室과도 같이

한 사람이 회고록을 쓸 때에 다같이 지나가 버린 일에 대해서라도 어떤 종류의 기쁨과 따사로움을 가지고 쓰게 되는 부분이 있다.

누구에게도 보여 주고 싶지 않았던 비장(秘藏)의 가보(家寶)와 같이, 내밀한 곳에 자리하고 있는 부분이 그의 일생에 없다면 그 회고록을 기술하는 사람의 심정은 얼마나 삭막한 잿빛의 것이랴.

다행히도 나에게 그 생기에 차고 4월의 벚꽃과 같이 화사한 부분이 있다.

내가 누렸던 짧은 기간의 여우 별과 같았던 사랑은 지금은 젊은이들에게는 웃음거리 밖에 되지 않을 것이다. 그만큼 그때 우리들의 사랑과 오늘의 사랑 사이에는 너무도 심한 격차가 있다.

오늘날의 젊은이들에게는 많은 시간과 장소가 있고 서로의

대화가 있으며 사랑한다는 사실을 공공연히 함으로써 그것을 보다 확실하게 그들의 것으로 누리는데 그때의 우리들은 그저 보고, 웃고 그리고 헤어졌었다. 그것만으로도 충분히 행복했었다. 한 마디로 말해서 소월(素月)의 시든가 "못잊어 생각이 나겠지요 그런대로 한 세상 지내시구려"식이었다. 그런 유약하고 식물성적인 사랑이었으면서도 그것은 그들의 개인의 비장의 것이 되지 못하고 소문 속에 한번 끼이기만 하면 삽시간에 소문은 퍼지고 퍼져 마을 전체의 것으로 변하는 것이었다.

지금도 생각이 난다. 어느 보리 밭에, 어느 뚝가에 "사랑의 표적"이 났다고 하면 아이들은 모두 그곳으로 줄달음 쳤었다. 보릿잎이 얼마나 쓰러졌는가, 그 어떤 흔적이 남겨져 있었는가를 눈을 부릅뜨고 살폈다. 만약에 그 사랑의 자리에 붉은 핏자국이라든가 손수건이라도 발견 하는 날이면 그것은 마을에 생기를 부어주고, 그리고 젊은이들은 그것에서 얻은 환상에 잠겨, 마치 그들 자신이 그 주인공이었던 듯한 부끄러움마저 가지는 것이었다.

한 마디로 말해서 사랑하기에 몹시도 어렵고 불편한 시대가 우리들이 살아온 시대였다고 할 수 있을 것이다. 그런 시대에서 사랑을 가졌다는 기쁨을 느낄 수 없이 나는 사바세계로부터 멀리 떨어져 왔지만 이렇게 기술하고 있는 순간에는 잔잔한 기쁨을 가지지 않을 수 없다.

이 글을 쓰고 있는 나처럼 그도 지금은 머리가 파뿌리가 되었을 것이다. 그러나 우리들이 사랑하였던 그때에는 그녀는 젊었고 얼굴에 싱싱한 푸르름이 넘쳐 흐르고 있었다.

그는 나와 한반이었던 황한성(黃漢星)의 동생이었다. 그래서 나는 한성을 따라 종종 그의 집엘 들렸고 당연히 우리는 함께 앉아서 소근거릴 기회가 만들어졌었다. 우리가 나누는 이야기는 앞에서 말한 것처럼 사랑한다는 직접적인 의사 표현이 아니라 누구는 오늘 교정의 포플러 아래서 상투를 잘랐는

데, 상투가 땅에 떨어지자 울음을 터뜨렸으며 그의 아버지는 맨머리로 온 아들을 보고 조상을 뵐 면목이 없다고 문을 닫고 들어 앉았으며 오늘 일본 여자가 게다를 신고 재판소 앞을 지나가는 것을 보았고, 오늘 뒷산에서 나팔부는 소리가 들렸다는 것 등이었다. 그밖에도 우리는 누가 누구와 사랑한다는 이야기를 주고 받았었는데, 그런 이야기를 나눌 때의 우리의 두 볼은 빨갛게 달아 올랐었다. 그러는 새 우리가 이야기를 주고 받는다는 사실도 사람들의 입을 타고 퍼져나갔던 듯하다.

結婚과 不合格

어느 날 아침 책보를 끼고 사립문을 빠져나가려는 나의 저고리섶을 어머니가 붙잡았다. 어머니는 말씀하셨다.

남자나 여자에게나 결혼을 해야 할 알맞은 시기가 있다는 것, 네 나이가 마침 결혼을 해야 할 시기에 해당된다는 것을 말씀하시고 K와의 사이를 염려하시었다. 남자나 여자나 남의 입에 오르내리는 짓은 삼가야 마땅하며 더욱이 혼사는 인륜지 대사라 함부로 처신해서는 안된다는 이야기였다.

나는 어머님의 말씀이 있은 후, 3일동안의 여유를 가지고 결혼에 대해 곰곰히 생각했다.

나의 뇌리에 떠날 줄 모르고 살아 있는 K 때문만은 아니었다. K를 지극히도 사랑했지만 그녀와 결혼을 하리라는 사실적인 결심은 없었다. 그런데도 그를 버리고 다른 여자와 결혼해야 한다고 생각하니 암담하지 않을 수 없었다. 그렇다고 부모님의 말을 거역할 수도 없는 일이다.

부모의 말씀을 거역한다는 것은 그때의 시절에 감히 상상도 할 수 없는 일이었으며 더욱이 외아들이었던 나에게는 더욱더 그랬다고 할 수 있을 것이다. 그 어느 쪽도 자의로 선택하지 못하고 나날을 우물쭈물하다가 열아홉살 되던 섣달 어느 날 나는 조랑말을 타고 언덕을 넘어 나의 신부가 살고 있다는 마을로 향하여 갔다. 그의 집에는 생전에 보지도 듣지도 못한 여자가 나를 기다리고 있었고 나는 그 여자를 향하여 큰 절을 했다. 그 여자도 허리를 구부리었다.

그것이 모든 설명을 제해버린 나의 결혼식의 전말이었다. 어떤 사람들은 그 무렵의 내 가슴속에 흐르고 있었을 슬픔이 K를 버린, 그와는 전연 딴판인 여자와 결혼하는 데서 오는 것이 아니었을까라고 생각하는 사람들이 있을지 모르지만 그렇게는 생각하지 않고 있다. 나는 K와 결혼하겠다는 생각을 해 본 적이 없었다. 그것 보다는 우리들은 보다 훌륭하고 뜻 있는 인물이 되어야 한다고 생각했을 뿐이었다. 그랬으므로 내가 그때 느끼고 있었던 슬픔이 있었다면 결혼을 함으로써 그 꿈을 버리지 않으면 안된다는 낙심에서였을 것이다.

한 집안의 장남이며 외아들이라는 사슬이 이 모든 겉보기에는 한결 같이 평범하고 일상사의 잡다함으로 가득찬 생활속에서 깊게 나를 구속하고 있었던 것이다.

한국적 가족제도와 사회제도는 장남에게 얼마나 많은 제약과 억압을 주는 것인지를 지금의 젊은이들은 알지 못할 것이다. 그러나 그때를 살았던 사람들은 뼈아프게 느껴야하는 사실이었다. 그들은 일본으로도 서울로도 가서는 안되었다. 그들은 공부에 열중할 수도 없었다. 그것 보다는 그들은 부모 곁에서 조상을 받들고 나가야 했다.

내가 일본유학을 포기하고 진주 농업학교를 지망하였던 것도 벗어날 수 없는 이런 사회적 배경이 뒤깔려 있었던 것이다. 모든 것을 포기해 버리고 나는 농업학교의 원서를 사서 제출했다. 드디어 시험날이 되었다. 나는 시험을 치렀다. 예상한 대로 문제는 아주 쉬웠다. 제한된 시간의 반도 지나지 않아서 나는 해답안의 작성을 끝냈다. 그중 수학문제 하나가 틀린 것을 뒤에 발견하고 고쳐 쓰려했으나 시간이 늦어 쓰지 못한 것 이외는 다른 불비한 점은 전혀 없었다. 나의 합격은 나 자신뿐 만이 아니라 주위의 모든 사람이 확신하고 있었다. 그랬으므로 나는 나 자신의 합격여부 보다는 보통학교 시절에 가장 친했고, K의 오빠이며 황의치(黃義治)시의 양자인 황한성을 걱정하고 있었다. 그런데 어찌된 일이었을까? 걱정하던 황한성의 이름은 합격자 발표난에 적혀 있었으나 내 이름은 그 어느 곳에서도 찾을 수 없었다. 놀라지 않을 수 없었다. 그 놀라움은 나만이 아니고 담임선생도 친구들도 일반이었다.

내가 답안지 작성에 실수를 했거나 미숙한 점이 있었다는 것인가? 그것은 아니었다. 나는 분명히 정답(正答)을 썼었다. 그런데도 내가 불합격이라는 불명예스러운 쓴잔을 마신데는 그럴만한 사건이 계재되어 있었다.

그것은 저 유명한 기미 3·1만세사건이다.

3년 전의 사건이 그때까지 기억되고 치부되어 진학하는 데 영향과 누를 끼치게 될 줄 그 누가 짐작이나 했을 것인가.

내가 體驗한 3·1 運動

후세의 사람들은 기미 3·1 만세사건을 커다란 민족운동의 효시라고 서슴지 않고 정의하고 그 정의를 사람들은 아무런 의문도 없이 그대로 받아들인다. 나는 그것이 오류라고 지적하는 것은 아니다.

그러나 인간의 정신, 상상력, 판단력에는 어떤 종류이든 형태, 윤곽이 있지만 자연이나 사건 사실에는 그것이 없다. 그래서 한 사건과 사실에 천태만별의 해석·이해·윤곽이 주어질 수 있는 것이다.

내가 겪은 기미 운동은 그것이 사전에 계획되고 용의주도하게 의도한 바에 따라 이루어진 민족운동이 아니라 거의 우발적인 항거였다고 나는 지금도 생각하고 있다. 내가 우발적이라고 표현하는 데는 3·1 운동 목격기가 있다. 거기에서 외국인은 이렇게 기록하고 있다.

"세계 어느 나라의 항쟁 중에도 이토록 아름답고 슬픈 항쟁은 없을 것이다.

인도의 간디가 무저항의 저항을 일컬었지만 한국민은 어떤 지도자가, 어떤 리이더가 무저항의 저항을 가장 올바르고 효과적인 저항이라고 설득하거나 주장하기 이전에 이미 전신으로 체득하고 있었다.

생활의 가난과 고달픔으로 찌들대로 찌들은 검은 얼굴들이 그 얼굴의 부끄러움을 감추려는 듯이 흰 옷으로만 전신을 감싸고 만세를 부르며 국기를 흔들다가 왜인의 칼과 총에 그대로 쓰러져가고 있는 광경에는 처참한 아름다움이, 금수의 폐부도 울릴 듯한 슬픔이 있었다."

이 기록이 어느 면에서 평가되어야 할지 나는 잘 알지 못한다. 단지 한 진실(眞實)만은 발견할 수 있었다.

3·1 만세사건이 민족의식의 발로이거나 불의에 대한 항쟁이거나, 시민정신의 각성이거나 한 거대하고 엄청난 이름을 부치기 이전에 그것은 지렁이도 밟으면 꿈틀한다는 소박하고 어느 의미에서는 조건 반사적인 반응이었다는 점이다.

외국인을 그토록 감동시킨 무저항이 어떤 효과를 노려서 어떤 의도 아래서 이루어진 것이 아니라 그 길 밖에 달리 항거의 방법을 모르고 있었기 때문일 것이다. 인간성에 대한 직접적이고 원시적인 짓밟음, 참을 수 없는 차별대우, 이것에 대한 우리들의 소박한 항거는 어리석음이라고 밖에 할 수 없는 양상이었기 때문에 동정하고 연민을 느끼지 않을 수 없었을 것이다.

한 개인이 아니고 수천의, 수만의 인간이 모여서 이루어진 한 민족에게 무엇이 그토록 인종하고 굴욕을 감내하기를 강요했던가? 저 강파르고 깡마른 산인가? 세계 어느 나라의 하늘과 바꿀 수도 없이 푸르다는 하늘인가? 좁고 가난한 들판인가?

누가 충동질하지 않았는데도, 누가 사전에 미리 연습시키지 않았는데도 이 어리석고 가난한 민족의 만세사건은 들판을 휩쓸고 지나는 들불처럼 요원히 번져가고 있을 즈음에 나도 일인과 일제와 일본을 나와 내 나라와 민족과 구별해서 생각하기 시작했다.

學校로 찾아 온 한 靑年

진주에서 3·1 만세 사건이 벌어지기 직전이었다.

하루는 학교로 어떤 청년이 찾아왔다. 흰 무명 두루마기를 입고 미투리를 신은 청년이었다. 그의 동작에는 선뜻 선뜻한 기운이 돌고 있었고, 지금 와서 생각하면 불안이라고 표현할 수 있는 성급함이 어투에 묻어 있었다. 그러나 선뜻 선뜻한 기운이 배어 있는 동작, 성급하고 떨리면서도 힘있는 목소리, 무엇보다 불안해 보이면서도 맑고 빛나던 눈빛이 내 가슴속에 단단하고 응어리진 무엇을 던져주고 갔다.

청년은 투박하고 저력있는 목소리로 우리들에게, 우리는 독립을 해야 한다는 사실, 일본인을 쫓아내야 한다는 사실, 그리고 그러기 위해서 만세를 불러야 한다는 사실을 역설했다. 우리들은 그의 이야기를 듣고 있으면서도 그가 말하는 독립, 만세 등이 무엇을 뜻하고 있는지를 확실히는 몰랐다. 그때 내 나이 17세. 그 청년이 다녀간 이틀후인가? 나이 보다도 키가 껑충하게 크고 기골이 장대 한 나는 아침 일찍 학교에 갔었다. 모두들 조용히 제자리에 앉아 책을 읽거나 필기를 하고 있었다. 여느때 같으면 모여서 시끄럽게 떠들어 댈 것인데 이상하게 모두들 아무말 없이 제 할 일만 하고 있었다.

이윽고 나도 조그만 쪽지를 받았다. 만세를 부르자. 진주재판소 앞으로 모여라.

공부는 시간도 못 채우고 끝나버렸다. 나는 진주재판소로 가기 전에 시장에 들려 장사를 하시는 아버지에게 책보를 맡기려고 가는 길에 일본군 오장을 만났다. 적갈색 말을 탄 오장은 말했다.
"어딜 가느냐?"
나는 시장에서 아버지가 장사를 하는데 도와주러 가는 길이라고 대답했다.
헌병 오장은 침착한 아이라고 칭찬해준 다음 언제나 공부를 열심히 하고 부모님의 말을 잘 들어야 나중에 훌륭한 사람이 된다고 이르고는 사라져 갔다. 나는 아버지의 가게에 책보를 맡기고 진주재판소로 달려갔다. 재판소 앞엔 어느 사이에 모여든 사람들이 여기저기 무리져 와글거리고 있었다. 마치 장날의 장꾼들과도 같았다. 시위나 독립운동이라는 말이 풍기는 살벌한 분위기를 어느 구석에서도 찾아볼 수 없었다.

太極旗를 들고
나는 그곳에서 처음으로 태극기를 보았다.
열일곱살에 처음보는 태극기였다. 어떤 사람이 키가 큰 내가 든 것이 좋겠다고 하면서 나에게 태극기를 주었다. 나는 태극기를 들었다. 그리고 서서히 움직이기 시작하는 대열에 끼어 발을 옮겼다. 나아갈수록 대열에는 열기가 일어나기 시작하였고, 그리고 그 열기에 힘입어 누군가가 노래를 불렀다. 모두 따라 불렀다.

무쇠 팔뚝 돌주먹 소년남자야
애국의 정신을 분발하여라.
다달았네 다달았네 우리 나라에
소년의 활동시대 다달았네.

노랫소리는 만세로, 만세는 다시 구호로 변했다. 그 열기는 황량한 들판으로 퍼져나갔다.

見性과 破戒 사이 37

 3월이라고 하지만 아직도 쌀쌀한 날씨, 벌판은 텅빈 채로 주검과 같은 검은 침묵속에 잠겨 있었고 그 끝에서 끝까지 싸늘한 바람이 쉴사이 없이 불어왔다. 그 황막하고 쓸쓸한 들판을 우리들은 걸어가고 있었다. 흰 옷을 입은 한 떼의 유랑민같이 우리는 슬픈 노래를 부르다가 만세를 부르다가 구호를 외치다 하며 앞으로 앞으로 전진했다. 그렇게 20여리쯤 나갔을 때였다. 우리 앞에는 칼을 차고 말을 탄 일본 헌병들이 나타났다. 그들은 닥치는 대로 칼질을 하였고 몽둥이질을 하였다. 시위는 삽시간에 신음소리와 울부짖음으로 가득찬 피바다가 되었다. 아아 나는 더 이상 생각하고 싶지 않다.
 태극기를 들고 맨 앞장 섰던 나는 제일 먼저 붙잡혔고 당연히 감금당하고 고문을 받았다.
 열 일곱 살이라면 아직도 철부지 아이에 지나지 않았던 나에게 그들은 무자비한 매질을 주저하지 않았다. 지금 생각해도 섬찟한 것은 장터로 가는 길에서 만났던 헌병 오장의 눈초리였다. 그는 내가 자기를 속였다는 분노 때문에 거의 오분간을 꼼짝도 않고 나를 노려보고만 있었다. 산소용접 때 쓰는 그 푸른 불길과 같은 눈초리였다.
 그 눈초리를 열 일곱 살 난 내가 어떻게 감당했던가. 그 사나이의 격분한 매질을 어떻게 이겨내었던가. 나는 까무러치고 물세례를 받아 깨어나기를 일주일 동안 거듭한 다음, 그들의 고문으로부터 풀려나왔었다. 나와서 안 일이지만 태극기를 들고 앞장섰던 내가 그렇게 빠른 시일에 풀려나올 수 있었던 것은 당시 진주에서 큰 영향력을 지니고 있었던 황의치씨가 동분서주한 덕이었었다.

담임 선생님과의 對話
 풀려나와 다시 학교엘 가보니 그 사이에 나는 유명한 존재가 되어 있었다.

태극기를 들고 앞장서서 만세를 불렀다는 것, 일주일 간이나 감금당했다는 것, 몸을 쓰지 못할 만큼 고문을 받았다는 사실 등이 나에게 사실보다 더 커다란 빛을 던져주고 있었다.
　온 학교의 학생들은 나를 거의 영웅처럼 생각했다. 감히 가까이 접근해 오질 못하고 "저 애가 이번 감옥에 들어갔다 온 애래" "제가 태극기를 들었대"하고 손가락질하는 것이었다. 이런 분위기였으므로 선생은 나를 부르지 않을 수 없었던 것이다.
　"이순성, 네가 왜 시위를 했는가를 일어서서 말할 차례가 된 것 같다."
　나는 일어섰다. 그리고 이야기했다.
　"우리도 이제는 독립을 해야 하지 않겠습니까. 언제까지나 일본의 지배아래 있을 수는 없는 일 아닙니까?"
　"그것은 네가 모르는 소리다"하고 선생은 말했다. "동양 3국은 오랫동안 서로 도우며 화평하게 살아왔다. 그런데 금세기에 접어들면서부터 서구제국들은 그 3국을 지배하려고 군함과 대포를 끌고와 위협하고 있다. 이미 저 광대한 영토와 수천년의 역사를 지니고 있는 중국은 영국과 불란서의 발길에 짓밟혀 들어갔으며 너희들의 조선 역시 불란서와 러시아가 서로 차지하려 각축전을 벌이고 있다. 일본이 조선에 온 것은 그러한 위험 앞에 놓인 너희들을 보호하기 위해서인 것이다. 너희들이 서방제국의 위협을 이기고 독립할 수 있을 때까지 후견인이 되어 주려는 것이다.
　생각해 보라. 우리는 너희들에게 공부를 가르쳐 주고 농지를 개혁해 주고 관청을 세워서 사무를 보게하고 있지 않은가? 우리는 모든 것을 너희들을 위해서 일하고 있다. 언제든 너희들이 자력으로 서양의 침입을 막는다면 우리는 물러갈 것이다. 우리를 물러가게 하는 일은, 그러므로 너희들 자신에 충실해야 하는 일이다."

"그렇다면" 하고 나는 또 말했다. "일본군들은 우리를 설득 시키지 않고 왜 칼질을 했단 말입니까?"
"바보같은이라구……"
담임 선생은 상기된 얼굴로 악을 썼다.
"그래도 못알아 듣겠느냐? 우리는 너희들을 위해서 고향과 부모형제를 버리고 왔다. 그런데 너희들은 그런 은혜를 모르고 배은망덕한 짓을 하고 있다. 어찌 화가 나지 않을 수 있겠느냐!"
나의 고개는 수그러지지 않을 수 없었다.
그의 말에는 분명히 일리가 있었다. 만약 그 말이 사실이라고 한다면 우리는 경솔한 짓을 했을 것이다. 그리고 "공부를 열심히 하는 길이 독립하는 길"이란 말엔 그 어떤 면에서 일지라도 진실이 놓여 있는 것 같다. 그날부터 나는 더욱 열심히 책 속에 파묻혔다. 나의 성적은 급우들과 비교도 되지 않을만큼 빼어났고 학급의 모든 일은 나의 주동 아래서 처리되었으며 그리하여 담임선생의 사랑을 나는 독차지할 수 있었다.

校長先生님과의 담판

내가 진주 농업 학교(晋州農業學校)에 원서를 사가지고 왔을 때에 섭섭해 하고 안타까와 하는 것은 나보다는 오히려 선생의 편이었다. 나에게는 장남이라는 구속력이 몸에 배어 있었고 또 결혼 이후에 유학의 꿈을 깡그리 말살시켜 버렸었으므로 담담히 "시시한 농업학교"의 입학원서를 사들고 올 수 있었지만 그러나 선생으로서는 그러한 시시한 학교에 자기의 제자를 넣어야 하는 슬픔을 맛보지 않을 수 없었을 것이다. 더욱이나 내가 "불합격"이라는 통지를 받았을 때의 선생의 놀람을 나는 잊을 수 없다. 그날 그는 "이순성, 너는 불합격이다" 하고 교실문을 열고 핑나가 버렸다. 뒤에 안 사실이지만 나의 "불합격"은 시험성적에 관계없이 내가 기미 3·1 운동에 앞장을 섰었다는 사실 때문이다.

이 사실을 안 나는 가만히 앉아 있을 수 없었다.

합격, 불합격이 문제가 아니라 한 사람의 한 때의 과오(그들편에서는 과오일 수 있으니까)로 모든 것을 재단해 버리려는 그들의 횡포가 참을 수 없었다.

나는 농고 교장선생을 찾아 갔다. 그는 아무런 반응도 보여주지 않았다. 다음 날도, 그 다음날도 그의 무반응에 구애 받지 않고 계속 찾아갔다.

닷새째 되던 날에야 그는 "내일부터 등교하라" 짤막한 한마디를 던져주는 것이었다. 그리하여 나는 진주 농업학교 학생이 되었었다.

작은 불씨가 들녘을 태우듯이 하찮은 사건이 한 사람의 생을 다르게 방향지어 놓는 수들이 너무나도 허다하다. 그 무렵 나에게 그러한 변화가 이중으로 찾아오고 있었다. 진주 농업학교를 일인(日人) 교장의 덕택으로 다닐 수 있었다는 사실이 일본인들과 친숙감을 맺어 주기보다는 오히려 배일 사상과 독립에의 의지를 길러 주었고, 그것은 다시 불문(佛門)에 발딛게까지 했었다.

학교에 다니면서 안 사실이지만 농고에는 기숙사생들과 통학생들간에 싸움이 매일 계속되고 있었고, 도둑질이 어떻게나 성행하든지 "눈감고 있으면 귀도 떼어간다"는 유행어가 학생들간에 퍼져 있을 지경이었다. 이런 이야기도 있었다. K라는 학생은 가난한 빈농의 아들이었는데, 그는 한번 그의 삼촌이 중국음식점에 가서 사준 짜장면을 먹은 적이 있었다. 어떻게나 그 맛이 일품이었던지 그는 기숙사생들의 호주머니를 날마다 뒤져 그 돈으로 짜장면을 사먹었다는 것이다.

이 하나의 사실에도 그때의 농고의 풍기가 얼마나 해이되어 있었으며, 더불어 우리 나라의 농촌 사정이 얼마나 비참했었던가를 더듬어 알 수 있다. 우리가 그 사건 속에서 주시해야 할 것은 K가 학우들의 호주머니를 뒤졌다는 파렴치 행위보다 오히려 그런 사건들을 유발시킬 수 있었던 민족의 빈곤상과 바야흐로 신문명이 밀어 오고 있는 역사의 개명기에서 우리 민족의 도의심이 그만큼 타락되어 있었고 질서가 문란했었다는 것일 것이다. 그 누구라도 각성을 가진 자라면 개탄하지 않을 수 없었다.

學友團을 조직하다

그 개탄하는 자 중에 대구고보(大邱高普) 2년에 다니다 진주 농고로 전학 온 김욱주(金旭柱)라는 학생이 있었다. 그를 만날 수 있었던 기쁨을 지금도 나는 은밀히 누리고 있다. 그만큼 그는 영미하고 아름다운 학생이었고, 멸망하는 것들 가운데서의 고결함을 흠뿍 지니고 있었다. 확실히는 모르지만 아마도 그는 이조명문(李朝名門)의 후예이든지 망해가는 토호의 자손이었을 것이다. 그렇게 무너져가는 자기 것을 가냘프게 수호하려고 하는 왜소한 아름다움이 전신에서 풍기고 있었다.

그의 긴 손, 긴 목, 조용한 움직임, 어느 것이나 나를 끌어당기지 않는 것이 없었다.

내가 그와 처음 말을 나눈 것은 어느 날 아침의 등교길에서였고, 그것은 엉뚱하게도 학교에 대한 너절한 불평이었는데도 우리 둘은 순식간에 의기 투합하여 교문안에 들어설 때까지 높은 소리로 떠들고 있었다.

나는 약간 흥분하였던 것 같다. 그래서 그에게 "이렇게 보고만 있을 수 없으니 정화에 나서자"고 제의할 수 있었던 것이고, 그날부터 교실과 운동장을 찾아다니며 비난과 불평을 수근덕 거릴 수 있었던 것이다. 우리는 상급생들의 비행, 학교 전체의 분위기를 흐리게 하고 있는 기숙사생과 통학생들간의 폭력사태, 도둑질 등을 거리낌없이 공격하였고, 그 공격의 소리는 삽시간에 학생들 사이에 퍼지고 퍼져 "수근덕거림"으로 온 학교가 들썩들썩하게 되었다. 학생들은 둘만 모여도 나와 김옥주에 대한 찬동과 비난으로 들뜬 대화를 주고 받았다. 그렇게 일주일이 지나갔다. 그리고 또 긴 오정이 지나가고 해가 뒷산 가까이 이르른 저녁이 되자 상급생들은 전교생을 운동장에 모아놓고 나와 김옥주에 대한 이를테면 성토대회를 벌이는 것이었다.

그러나 그들의 소리를 아무리 들어도 나에 대한 성토의 소리는 들리지 않고 애매모호하게 하급생들의 불경스런 태도만을 공격하고 있는 것이었다. 듣다못해 나는 단상 곁으로 갔다. 발언할 기회를 달라고 요청하였다. 그들 사이에서는 "된다" "안된다"하고 한참 왈가왈부하더니 "요점만……"이란 단서 아래 허락하여 주었다.

나는 단상으로 올라갔다. 그리고 말했다.

"피지배자의 치욕 속에서 우리가 공부하고 있다는 사실을 여러분들은 그 누구보다도 잘 알고 있을 것이다. 그리고 우리는 지금 학교에 다니고 있다는 사실 역시 여러분은 잘 알고 있을 것이다. 그 무엇을 배우려고 다닌다는 것을 나는 말하지 않겠다. 왜냐하면 그것은 여러분들이 더 잘 알고 있을 테니까. 그런데 왜 배우고 있다는 것을 자각하고 있는 우리들로서 기숙사생이 통학생을 매질하고 상급생이 하급생을 구타하는 사태가 과연 정당하며, 그것이 나쁘다는 것을 지적하는 사람을 불손하다고 성토한다는 일이 과연 옳은 일이라고 생각하는가. 이러한 우리들을 일본인 교사들은 무어라고 생각하고 있을 것인가. 너희들은 우리의 통치하에 있어야 하고 우리의 지배를 받지 않고서는 하루도 유지할 수 없다는 산 증거가 바로 너희들의 행동에 뚜렷이 나타나 있지 않느냐고 이야기한다면 우리는 뭐라고 답변할 수 있을 것인가. 왜 그들에게 그런 소리를 우리는 들어야 한단 말인가. 그런 소리를 듣지 말기로 하자. 우리도 뭉쳐서 우리의 얼을 저들에게 보여 주기로 하자."

　나는 대충 이런 내용의 이야기를 두서없는 소리로 주워댔던 듯 하다. 더욱이나 그날은 진주장날이어서 장이 열리는 교문 밖에는 장꾼들이 빽빽이 들어차 나의 소리를 듣고 있었다. 학생들이 히로였던 시대였었으므로 그 장꾼들은 모두들 내 이야기에 귀를 기울이며 "그렇다"는 듯한 공감의 표정을 하고 있더니, 내가 단을 내려서자 박수를 퍼부어 주었다. 내 이야기의 뜻이 그들에게 전달되어서라기 보다는 내가 그들에게 간절히 주고 있었던 것, 그들을 깨우쳐 주려는 것에 대한 나의 열의가 그들에게 감동을 주어서였을 것이다. 무어가 무언지 모를 흥분에 쌓여 자리로 들어가자 분위기는 한동안 술렁거리는 것 같았다.

　학우단(學友團)을 만들자는 나의 제의를 그들은 어떻게 받아들여야 할지 알 수 없었던 것이다. 그럴 수 밖에 없는 일이었다.

　그들이 이 모임을 가진 것은 그런 단체를 결성하자는 것이 아니라 나를 성토하자는 것이었는데, 엉뚱하게도 허(虛)를 찔려 그 제의를 거절할 수도 없고 받아들일 수도 없는 형편이 되었으니 말이다. 그럴 때였다. 한 학생이 "옳소!" 하고 학우단 결성에 찬성하는 소리를 질렀고, 그러자 여기 저기서 "옳소!" 소리를 연발하였다. 그리고 그들은 거기서 더 나아가 나에게 초대 회장을 맡으라고 하였다. 초급생으로서 그럴 수 없다고 거절하였으나 막무가내였다.

　그리하여 나는 어쩔 수 없이 진주농고 학우회의 초대 회장이 되었었고 학생들 간의 모든 일들을 자치(自治)하게 되었다. 그런 날들이 겹치고 겹쳐 어느덧 여름이 가고 가을이 밀어왔다.

너무나 놀랍던 "마음"이란 말

나는 어느 날 서장대(西藏臺)의 기슭에 앉아 책을 읽고 있었다. 목이 탔다. 기슭 아래 자리잡고 있는 호국사(護國寺)를 찾아가 물을 얻어 마셨다. 한참 꿀꺽꿀꺽 마시고 있는데, 한 스님이 그 모습을 보고 있더니 이렇게 물었다.

"왜 사람은 물을 마셔야 하느냐?"

나는 미처 무어라고 대답할 말이 떠올라 오지 않았다.

그는 계속 "마음이 물을 마시고 싶다고 요구하기 때문이지" "……" "왜 불이 뜨겁고 얼음이 찬 줄 아느냐?" "……" "마음이 뜨겁다고 생각하고 차다고 생각하기 때문이지…… 만약 우리가 불이 뜨겁고 얼음이 차다는 관념을 털어버릴 수만 있다면 그것은 그저 아무 것도 아닌 저 돌멩이와 같은 것에 지나지 않을 것이다. 그렇듯이 우리를 주관하고 있는 것은 몸이 아니라 마음인 것이다. 육체가 〈나〉라고 자각할 때 사람들은 의식주(衣食住)를 필요로 하게 되고 그 끝에서 그는 죽음의 허무한 허울을 보게 된다. 그러나 마음에서 나를 발견할 때 우리는 생사를 벗어버릴 수 있는 것이다. 불타(佛陀)란 다른 것이 아니라, 그 오욕을 벗어버리고 마음을 찾는 일인 것이다……"

나로서는 처음 듣는 소리였다. 너무도 뜻밖에 들은 그 〈마음〉을 설법하여 주신 분은 금강산 유점사에서 수도하시고 온 박포명(朴圃明) 스님이었다. 나는 그의 말을 들은 뒤부터 〈마음〉이란 말에 중치가 막혀, 집에서도 학교에서도 벙어리처럼 우두커니 서 있다가 토요일만 되면 다시 호국사로 그 〈마음〉을 들으러 갔었다. 갈수록 미로와 같은 세계였다. 인간의 실체란 미(美)도 추(醜)도 아니며 고(苦)도 낙도 아니다. 다만 공(空)일 뿐이다. 그 공속에서 보는 〈나〉만이 영원한 것이다. 세존께서는 그 공을 만나려고 집과 식구들 곁을 떠나 우루베라촌으로 들어가셨다. "그러니 승려들이여, 너희들도 집을 떠나 산으로 가라. 가서 여러분의 공을 만나라" 그의 설법이 어떻게나 독특하고 당황무계한 것이었던지 나는 그 앞에서 언제나 올빼미같이 눈을 뜨고 그의 입만 보고 있었다. 유난히 큰 그의 입에서는 사바세계의 소년으로서는 매정스럽고 잔인한 것 같은 소리가 거침없이 튀어나왔고 특히 석가가 그의 궁궐을 떠날 때의 설명에서는 완전히 독기같은 것이 넘쳐 흘렀다. 나는 그이 말의 무서움에 오돌오돌 떨면서도 "떠나라 떠나라"는 말이 어쩌면 그렇게도 아름답고 쓸쓸할까 하고 생각하면서 그 〈떠남〉을 실행에 옮기려고 마음의 준비를 다져가고 있었다.

첫번째의 出家

드디어 초가을의 어느 날 나는 떠났다. 합천 해인사(海印寺)까지 이틀을 걸어갔다. 일주문(一柱門)을 지나 법당으로 들어갔다. 불상 앞에 꿇어앉았다. 우람찬 자세로 앉아 있는 불타의 입에서 흘러나오고 있는 것 같은 소리가 계곡의 돌자갈을 스치고 흐르는 여울물처럼 흐르고 있는 것 같았고, 그러한 불타의 목소리 속에서 승려로서의 나의 내일을 기약받고 있는 것 같았다.

그런데도 그곳 승려들은 나를 학생이라는 이유로 받아 주지 않았다. 나는 다시 이틀을 굶고, 진주가 20여리쯤 남은 고개에서 지나가는 마차에 실린 자전거를 빌어타고 집으로 돌아왔다. 그 마차는 마침 쌀을 싣고 우리 정미소로 가는 것이었고, 아버지의 이름을 잘 알고 있었으므로, 부탁 한번으로 빌릴 수 있었다.

1차의 출가(出家)에서 실패한 나는 부모들의 눈치를 조심조심 살피면서 다시 떠날 기회를 노렸다. 집을 빈 이틀 사이에 집에서는 소동이 났었던 모양이다. 유교사상(儒敎思想)에 깊이 물들어 있었던 부모님들로서는 거렁뱅이나 되는 중을 그의 아들이 됐다는 일을 용납할 수 없었을 뿐만 아니라, 독자인 내가 대를 이을 생각을 않고 인연을 끊겠다니 놀라지 않을 수 없었던 것이다. 그러나 그 무렵 나는 벌써 그 인연의 끈이 얼마나 가늘고 허무한 것인가를 알고 있었고 가늘고도 질긴 그 줄을 끊어버리는 일이 대오(大悟)로 행진할 수 있는 오직 하나의 지름길이라고 확실히 믿고 있었다.

나와 백년해로를 하겠다고 온 아내에게 만이 그지없이 죄스러웠다. 그의 젊은 나이를 내가 떠나면 그는 홀로 보낼 것이다. 그때의 도덕률로서 남편이 떠났다고 하여 재가(再嫁)한다는 것은 허락될 수 없었으며, 그래서 그녀는 더욱 떠나간 남편을 생각하며 수절할 것이기 때문이다. 이러한 내 추단은 사실로서 맞아 떨어졌다. 딸이 하나, 그 뒤에 태어났었다고는 하지만 딸 하나를 보고 그가 그많은 시간을 보낼 수는 없었을 것이고, 나에의 추억과 그리고 그이 부덕(婦德)이 그 많은 밤을 홀로 보낼 수 있게 했을 것이다.

그 무렵 그 여자는 내가 그의 곁을 떠날 사람이라는 것을 분명히 알고 있었다. 그것이 언제였을까를 불안하게 떠보고 있었을 뿐이다. 그의 그런 불안한 기다림 때문에 어쩌면 나는 더 빨리 떠나려고 하였을지도 모른다. 왜냐하면 폭풍전의 바다가 어둡고 지겹듯이 기다리는 그 시간이 연약한 여자의 몸으로서는 벅찬 것이었기 때문이다.

두번째의 出家

그래서 겨울이 오고 나뭇잎이 땅에 떨어져 흙에 묻힌 날 길을 재촉했다.

사흘을 걸어가니까 백양사(白羊寺)로 가는 전라도와 경상도 경계의 탑리(塔里) 고개에는 보기에도 성근 눈이 내려 덮이고 있었다. 전라도의 눈은 몹시도 크고 가볍게 내리는 것 같다. 나뭇가지에, 풀숲을 내려앉아 있는 눈색은 마치 내가 찾아가려고 하는 서방정토의 진경인 것 같이 생각되었다. 그 눈을 짚신으로 밟으며 다시 더 이틀을 걸어가니 드디어 백양사의 운문암(雲門庵)이 나타났다. 다리를 건너가 만공스님을 찾으니, 스님은 서울로 올라가시고 스님이 올 때까지는 그 누구도 입문시키지 말라는 엄명이 내려져 있었다. 닷새를 걸어 왔다는 하소연을 해 보았으나 소용없었다. "보리(菩提)와 나는 인연이 없는 모양인가"하고 탄식하면서 그날밤 나는 노스님의 방에서 아픈 다리를 쉬었다.

스님은 중병에 걸려 있었다. 끄르륵 끄르륵 목에서 가래 끓는 소리가 밤새도록 들렸다. 새벽 2시쯤이었다고 생각된다. 노스님은 부스럭 부스럭 일어나 나를 깨워서 말했다. 자기의 고향은 함경도 함흥이며 백만장자의 아들이었는데 부(富)의 누추함이 싫어서 떠나왔다는 것, 자기는 내일 모레쯤은 죽을 것이며 산간 세계에서는 그 죽음이 몹시도 냉랭하게 다루어진다는 것, 그러니 숨이 끊어지기 전에 자기의 행적을 깨끗이 청소하겠으니 자기를 좀 일으켜 달라는 것, 나는 스님을 부축해 일으켰다. 그는 벽장을 열고 그 속에서 보자기를 꺼냈다. 그 속에서 귀한 듯 한 몇 권의 책과 노우트를 꺼내어 옆으로 치우고는 나머지를 역시 나의 도움을 받아 부엌으로 가지고 가 태웠다. 모두 태우고 나서 그는 "다 탔구나"하고 중얼거렸다.

밤이 샜다. 염불 소리와 빗자루 지나가는 소리 속에서 아침이 오고 부조장이 문을 열고 공양을 가지고 오는 소리가 들렸다. 그 부조장은 인사 겸,

"스님 어떻습니까"하고 물은 다음,

"그만 단념하시소, 스님, 인자 더 못삽니더"하는 것이었다. 나의 상식으로써는 이해할 수 없는 놀랍기 그지 없는 그 소리를, 그러나 스님은 아무런 동요없이 듣고 "가야지"하는 것이었다. 그 "가야지"하는 말꼬리를 따라 산바람이 솔잎과 대나무숲을 몹시도 시끄럽게 흔들고 지나가는 것 같았다.

아버지의 죽음

 백양사를 떠나 집으로 돌아오는 사이에 아마도 그 노스님은 입적하셨을 것이다. 그는 좌선한 채로 그의 죽음을 맞아들였을 것이고, 그의 동료들이 나무아미타불을 뇌이며 사르는 불길에 타 재가 되었을 것이다. 어떻게 그의 동료들은 무섭고 끔찍스런 일을 해낼 수 있을까. 죽음이라는 것을 초개같이 여길 수 있어서일까. 그래서일 것이라고 생각하면서도 나는 우리집의 사립문을 밀고 우르르 달려나오신 어머님과 마주하였을 그때까지 끔찍스런 그 〈죽음〉의 상념과 싸우지 않으면 안 되었다. 그리고 나는 그 다음 어머님의 수다스러움 속으로 묻혀 들어갔다.
 어머님은 "어디를 갔다 왔느냐, 아버지가 몹시 노여워하고 계시니 조용히 들어 가거라"하시면서 "어이쿠 어이쿠 이 무슨 팔잔고" 소리를 몇 번이고 거듭 말씀하셨다.
 나는 방으로 들어갔다. 아랫목에 깔아놓은 이불 속에 발을 넣었다. 그러는 새에 짧은 저녁해가 지고 밤이 왔고, 나는 아버님의 기침소리가 적당한 간격을 두고 쿨룩쿨룩 안방으로부터 새나오는 것을 듣고 있었다. 나 역시도 그때 그런 기침을 하고 있었을 것이다. 그런 긴장을 움직임 없이 이겨내기란 어려운 법이다. 긴장을 이긴다는 것은 이미 세속감정을 털어버린 사람들이나 지닐 수 있는 태도인 것이다. 있는 듯 없는 듯 있을 수 있는 것이 견성(見性)한 분들의 정숙(靜寂)인 것이다.
 그때 밖에서는 별들이 한꺼번에 떠오르고 있었던 듯 하다. 방안에 켜둔 호롱불이 여위어 가고 있었다. 마침내 나는 문을 열고 나갔다. 남강가를 거닐었다. 달빛을 받은 밤물결은 반짝거리면서 철석철석 소리내고 흘러가고 있었다. 어디로 흘러가고 있었다. 어디로 흘러가는 것일까. 밤의 끝으로…… 밤의 끝은 어디일까. 그곳에서는 어떤 일들이 벌어지고 있을까. 인간의 상념들이 쓰레기처럼 쌓여 있을까? 아아 이런 쓸데없는 생각에 잠겨 있을 시간이 아니다. 나는 지금이라도 아버지 앞에 나아가 아들은 승려가 될 수 밖에 없다고 이야기를 해야 할 것이다. 그것이 불효망칙한 일이라는 것을 알고 있지만 그러나 불효란 작은 인연의 허울에 지나지 않는다. 그 끈을 잘라야 한다. 그래야만이 견성을 가질 수 있는 것이다. 하지만 어떻게 떠나야겠다고 말 할 수 있을 것인가. 세존께서는 어떻게 그런 말씀을 하셨을까. 아마도 그분에게는 범상한, 우리로서는 지닐 수 없는 독기가 있었던 모양이다. 그 독기를 지녔기 때문에 그렇게 깊이 정진하였고, 그렇게 넓게 그 자신을 대중에게 보였을 것이다. 보시했을 것이다. 그런 생각에 잠겨 밤새도록 걷다가 볼이 꽁꽁 굳고 몸이 고슴도치처럼 오그라진 새벽에야 집으로 돌아왔다. 여전히 쿨룩쿨룩 하는 아버지의 기침소리가 맞아 주고 있었다.

그 기침소리는 한 시간 후에도 들렸다.

두 시간 후에도 들렸다.

세 시간 후에도 들렸다.

그 분은 처음에는 초롱불 앞에서, 다음에는 별 빛 앞에서, 그 다음에는 어둠 속에서 그렇게 꼼짝도 않고 앉아 기침을 하고 있었다.

드디어 그 긴 밤이 지나가고 아침이 왔다. 그새 아버지의 얼굴은 숯덩이처럼 검게 타 있었다. 인사를 드리려고 들어온 나를 보고 갑자기 "이 나이가 되어서 무슨 꼴이냐, 아들로부터 이런 불효를 받다니……"하고 부르짖더니 대성통곡을 하는 것이었다.

지금 생각하면 그 밤에 우리는 싸우고 있었던 것 같다. 어떤 의미에서는 육체와 정신이, 세속적인 의리와 그 반대의 것이 서로 지지 않으려고 밤새도록 버티다가, 통곡으로 아버지가 손을 들었고, 그 분에 못이겨 그분은 끝내 그의 단명의 길을 걷게 되었던 것 같다.

아버지가 별세하시기 전날, 한 마을에 살고 계시던 할아버지와 백부님이 오셔서 가족회의를 열었다. 그분들은 어떻게 하든지 나로부터 중이 되지 않겠다는 말을 들으려고 하였건만 끝내 실패하였다. 할아버지는 "네 아비가 편히 눈을 감을 수 있도록 입에 바른 말이라도 않겠다고 하여라"하고 간청하였건만 "어떻게 거짓말을 하겠습니까"하고 나는 거절하였다. 그때 병중에서도 획 몸을 돌리시고 쏘아보시던 아버지의 눈길을 지금도 나는 기억하고 있다. 너무나 무서운, 원망과 저주에 가득찬 눈이었다. 그와 동시에 할아버지와 백부님께서도 배은망덕한 놈이라고 노여움에 찬 어조로 몇번이고 뱉으시면서 문을 차고 나가시었고, 나는 그분들의 뒤에서 어찌할 바를 몰라 엉거주춤 서 있어야 했었다.

그 다음날 아버님은 별세하셨다.

그리고 갓난 아기였던 나의 동생이 따라서 저승으로 갔다.

세속세계(世俗世界)를 떠나려고 하는 나의 마음은 그 세속세계로부터 너무나도 심한 보복을 받은 것이다.

나의 日本行

언제나 다행스럽게 생각한 것은 그런 보복을 받으면서도 불자(佛子)가 되겠다는 결심을 버리지 않고 그 다음해 겨울, 드디어 출가의 길에 나설 수 있었다는 점이다. 지금 서라벌 예술대학에서 동양화를 가르치고 있는 박생광(朴生光)씨가 친구들에게서 24원을 걷워, 그의 스승이었던 경도미술협회간사(京都美術協會幹事)인 입천서운(入川捿雲)이라는 분에게 편지를 써 주었다. 그분은 나도 한번 뵌 적이 있었다.

진주에 오셨을 때, 중이 되려고 그렇게 노력해도 번번이 실패하고 있다는 나의 말을 듣고 "그러면 일본에 오라. 좋은 스님을 소개해 주겠다"고 했었다. 그분을 찾아갔더니 마침 부인이 맹장염으로 입원해 있어서 나는 그분의 집에서 자취를 해야 했었다. 밥을 짓고 빨래를 하고 마당을 쓸었다. 마치 식부(食夫)인 셈이었다. 그러고 있을 무렵에 아내에게서 편지가 왔다. 서툰필치로,

"입으신 옷은 더럽지 않습니까. 식사는 걸르지 않습니까. 집에서는 늘 그 걱정뿐입니다."

간단하기 그지없는 내용이었다. 그런데도 나의 눈에선 눈물이 주르르 흐르고, 빨랫줄에 넌 흰 빨래가 바람에 흔들리면서 얼룩져 보였다.

그런 생활을 4개월 보내고 나는 입천서운씨의 소개로 병고현(兵庫縣)에 있는 송운사(松雲寺)로 들어가게 되었다.

그 절은 교종(教宗)으로서 내가 원하였던 바가 아니었다. 나는 선종(禪宗)으로 들어가고 싶었으나 입천씨의 말을 거절할 수도 없어서 그곳에 발을 붙이고 상좌의 역을 하게 되었다. 내 나이 꽃다운 24세 때였다.

나는 《般若心經》을 5일만에 떼었다. 공양도, 종치는 것도, 마당 쓰는 것도, 채소 가꾸는 것도, 빨래하는 것도 모두 내 책임이었다. 4, 5인이 할 수 있는 일을 혼자서 모두 해치웠는데도 별 실수를 저지른 일은 없었다.

기억에 남는 것으로는, 내가 스님께 손님 접대를 어떻게 하는가를 물었을 때 "그것을 몰라 묻느냐, 보면 알지"라고 퉁명스럽게 대답해 주던 일이었다. 어안이 벙벙하고 무안스러워 고개를 숙여 버렸었지만 나는 스님의 그 말에서 "모든 것은 스스로 보아라"라는 한 마디를 깨우쳐 얻었다고 생각된다.

일본 사람들에게는 그런 투가 어느 정도 일상화되어 있었다.

어느 날 그곳에 찾아온 여학생에게 새벽종을 제 시간에 쳐야하는 고심담을 이야기해 준 적이 있었는데, 그 여학생은 당연하다는 듯이 "그렇게 해야지요"하고 말하는 것이었다.

"보면 알지"와 "그렇게 해야지요"의 그 두 마디가 그때의 일본을 세계의 열강국으로 만들고, 그들을 전쟁의 와중으로 몰

아넣고 종국에는 패전의 쓰라림을 맛보게 했을 것이다. 그것이 패전을 가지고 왔든, 승전을 가지고 왔든, 내가 상관할 바는 아니다. 그런 정신이 결여되어 있는 우리로서는 마땅히 배울 점이라고 생각한다.

일본은 그 "작은 것에서의 철저"가 두드러지게 나타나는 나라이다. 그러나 보다 크고 원대한 보리(菩提)의 진면목같은 것에는 소요한 나라이다. 그들은 염불이나 목탁 같은 것은 몹시도 신경을 써서 외지만 견성을 하기 위해서 그 자신을 죽음의 골짜기로 몰아넣는 위험은 범하려고 하지 않는다. 만약 그런 이가 있다고 한다면 그는 영웅이 될 것이다. 가령 가천풍언(賀川豊彦)이나 일연대사(日蓮大師)같은 분이 그런 사람이다.

楞嚴經을 외며

어쨌든 나는 일본에서 커다란 것을 얻지 못하고 2년 7개월 만에 귀국하여 고성(固城) 옥천사(玉泉寺)로 들어갔다.

그로부터 진여(眞如)를 얻기 위한 나의 본격적인 방랑이 시작되었다. 걸망을 짊어지고 염주를 두르고, 오늘은 이 하늘아래에서 내일은 저 골짜기에서, 물따라 구름 따라 흘러다녔는데, 내 발걸음이 멈춘 곳은 당시의 석학 박한영(朴漢永) 스님이 계시는 서울 안암동의 개운사 강원(開雲寺講院)에서였다. 그곳에서 나는 대교(大敎) 과정을 이수하였다. 즉 경(經)·률(律)·논(論)·삼장(三藏)을 마친 것이다.

그때 난 부처님이 설법하신 1만 4천 경 중에서도《楞嚴經》을 가장 깊이 탐구하고 있었고, 오나 가나 그것을 외며 다녔었다.

"방정토(方淨土)의 밝고 깨끗함은 마치 수정속에 밝은 달이 떠 있는 것과 같다. 그러니 몸과 마음이 상쾌하고, 묘하고 뚜렷하고 평등하여 크게 편안함을 얻게 되면 온갖 부처님의 비밀하고 뚜렷하고 깨끗하고 묘한 이치가 모두 그 가운데 나타날 것이며, 그리하여 그들은 빨리 무생법인을 얻게 되고, 이로부터 점차로 닦아 나아가며, 가는 곳마다 수행하여 성인의 자리에 이르게 될 것이니, 이것이 수행하여 나아가는 차례이니라.

아난아, 이 좋은 남자가 욕심과 애정이 말라버리고 근(根)과 앞의 것이 짝하지 아니하므로, 지금 남아 있는 이 몸이 다시는 나지 아니하게 되며 고집하던 마음이 훤히 밝아져 순전히 지혜뿐이게 되리라.

이 마음으로서 가운데로 가운데로 점점 들어가 뚜렷하고 묘한 것이 비로소 열리고 참되고 묘하고 뚜렷한 데서 더욱 참되고 묘한 것이 발생하여, 그 신심이 항상 머물러 있고, 온갖 허망한 생각이 사라지며 중도(中道)의 이치가 열리리라.

그러나 그런 경을 잠시도 입이 놀새 없이 외고 있는데도 나는 그 중도의 이치를 얻지 못하고 마음의 어느 구석에서 어떤 외부의 바람에 밤이 깊고 주위가 고요할 때 가끔 동요하고 뉘가 일어남을 느낄 수 있었다. 그것들은 어디로부터 와서 어디로 가는 것이었을까. "욕애(慾愛)의 습기가 마르고"라는 경을 외면서도 그것을 잊지 못해서인가. 아니면 두고 온 혈육의 정이 아직도 남아서인가. 아아, 그것도 아니라면 정진(精進)하는 납자(衲子)에게 반드시 한번은 찾아오는 유혹인가. 하긴 의상대사와 같은 고승께서도 진여를 얻은 다음에도 날마다 그를 찾아오는 허깨비와 싸워야 했고 조주스님도 욕망의 찌꺼기는 삼세(三世)에 까지 남는다고 했었다. 이 어리석은 납자가 그것을 이길 수는 없을 것이다. 그렇다고 해서 그것을 방관할 수는 없는 일이다.

離婚하려고 晉州로 가다

나는 결연히 결심을 하고, 다음해 1월 방학을 틈타(그때 나는 아직 강원생이었으니까) 진주로 내려갔다. 이혼수속을 하여, 아내에게 재가의 기회를 주고 나도 그 구속으로부터 벗어나려는 생각에서였다.

　진주로 가는 그 길에 무엇이 나를 그렇게 슬프게 하고 있었던지 모른다. 길목조차도 잊혀져 가는 고향의 밤 하늘에는 기러기 울음소리 가득하고 여기저기 고드름 떨어지는 소리가 나를 놀라게 했다. "왜 이런가"라고 자문해 보았으나 알 수 없었다. 아니 나는 그 대답을 피하고 있었을 것이다. 전미개오(轉迷開悟)의 생각 외엔 어떤 감상도, 미련도 모두 버린 내가 아내를 찾아가 이혼을 강요해야 한다는 데서 오는 어수선함을 그 누구보다도 나는 잘 알고 있었고, 그러면서도 그것을 안다고 생각함으로써 유약해질 자신이 두려워 그때 나는 "모르겠다 모르겠다"고 거짓 대답을 하고 있었을 뿐이다.

　속가(俗家)의 사립문을 밀었을 때는 손이 떨리고 문설주가 마당의 흙에 끌리는 소리가 몹시도 정겹게 들렸다. 옛날, 그러니까 7년전에 나는 저 소리를 무수히 들으면서 성장하고, 받아들이고, 관계를 맺었었다. 그러나 그 어느날 모진 발길을 내디딤으로써 그 관계는 끊어졌다. 그리고 지금 나는 또 형식상으로나 남은 그 관계를 끊으려고 문을 열면 물리는 "지지직" 하는 소리를 듣고 있는 것이다. 그런 생각을 반추하면서 나는 아내의 방문 앞에 서 있었다. 부스럭거리는 소리가 들리고 "누구 왔소?"하는 소리가 들리고, 문 여는 소리가 들렸다. 아내의 얼굴이 보였다. 몹시 변한, 시달릴 대로 시달린 얼굴이었다.

　그녀는 순간 놀란 표정을 감추지 못한 채 한참을 서 있더니, 기어들어가는 소리로 "무엇하러 다시 왔소"하는 것이었다. 나는 대답없이 들어갔다. 그리고 잠시 후 마음이 진정되어가자 설명했다. 아내는 순순히 응했다. "당신이 바라는 일이라면 무엇이나 다 하겠다"면서 그 이튿날 이혼승낙서에 그이 도장과 부모들의 도장을 받아가지고 왔다. 나는 그 이혼서를 받아든 즉시로 면사무소를 거쳐 진주를 떠났다.

이틀을 걸어 해인사(海印寺)에 이르렀다.

海印寺에서의 그 긴 밤

객실에 누워 있었던 밤, 나는 그 밤을 잊지 못한다. 자정이 넘도록 잠이 오지 않아 문을 열었다. 어둠 속에서 기와가 보이고 나무숲이 보이고 떵떵 언 채로 싸느랗게 열려 있는 하늘이 보이고 별들이 보였다. 극성스럽도록 고요한 새소리와 풍경소리가 울리고 있었다. 그런 소리 속에서 정면으로 "나는 그런 권리가 있을까. 그들을 불행으로 몰아넣고 나 혼자만의 정진의 길을 걸을 의의가 있을까. 그것이 오히려 더 큰 업보가 아닐까" 찬찬히 생각해 봤다. 나는 나의 보리를 얻으려고 산을 걷고 물을 건넌다. 죽음의 위험속으로 들어간다. 보리가 있기 때문이다. 그런데 보리가 없는 세속세계에서 그들은 버림받았다는 슬픔을 씹으며 살아야 하는 것이다. 설사 그곳이 지옥의 일처(一處)인 희로애락에 묻힌 곳이라고 할지라도 어떻게 그들을 그곳에 팽개치고 나 하나만의 일락을 구할 수 있단 말인가. 그런 것이 오도라면 집어던져 불소시기를 해버려라. 그리하여 어떤 배반의 대가로 얻는 일락에도 인간은 몸을 잠그지 말도록 해야 할 것이다.

밤새도록 나는 나 자신을 저주하고 불타를 저주하면서 시간을 보냈었다. 열이 오르고 입술이 타고 머리가 핑핑 돌았다. 나는 신념이라는 것을 잃고 있었던 것이다. 나는 싸우고 있었던 것이니. 만약에 내가 신심(信心)을 두터이 기르지 않았더라면 나는 그 무서운 "동정심"에 졌을 것이다. 그리하여 속가의 문을 두드리고 그들을 위하여 성실하고 눈물겨운 생을 보냈을 것이다. 그러나 새벽의 마지막 무렵이 되어 나의 신심은 지옥의 밑바닥 같은 그 방을 뛰쳐나가게 했다. 일주문(一柱門) 앞까지 한달음으로 달려나갔다. 기둥을 붙잡고 가쁜 숨을 몰아 쉬었다. 얼마쯤 지났을까, 흥분이 조금씩 조금씩 가라앉고, 나는 손바닥에 닿은 깔끔깔끔한 것에 정신이 미치었다. 몸을 틀고 그것을 더듬었다. 현판이었다. 아침이 오기 전의 그 칠흙같을 어둠이 깔리고 글자가 닳을 대로 닳아 확실히는 알 수 없었지만 나는 이런 글들을 찾아내었다. 아무리 시간이 흘러도 변한 것은 없다는 내용이었다. 그것을 해독하고 나서야 나는 비로소 세존께서도, 원효대승께서도, 광덕대사께서도 모두 이런 밤과 싸웠으리라는 생각이 들고, 이것이 견성으로 가는 한 과정이라는 것을 깨달았다. 아내가 몹시도 고마운 존재로 부상되었다. 왜냐하면 그녀는 언제나 내 길에서의 한 적이 되어 있으니 말이다. 그가 거느리고 있는 세계는 언제나 나를 사랑하면서 유혹하여 오기 때문에 미움보다도 무섭고 크고 어려운 것이다. 그것을 이기기 위해서는 나는 더 큰 힘을 길러야 하는 것이다.

아내의 이야기가 났으니 한 마디 하고싶다. 이제는 아내라는 말보다는 친구라거나 보살이라는 호칭이 합당하고, 나는 늘 그렇게 부르고 있는 터이지만, 이 경우에는 〈아내〉라고 부를 수 밖에 없다.

왜냐하면 나는 지금 사바세계에서의 우리들의 정분을 이야기하고 있기 때문이다.

아내의 章

언제나 이런 글 속에서는 사람들은 칭찬하고 미워하는 악덕을 저지르는 법이지만 나도 그러지 않을 수 없다. 우리의 정분은 너무도 깊은 것이었기 때문이다. 그와 한 이불 안에서 살았던 그 얼마동안에 우리들은 얼마나 많은 이야기를 주고 받았는지 모른다.

낮엔 어른들 때문에 서로 외면하면서 지내지만 한 이불속에 든 밤이 오면 우리들이 새벽닭이 홰를 칠 때까지 소곤소곤 이 받았는지 모른다.

낮엔 어른들 때문에 서로 외면하면서 지내지만 한 이불속에 든 밤이 오면 우리들이 새벽닭이 홰를 칠 때까지 소곤소곤 이야기를 주고 받았었다.

그가 그의 누이 동생을 데려다 주려고 간 날에는(그의 누이는 그때 시집을 살지 않으려고 집으로 도망왔었다) 기다리다 못해 부모님 몰래 찾아 나갔었다. 그의 누이집이 가까워오자, 〈찾아왔다〉는 사실이 부끄럽고 쑥스러워, 동구 길의 소나무 숲속에서 해가 저물 때까지 기다렸었다. 노을이 그 길 위에 자욱히 내려서야 마치 그는 노을만 밟고 오겠다는 듯이 사분사분 걸어왔었는데, 대문을 나서면 동생이 따라나오고 나서면 따라 나오고 하여 그를 달래 놓고 오느라고 늦었다고 했다. 그러면서 내가 그를 그 마을 앞까지 와 기다려주었다는 사실이 내내 고마웠는지 그 뒤로도 그녀는 그 이야기를 종종 하던 것을 들은 적이 있었다.

마지막으로 나는 그이 모습을 여기 묘사해 두고 싶다.

참으로 곱도 밉도 않은 얼굴, 검고 거칠고 긴 얼굴, 감정을 섬세하게 나타낼줄 모르고 그것을 아무렇게나 나타내는 것이 오히려 미덕이라고 생각하는 얼굴이었다. 아니 자기 자신을 〈운명〉이라는 것에 맡기고 그것에 따라가면서 사는 얼굴이었다. 동요가 없는 얼굴이었다. 때때로 깊이 패인 그 눈만이 쏘는 듯이 반짝이고 그때면 그이 코는 유난히 길고 가늘게 보였다. 손과 발이 컸다. 내가 보건대 그녀는 그의 운명을 그런 식으로 이기면서 나타나지 않게 이웃에게 보시할 수 있는 인물이었다.

무어라고 말했으면 좋을까, 한 마디로 잘라, 그 여인은 나를 위해서 자기자신을 버린 박명한 여인이었다.

겨울 山의 契獨

겨울 사원(寺院)은 언제나 적막하다. 더욱이나 흰 눈이 며

칠이고 계속 내려 시내로 가는 산길이 흔적도 없어지고, 눈과 나무라는 단조로운 형태로 산이 정리되고 나면, 산엔 바람소리 밖에 그 고요를 깨뜨리는 것이 없다.

 겨울 산의 바람소리는 쓸쓸하다. 더욱이나 황혼이 어둠 속으로 묻히고 그림자들이 밤으로 밤으로 밀리는 초저녁의 바람소리는 산사람들의 가슴을 몹시도 심하게 흔들어 놓는다. 그런 날의 승려들의 모습은 왠지 쓸쓸해 보이고 왜소하다.

 앞뜰의 눈을 쓸고 있는 승려들, 그리고 묻힌 길을 더듬으며 걷고 있는 승려들, 꽁꽁 닫친 방안에서 불경을 낭랑하게 외고 있는 승려들, 그들의 모습에는 속세를 떠나온 사람들의 〈떠나 왔다〉는 슬픔이 그리움과 함께 깃들어 있는 것 같다. 어쩌면 나도 그러한 슬픔 속에서 그 많은 겨울을 맞이하고 보냈을지도 모른다. 그리고 이제는 그것들이 떨쳐버릴 수 없도록 힘차게 몸에 달라붙어 나의 일부분으로 화하고 말았을지도 모른다.

 이즈음, 특히 몇 십년 만의 폭설이라고 신문들이 떠들던 69년의 세모 무렵에 도선사에서 선운각(仙雲閣)까지의 길을 오갈 때의 나의 걸음걸이에는 그 외로움이 더욱 깊이 스며들어 있었던 것 같다.

 나이가 들어 체온만으로 추위를 물리칠 힘이 없어 요즈음 나는 몇 겹으로 옷을 껴 입는다. 그리고 그 위에 장삼을 입고 죽장을 든다. 걸음을 옮길 때마다 죽장의 고리에서는 찰그락거리는 소리가 나고, 그 죽장을 잡은 바른 손은 춥고 꺼칠꺼칠하다. 우수만이 아니다. 나의 볼도 이마도 이미 메마른 노년기를 느끼게 하고 있다. 마치도 한 그루의 앙상한 고목과도 같다.

 그렇게 눈 위에 발자국을 찍으면서 나는 산길을 걸어 선운각의 다리를 건너간다. 그곳에는 한 대의 차가 기다리고 있고, 나는 그 차를 타고 선학원(禪學院)으로, 또는 총무원(總

務院)으로 향한다. 그것이 근래의 나의 일과이다. 그러나 그 옛날엔 그러지 않았었다.

어지간히 먼 곳이 아니라면 걸어갔었다. 서울에서 부산이라든가, 광주에서 대구와 같은, 이 끝에서 저 끝과 같은 곳이 아니라면 나는 걸었었고, 승려의 세계에서는 그것을 수행의 한 방편으로 여기고 있다.

그때 이혼 수속을 마치고 진주에서 해인사로 갔을 때에도 나는 걸었었고, 그곳에서 서울로 올 때에도 도보 반, 차편 반이었다. 내가 왜 이렇게 걷는다는 말을 강조할까 하고 독자들은 의아해할지 모르지만, 그것은 이제부터 기술하려고 하는 부분이, 이 회상기에서 가장 많이 걸었던 시기에 해당하기 때문이다.

淨化佛事에의 기치

내가 해인사에서 서울에 도착하였을 때, 그때 젊은 승려들 사이에서는 불교정화 중흥운동의 바람이 일고 있었고, 그 중흥운동의 열렬한 지지자였던 나는 한국정통불교 수호의 기치를 들고 피곤이 풀릴새도 없이 이내 다시 여행길에 올랐었다. 지리산의 골짜기를 비롯해서 충청도 전라도 강원도의 심산에 자리한 강원을 찾았다. 강원이라고 해야 초라하기 그지없는 것이었지만 그런 곳까지 다니면서 한국불교의 앞날을 위해 일할 동지를 구하지 않으면 안되었었다.

그때의 고통이란 이루 다 말로 할 수 없는 정도이다. 지금은 그렇지만도 않지만 그때는 승려들이 무일푼으로 떠난다는 것이 거의 불문율로 되어 있었고, 그래서 동전 한푼 지니지 않고 떠났던 나는 두세 달동안 남의 집 처마밑에서 밤을 지새고, 때로는 머슴들이 거처하는 방에서 그들의 온갖 익살과 놀림에 태연히 대꾸해가며 새우잠을 자지 않으면 안되었다. 나중에는 어떻게나 초라한 몰골로 변해 있었던지 가는 곳마다 마을의 아이들이 뒤따라 오며 누더기 중이라고 놀려대었다. 사실 그 무렵의 나는 서울에서도 〈누더기 수좌〉라고 별명이 나 있었다. 그토록 헌 옷에 맨발로 다녔던 것이다.

 나의 그 고생은 조그만 결실을 보았다고 할 수 있겠다. 그 얼마 후에 50여명의 젊은 승려들이 전국각지에서 모여들었고, 그들은 모두 불교정화(佛敎淨化)를 부르짖었다. 이 모임이 세 칭 전국학인대회(全國學人大會)라는 것이었다. 지금 와서 보면 초라하기 짝이 없는 것이었는데도 그 모임은 의의(意義)로서는 그 후의 어떤 모임보다도 크다고 할 수 있다. 왜냐하면 그 모임은 한국불교 정화운동의 시초인 동시에 나의 염원인 〈정화불사(淨化佛事)〉의 출발점이라고 할 수 있기 때문이다. 그러나 그러한 젊은이들의 중흥운동(中興運動)도 일경의 탄압으로 얼마 지나지 않아서 해체하여야 하는 운명에 놓이고 말았다. 그때 그들에게 〈모임〉이란 위험스럽기 짝이 없는 것이었고, 더욱이나 불교인들의 모임이란 그 위험의 도가 더욱 심하였기 때문이었다. 왜냐하면 당시의 불교란 항일(抗日)의 주체세력과 같은 것이었기 때문이다. 이리하여 학인들의 중흥운동의 기치는 소리없이 내려지고, 곳곳에서 모였던 젊은이들은 다시 뿔뿔이 산간으로 흩어져 버렸었다.

 한국 불교를 위해서는 불행스럽기 그지없는 일이었다. 그러나 나 개인을 위해서는 어쩌면 다행스러운 일이었다고 말할 수 있을지 모른다. 그때까지 불사(佛事)의 뒤치닥 거리만을 도맡아하고 있었고, 또 주위에서 으레 그러려니 여기고 있었던 터에 일경들의 그 탄압과는 그러한 고정관념에서 벗어나 진정한 의미에서의 〈나〉를 위한 길을 걸어갈 수 있는 길을 터놓았다고 할 수 있기 때문이다.

見性으로 가는 길

 나는 그 운동이 깨어지고 또 강원수업도 마치게 되자 표연히 길을 떠나 만공(滿空) 스님이 계시는 충남 예산 정혜사(定慧寺)로 내려갔다. 정혜사에 도착하던 날은 섣달그믐이었다. 그날밤 나는 만공(滿空) 스님과 함께 기울어져가는 한국불교를 중심으로 허심탄회하게 의견을 주고 받았고, 그날밤 스님이 들려 주신 이야기는 이후의 내 발걸음에 커다란 지침이 되었다. 그렇다고 해서 내가 "일"로부터 벗어나 해탈에 정진할 수 있었던 것은 아니다. 그곳에서도 나는 사찰 일을 돌보아야 했다. 어쩌면 나는 속인들이 말하는 일복이라는 것을 타고난 사람이었는지도 모른다. 내가 처음 승복을 입은 일본에서부터 지금까지 나는 내내 일에 몰려 지내야 했으니 말이다. 그렇게 그 절에서 3년을 보내고 나니 더 이상 시간을 보낼 수 없었다. 그래서 스님의 허락도 받지 않고 선방(禪房)으로 들어갔다.

낯씻는 일, 변소에 가는 일, 그리고 먹는 일을 제외하고는 잠시도 자리를 떠난 일이 없이 정진에 몸을 맡기었다. 무수한 시간이 지나갔으나 나는 동요없이 그 자리에 앉아 있었고, 한 목적, 유일한 목적만이 내 앞에 있었다. 해탈하는 일, 그것이 바로 그 목적이었다. 욕심으로부터 욕망으로부터, 기쁨과 슬픔으로부터의 해탈이 목적인 것이었다. 모든 "나"로부터 벗어날 때, 모든 욕심과 욕망으로부터 벗어날 때 비로소 최후의 것, 가장 본질적인 것, 이미 나는 내가 아니라는 큰 비밀을 깨달아 알 수 있을 것이다.

나는 문앞에 부동의 자세로 앉아 있었고, 목이 마르고 괴로움과 불편함이 잊혀질 때까지 그러고 있었고, 이윽고 그 괴로움과 불편이 사라져 갔다. 점점 무(無)의 경지로 들어갔다. 밥을 먹어도 먹는 것 같지 않고 앉아 있어도 앉은 것 같지 않은 것이 거의 불문율로 되어 있었고, 그래서 동전 한푼 지니지고 오줌을 싸도 싼 것 같지 않았다. 한순갈의 밥, 하나의 정좌는 밥이고 정좌이면서 곧 "무"였다.

사람들이 뒤에 들려 주어서 안 사실이지만 그때 내 얼굴은 열에 달아올라 새빨개지고 신경이타서 나중에는 청동색으로 변했었다고 한다. 그들은 저러다 죽지나 않을까 하고 걱정할 정도였다고 한다. 그러나 정진하는 길에서의 되돌림이란 그 자신이 하지 않으면 안되는 법이다. 타인이 할 수는 없는 일이다.

그래서 그들은 나를 성원하고 기원했을 뿐 제지하지는 못했던 것이다.

그런 과정을 거쳐서 나는 점점 더 무를 확대시켜 가고 있었다. 창을 두들기는 빗소리와 풍경 울리는 소리, 그리고 나뭇잎이 구르는 소리만이 들렸다. 그리고 밤의 어둠이 밀리고 밀린 끝에 아침이 오고, 창살이 햇빛을 가득 받아 타올랐다가 꺼지는 것이 보였다.

그렇게 시간은 한달음으로 흐르고 있었고, 그런 가운데서 아침과 저녁이 되풀이 되고 있었던 것이다.

이윽고 선방의 수좌들 사이에서는 내가 견성했다는 소문이 떠돌았고, 만공스님께서도 견성했다는 인가(認可)를 해 주시었다. 그러나 나는 아무리 생각해도 내 자신 속에 너무 많은 미혹의 그림자가 꿈틀거리고 있는 것을 느꼈었다. 그랬으므로 그 인가를 받을 수 없었다. 겸손히 사양하고 오대산(五臺山)의 적멸궁(寂滅宮)으로 들어갔다. 거기서 퇴락해가는 불법의 중흥과 세계의 평화와 안락을 위해 백일기도(百日祈禱)를 시작했다.

이러한 나의 태도는 다만 겸손으로써만 있었던 것은 아니다. 견성을 한 승려들은 대개 게송(偈頌)을 지어 그의 해탈의 깊이를 나타내는 법인데 나는 그것을 짓지 않았다. 그만큼 철저하게 그 미혹을 쫓아내려고 버둥거렸었다. 백일기도를 하러 오대산에 들어갔다는 사실도 그 미혹의 그림자를 쫓기위한 구실로 봐야 할 것이다. 그럼에도 불구하고 그 어느 날, 나로부터 게송을 지어받고 싶다고 한 동료가 어떻게나 심하게 조르는지 그것을 짓지 않을 수 없었다.
　다음과 같은 내용이었다.

　　上來佛祖鈍痴漢 安得了知玆邊事
　　若人間我何所能 路傍古塔傾西方

　　옛부터 모든 불조(佛祖)는 어리석기 그지없으니
　　어찌 현학의 이치를 제대로 깨우쳤겠는가
　　만약 나에게 능한 것이 무엇이냐고 묻는다면
　　길가 고탑(古塔)이 서쪽으로 기울어졌다.

見性과 破戒의 사이
　오대산 속에서 백일기도를 하고 있던 나에게 어느 날 한 장의 편지가 전달되어 왔다. 그 편지는 진주의 불교신도회에서 정혜사로 보낸 것을 정혜사에서 다시 오대산으로 부친 것이었다.
　내용인즉 진주로 내려와서 훌륭한 부처님의 법을 들려달라는 것이다. "어떻게 해야 할까?"하고 나는 망설이지 않을 수 없었다. 앞에서도 말했 듯이 나에게는 너무나 많은 미혹이 도사리고 있었기 때문이다.
　그것을 거느린 채로 그들에게 이야기해 주어야 할 것인가, 아니면 그것을 과감히 뿌리치고 정진을 계속해야 할 것인가. 이러한 망설임 속에서 시간을 보내고 있을 때 다시 정혜사의 만공스님으로부터 편지가 날아왔다. 부처님의 법을 설하여 주라는 명령이었다.
　할 수 없이 행장을 차리고 길을 떠났다. 불심이 대단한 진주 시민들은 〈내 고장의 자랑 운운〉한 벽보를 사방에 붙이고 나를 맞이해 주었다. 법회(法會)가 있던 날의 연화사(蓮花寺)

엔 사람들로 인산인해를 이루었다. 사람들의 웅성거리는 소리 때문에 나의 설법이 거의 들리지 않을 지경이었다. 그런데도 그 모임은 소기의 성과를 충분히 거두었다. 왜냐하면 그 무렵의 모임이란 무엇을 듣고 깨우친다는 데에 있는 것이 아니라 서로 만나 이야기하였다는 데에 뜻이 있었기 때문이다.

특히 나로서 잊을 수 없는 것은 그 법회가 끝난 뒤에 나를 찾아와 내 장삼자락을 잡고 눈물을 흘리시던 어머님의 모습이었다. 그때 그분의 눈물엔 많은 감회가 어려 있었을 것이다. 당신의 아들이 이만큼 되었구나 하는 데서 오는 감격과, 이미 당신의 곁을 떠난 아들을 보는 모정이 얽혀 있었을 것이다. 우는 어머니를 보는 아들의 심사란 결코 편안한 것은 아니었다. 아무리 속가를 떠났다고 할지라도 내가 그의 아들임에는 분명한 사실이고, 그것을 강조하면서 어머니로서의 자기를 나타내려고 버둥거리는 모습은 애처로울 지경이었다.

그런 복잡한 심정의 움직임에 아마도 나는 떨어져 갔었던 듯하다. 비록 인연을 끊었다고 할지라도 그 옛집에 하루쯤 쉬어가는 것이 도리가 아니겠느냐고 하는 어머님의 말에 나는 설복당했었고, 그리하여 어머님의 뒤를 따라 그 옛집을 찾아갔고, 거기서 하룻밤을 자게 되었었다. 그리고 어머님의 간곡한 부탁, "네가 중이 된 것도 좋지만 집안의 혈통만은 이어야 되지 않느냐"는 청천벽력과도 같은 부탁을 받아들여야 했었다. 이혼한 뒤에도 집에 남아 어머니를 봉양하는 아내와 그들이 처하고 있는 험한 생활이 나로서는 도저히 거절할 수 없도록 강압되였던 것이다. 나는 "무간지옥(無間地獄)에 떨어지는 한이 있더라도 그들의 요구를 거절할 수 없다"는 비장한 각오를 하고 아내의 방으로 들어갔다.

지금도 기억하고 있다. 아내의 방문을 열었을 때의 흙내와 땀에 절은 여인의 냄새, 그것은 유혹하는 요기스런 것이기 보다는 연민을 느끼지 않을 수 없는 인간의 짙은 슬픔이었다.

그리고 나는 또 기억한다. 그때 나를 바라보던 그의 죄스런 눈…… 왜 그녀가 죄스러워야 했을까? 죄스런 것은 오히려 내 편이었을 것이고, 그녀는 당연히 한 여인으로서 나를 요구해야 했을 것이다. 그런데도 그녀의 나에 대한 사랑은 나를 파계(破戒) 시킨다는 죄책에 떨고 있었다.

나는 슬프게 그녀의 손을 잡았다. 그리고 슬프게 접하였다. 그리고 날이 밝아오기 전에 집을 나와 동구길을 걸었다. 사위가 너무나 어둡기만 했다.

그런 시간에 그 회오와 슬픔으로부터 보는 자연의 흑색은 너무도 아름답고 가슴 깊이 짙은 슬픔으로 젖어 오는 것이었다. 마치 수려한 한편의 산수화(山水畵)가 우리들의 가슴에 끼쳐 주는 감동과 같았다. 그리고 다시 1년의 세월이 흘러간 뒤에 나는 오대산 상원사(上院寺)에서 아내로부터 보내온 "여식을 낳았다"는 편지를 받아 읽었다.

나는 그 죄업(罪業)을 말없이 받아들여야 했었고, 그것을 씻기 위하여 다시 적멸보궁으로 들어가 백일참회기도를 했었다. 그때 태어난 그 파계의 씨는 20의 젊은 나이로 삭발을 하고 나의 길을 좇아와 수도정진(修道精進)한 결과, 지금은 전국 비구니 강원에서 법설을 가르치고 있는 강사가 되었다.

春園과의 대화

강원 이야기를 하다 보니 생각이 난다. 죄업을 씻으려고 전국 각지를 돌아다니며 수행을 하다가 광능(光陵) 봉선사(奉先寺)에 들른 적이 있었는데, 그곳에서 나는 퍽 오랫만에 불경 번역자로서 이름이 있는 운허(耘虛) 스님, 현역경원장을 만났었다. 그 동안 쌓인 회포를 털어놓는 중에 우연히 춘원 이광수(李光洙) 선생의 이야기가 나왔다.

운허스님은 춘원이 바로 자기의 6촌형님이요 장래가 유망한 청년인데, 그가 지금 《法華經》의 번역을 서두르고 있으니 그를 설득하여 번역을 중단하게 해달라는 것이었다.

춘원이 비록 법화경을 10여년간 공부했다고는 하지만 아직 불법을 옳게 해득하지 못했으니 틀림없이 오역(誤譯)이 생길 것이며, 일단 춘원이 번역했다 하면 다른 사람들은 그것을 명역(名譯)으로 알고 그것만을 읽으려 할 것인즉 미리 그 해독(害毒)을 막아야 한다는 것이었다.

나는 운허스님의 청을 따라 자하문 밖 소림사(少林寺)로 갔다. 마침 춘원은 그 절 근처에 새 집을 짓고 있었다. 그리하여 우리는 종종 대면할 수 있었는데, 그때 그의 안색엔 병색이 짙게 깃들여 있었고, 그런 이들이 갖는 재기를 온몸으로 풍기고 있었다. 그는 법화경(法華經)에 심취해 있는 것 같았다. 그 법화경(法華經)이야말로 완벽한 종교 서적이며, 그 문장의 유려함과 비유의 광대함에는 놀라지 않을 수 없다고 그는 칭찬이 대단했었다. 그러나 그때의 그의 불법의 이해력은 내가 보기엔 미미하기 그지없는 것이었다. 법화경은 가야성(迦耶城)에서 도(道)를 이룬 부처님의 본도(本道)를 말한 것으로서 경전 중의 경전이라 할 수 있는 것이었다. 그런 법화경을 그가 다 이해했다는 것은 말도 안된다. 그러나 나는 그의 그런 허점을 찌르고 들어가기 보다는 그의 기분을 거스르지 않고 그에게 불법을 가르쳐 줄 수 있는 방법을 택하기로 했다. 그것이 그와 교우(交友)를 가지는 길이었다.

그런 연후 나는 춘원과 3일 동안 쉬지 않고 의견교환을 했다. 심지어는 밥을 먹고 변소에 갈 때도 대화를 그치지 않았다. 그렇게 진지하게 문제점에 대해서 서로 주고 받는 데에도 조금도 두 사람 사이의 의견의 거리는 좁혀지지 않았다. 드디어 나흘 째가 되던 날 그의 마음에 동요가 일기 시작한 것 같았다. 그 기미를 알아챈 나는 더욱 설법에 열을 올렸다. 그때 그와 나의 애기의 내용은 너무도 오랜 시간이 흘러서 지금은 기억해 낼 수 없지만 그의 재빠른 이해력에 내가 감탄했었다는 사실만은 뚜렷이 떠올릴 수 있다. 그의 넓은 이마엔 조금도 비뚤리지 않고 혼미함이 없이 사물을 정곡으로 뚫어 보는 예지가 가득 차 있었다.

어느 날 나는 그에게 불쑥 우리 민족이 독립할 수 있는 길이 무엇인가고 물었던 것 같다. 그때 그는 먼저 민족의 실력을 길러야 한다고 대답했고, 다음 나에게는 그 질문을 되돌려 주었다. 나는 그것을 인과의 법칙으로써 설명했다. 우리가 피압박 민족이 된 것은 일종의 과보(果報)이다. 그러니 일인(日人)만을 미워할 것이 아니라 그 원인을 뉘우치고 그것을 바로잡아야 된다고 했다. 지금 생각하면 몹시도 관념적으로 그런 중대한 문제를 이야기했었던 것 같다. 그러나 그런 관념 속에서도 그는 그의 입장을, 나는 나의 입장을 조심스럽게 천명했고, 그런 상이한 사고방식에도 불구하고 며칠새에 우리는 많은 것에서 의견일치를 보았다고 생각된다. 특히 어려움에 대해서는 더욱 그랬다. 내가 그에게 법화경 속에서 앞으로 자꾸 몰랐던 것들이 발견될 것이라고 했을 때, 그는 조금의 불만도 없이 그 말을 받아들였다.

실제로 알면 알수록 어려운 것이 불경이고 법화경이다. 가지를 붙잡았나 하고 보면 잎사귀요 줄기를 붙잡았나 해서 보면 가지인 것이 불법이다. 그처럼 불법의 진리에 도달하기까지에는 수십 수백의 눈에 보이지 않는 관문을 지나야 되는 것이다. 춘원은 그 한 관문을 그때 지났다고 할 수 있을 정도였다.

그때 나는 춘원에게 법화경을 번역하지 말라는 말은 한 마디도 안했었다. 그러나 그는 내가 남기고 간 말의 뜻에서 그것을 알아차렸고, 그뒤로 그것에서 손을 떼었었다. 그후 그는 《꿈》이니 《異次頓의 죽음》이니 하는 작품을 내었는데 이는 모두 불교의 감화에서 울어나온 작품이라고 할 수 있을 것이다.

언젠가 나는 육당(六堂)과 춘원을 만난 자리에서 그전과는 달리 솔선하여 불교의 의식을 해설한 책자인 불자필람(佛者必覽)을 번역 해 주기를 부탁했더니 육당은 능력이 없다고 거절하였고, 춘원은 즉석에서 쾌락하였다. 그러나 한 해 두 해 미루어 오다가 끝내 그 뜻을 이루지 못하고 납북이라는 불행한 사태를 만나고 말았다. 애석한 일이 아닐 수 없었다.
　이렇게 기록하다가 보니 나와 춘원과의 교우가 대단한 것같이 되었지만 그런 것은 아니다. 그보다는 더 많은 대중(大衆)들, 대사(大師)들과 친하였었다. 그럼에도 불구하고 춘원의 이야기를 길게 쓰게 된 것은 그에게서 불교의 중대문제라고 할 수 있는 불자와 불법의 관계를 볼 수 있기 때문이다. 즉 신도들은 불법을 승려들처럼 알 필요가 있을까, 즉 그 어려운 법화경을 신도들은 이해할 필요가 있을까?
　이론상으로는 지식으로서의 불교는 누구나 알아야 한다. 불승이란 그것을 몸으로 사는 자이고 신도란 그 지식을 믿는 자이다. 그것이 서로의 한계이다. 그런데도 나는 그때 춘원에게 너무 바랐었고, 일반적으로 한국 불교는 신도에게 그러한 바람을 너무 갖던가 전혀 갖지 않는다는 병폐를 지니고 있다. 가장 바람직한 일은 언제 어디서나 평형이다. 그리고 그 평형을 얻는 길은 자제로써 만이 아니고 그것을 알 때 이루어질 수 있다. 그런 의미에서도 한국불교는 학승을 앞으로 대량 배출하여 불교의 진리를 대중들에게 쉽게 설명하여 공감 속에서 평형을 얻어야 할 것이다.
　진리는 아우구스티누스에 의해서도, 단테에 의해서도 이야기 되어야 하며, 미켈란젤로에 의해서도 부각되어야 한다. 그렇게 각자가 자기의 길로서 이야기할 때 진리의 전모가 나타나는 것이다. 그런 서양의 기독교에 비하면 동양의 불교는 너무 많은 단애가 있다. 어떤 의미에서 불교의 진경은 승려들에 의해서만이 규명되고 있을 뿐, 그 밖에는 무수한 오해와 이설

(異說)이 범람하고 있는 것 같다. 앞으로의 한국불교가 해내야 할 길은 그런 오해와 이설을 불식시키고 불교의 단일화 내지는 대중화를 이루는 일일 것이다. 누차 이야기하는 바이지만 불교정화운동이란 곧 그 대중화 운동의 투쟁적 어휘에 지나지 않는 것이다.

불길처럼 타오르는 나의 執念

내가 불교에 귀의한 이래의 이청담(李靑潭)이라면 불교정화 이야기를 빼놓을 수 없다. 불법(佛法)은 청정본연을 말하는 것이다. 본래 청정도 두지 않는 것이어늘 하물며 어찌 부정(不淨)이 있겠는가. 그러나 정화를 말하지 않을 수 없는 부정(不淨)이 있음을 또한 어찌하랴. 모든 종교사(宗敎史)는 종교 본연의 근본을 좀먹는 비본질적 요소와 대결하여 싸우는 투쟁의 역사이다. 비본질적 요소는 우선 교단의 토인인 계율(戒律)에 도전하다. 이 도전을 받고 계율의 순수를 고수하려는 정화운동은 일어난다. 근대 한국불교의 정화운동이란 불교와 불법을 두고 하는 말이 아니라 교단을 구성하고 있는 승단(僧團)의 정화를 말하는 것이다. 청정하여야 할 승려가 본래의 의미를 상실하고 있을 때, 마땅히 본부 세존께서 정하신 율법(律法)에 따라 대치되는 요소는 제거해야 한다. 이 운동이 바로 근대 한국불교의 정화이다. 어떻게 보면 현대 한국불교사에서 〈정화〉와 〈반정화〉의 투쟁은 가장 치열했다고 볼 수 있다. 원래 한국불교의 정화 문제는 멀리 1920년대로 소급된다. 일제가 이 땅을 침략한 이래 우리 나라 불교계에는 여러 모로 변동이 일어났다. 그 중에서도 가장 심각한 문제는 승려들이 술 고기 담배를 먹는 특히 대처문제(帶妻問題)였다. 원칙적으로는 대처하지 않는 것. 이것은 부처님 이후 출가 승려가 지켜야 할 계율이다. 글자 그대로 수천년 동안 움직일 수 없는 권리를 가진 전통이기도 했다. 어쨌든지 간에 청정해야 할 불법문중(佛法門中)에 훼법분자 대처승(毁法分子帶妻僧)이 생겨났으니 근대 한국불교 승단에서 막행(莫行) 막식(莫食)하여 처자를 거느린 비법승배(非法僧輩)들이 종권을 등단하고 교계를 혼탁케 한 대서 마침내 호법정화의 운동이 일어난 것이다.

일본의 한국침략과 더불어 민족의 주체성을 말살하려는 식민지와 정책의 비호 아래 파계환법자(破戒環法者)들이 사찰을 장악하고 교단에서 당당히 호령하게 됨에 그들의 수효는 순식간에 늘어갔고 이때부터 불교는 타락의 길로 내리막길을 걸어왔다.

이러는 가운데 적은 비구스님들을 보아 불조보위책(佛祖保衛策)으로 1926년 12월 서울 안국동 선학원(禪學院)을 본거지로 종풍(宗風)의 중흥을 꾀하였으니 이것이 바로 불교정화운동의 봉화인 것이다. 1920년 이후 나는 당시의 대통령 이승만(李承晩) 박사를 찾아 뵙고 불교정화의 동기와 의의를 설명하였다. 그후 대통령은 "처자있는 승려들은 사찰 밖으로 물러나고 한국 고유의 승풍(僧風)과 불조(佛祖)의 혜명을 잇기 위해 독신승(비구승)이 사찰을 지키게 하라"는 담화문을 발표했다. 그것이 정화 추진의 일대 계기가 마련된 것이다.

드디어 1954년 6월 20일 서울 선학원에서는 원로비구들이 모여 교단정화 대책위원회를 조직하고 8월 20일에는 "전국비구승대회"를 소집, 정화운동의 기본방침이 결정되었다. 교계 신도의 호응은 물론 사회 일반 여론도 사회정화 민족종교부흥의 관점에서 전폭적인 성원을 보내 주었다. 이때 나는 도총섭(총무원장)에 선출되었고 정화완수를 위한 순교단을 조직하였다.

2월 5일에는 정화 실천의 제일보로 태고사(太古寺)에 합법적으로 입주, 조계사라고 했다. 이때부터 정화운동은 격심한 호법(護法) 투쟁양상을 띠기 시작하였고 쌍방의 충돌이 빈발하여 승가(僧家)의 본의가 아닌 유혈충돌까지 발생하였다. 한편 전국 각처에서 비구승들은 축출되고 폭행을 당했으니 충돌은 비구스님들께 "정법에 죽으리"라는 비장한 각오를 낳게하여 마침내 정화완수·단식기도(淨化完遂·斷食祈禱)에 들어갔다. 1955년 6월 10일 법당에서 철야정진 단식기도를 하고 있는데 비법배(非法輩=대처승) 2백여명이 새벽의 기습을 감행하였다. 기도 3매 중의 법당은 순식간에 수라장으로 변하고 2인조 3인조로 닥치는대로 치고 받으면서 기도중인 대중스님을 끌어내어 내동댕이를 치곤 하였다. 천인공노할 참경은 그저 입을 다물고 펜을 놓을 따름이다.

나는 이때 다친 몸으로 반신불수가 되어 몇 년 동안이나 고생하다가 부처님의 가호를 얻어 회복하긴 했다. 그러나 우리 비구승 350명은 끝끝내 굴하지 않아 순교적인 정진은 계속되었다. 이렇게 피나는 정화불사는 전국 방방곡곡에 진행되어 1968년 8월 13일 총무원장으로 정화운동의 기반은 더욱 굳치어 전국 사찰의 90퍼센트 이상이 우리 정화교단 산하에 들어오게 되었다.

1962년 4월 10일 이른바 통일종단(統一宗團)의 형성이 이루어져 이로써 정화불사는 일단락을 짓게 되었던 것이다. 그 뒤 통합종단 내에서 일어난 몇 가지 불상사와 각 사찰에서 자행됐던 불교신앙과는 거리가 먼 미신행위는 쉽사리 근절되지를 아니했다.

1966년 대한불교조계종(大韓佛敎曹溪宗) 제2대 종정(宗正)에 추대된 나는 불교근대화 작업을 추진하던 중 4년 임기를 1년만에 직책을 버리고 나와 장노원장직에 머물러 있었으나 정법현양(正法顯揚)을 위한 나의 염원은 더욱 불타고 있었다. 무사안일주의 문중파벌주의 화합(和合)의 미명 아래 고개를 쳐드는 대처승 무리들의 현대사회에 대한 무관심, 이 모든 풍조는 나의 염원과는 너무나 거리가 멀었고 그렇게 16년 동안

심혈을 기울여 투쟁해온 나의 정화이념과는 거리가 멀었다. 여러 가지 고민 끝에 1969년 7월 5일 대한불교 조계종 중앙종교회에 마지막으로 근대화를 위한 유신재건안(維新再建案)을 내놓았다. 최후로 정화이념을 실천할 기회를 다시 한번 얻어보자는 생각에서였다. 화동이란 명목 아래 종회의원 자격을 얻은 대처승들과 야합하던 무능비구승들은 나의 유신재건안을 여지없이 묵살시키고 현 대한불교조계종 내에서 그토록 애타게 염원하던 불교 근대화 작업은 불가능하였다. 그러나 이 모든 사태를 내 스스로의 잘못으로 깨닫고 뼈저린 참회의 마음으로 종단을 떠나 불교 근대화·정화불사의 기치를 또 다시 들게 됨은 불행한 일이 아닐 수 없었다.

끝맺는 말

불교의 진리를 설파하신 세존께서는 세계를 한 완전한 것으로, 결코 끊어 질 수 없는 사슬로서, 인과의 법칙으로 매인 영원한 사슬로서 설명하셨다. 아무도 세계를 그처럼 분명하게 말하지는 못하였고, 그것에 반대할 수도 없게 만들었다.

실로 세존의 말씀을 통하여 이 세계는 수정같이 맑아지고 우연의 지배도, 신들의 지배도 받지 아니한 흠 없고 완전한 종합체로서 나타났다.

이 세계가 선하냐 악하냐, 괴로우냐 즐거우냐는 차선의 문제이다. 세계의 문제는 그것의 구성과 운행이다. 그것을 그는 인과로서 설명한 것이다. 그러나 그 법칙도 인과를 벗어나야 한다는 "해탈"의 경지에 오면 그것을 뒷받침해 줄 수 있는 이론적 근거를 잃어버리고 만다. 여기서부터 불교는 이론을 떠나서 종교로서의 그의 길은 시작되는 것이다. 그리고 많은 가부(可否)가 생겨나는 것이다. 그러나 훌륭한 선인들이 지적해 주었듯이 논쟁을 유발시키는 사상이나 지식은 중요한 것이 아니다. 그것들은 아름다울 수도 미울 수도, 지혜로울 수도 어리석을 수도 있고, 동의할 수도 반대할 수도 있다.

　세존의 설법은 지식을 구하는 자를 위한 설명이 아니고 비애를 이기려고 하는 자를 위한 힘인 것이다. 그리고 그 법설은 그의 독특한 탐구의 방법인 명상을 통하여, 참선을 통하여, 인식을 통하여, 이루어졌고, 배움을 통하여 이루어진 것이 아니다. 그러므로 나는 이렇게 생각한다. 진리는, 즉 인류의 평화와 안식을 배움으로써가 아니고 세존이 그러했던 것과 같이 편력과 고통을 통하여 이루어질 수 있는 것이다. 그리고 그 고통이 관계하는 곳이 바로 우리가 사는 세상인 것이다.

　우리가 살아가는 일, 그것 또한 되풀이되니 말이다.

緣따라 覺찾아 50年

뜬구름처럼 自性으로 찾아서

 어언, 내 나이 올해 70세, 입산한지 만 45년이다. 그러나 나는 입산 50년을 회고할 자격이 없다. 1926년 저 남쪽 해변가 경남 고성 옥천사에서 중이 되었다. 그로부터 때론 군상(群像)들이 제 나름의 생활에 바쁜 도회의 생활로, 또 어느 땐 심산유곡 노송거암(老松巨岩)하의 암자에서 생활함에 그 인연을 남기고 또 법연(法緣)을 간직한 사찰이 두루 헤아릴 수가 없다. 그 숱한 법열의 상존 속에 오간 법연과 오뇌 속에서 한 가닥 뜬구름처럼 자성(自性)이란 한낱 가냘픈 물건을 찾고자 떠돌다 지금은 삼각산 도선사에 정주하니 마냥 감회가 무상할 뿐이다.
 40년의 수도생활, 춘하추동이 120여를 넘기고 또 산천의 수색(水色)과 형경(形境)이 네 번이나 변했건만 난 또 어디로 가야 하고 또 어떻게 가야 할지 모르고 있다. 부처님께서 미묘 법문의 광장설이 40여년이니 또한 내 한 평생 수행과 같건만…… 돌이켜보니 숱한 사연과 밀어(密語)들이 이 고뇌를 잊고 무상증득의 "나"를 찾고자 애쓰는 노승의 심정이 조급해질 뿐, 또 어쩔 수 없는 계절의 순환 속에서 한 해 또 한 해를 보내고 맞는다는 생각뿐이다.
 아니 내 자신 몸과 마음을 운반하여 겨우 어제 오늘을 지나서 내일에 이를 뿐이다.

靑雲은 俗離를 불러 일으키고

　나의 세속 고향은 진주다. 난 옛부터 산자수려한 내 고장 진주에서 유유히 논개의 의국충절을 담은 남강을 굽어보며 또 간간이 들려오는 미기(美妓)들의 가락을 들으면서 그날 그날 아무런 부담없는 생활을 영위하였다.

　나에겐 편모가 계셨다. 아버진 일찍 숱한 어려움 속에 대식구인 우리 가정을 위해서 가까운 마산·진해 때론 저 멀리 항도 부산까지 다니시면서 장사를 하셨다. 그토록 부유하진 못한 생활이었으나 우리들 온 가족에겐 그래도 내일을 기약하는 웃음이 있었다.

　아버지는 조용히 나를 부르신 후 싸늘한 내 손목을 힘없이 쥔 후 그만 그 사랑스럽고 보람찬 내일을 기약한 웃음의 결실도 채 보지 못한 채, 멀리 저 멀리 피로에 지친 여로의 행각에서 얻은 고질된 주병(酒病)으로 그토록 많은 일들을 어린 나를 엄마에게 남겨둔 채, 영영 우리들과는 하직을 하고야 말았던 것이다. 난, 하늘이 무너지고 땅이 꺼질 것만 같은 그 슬픔, 그렇다고 언제나 돌아가신 아버지만 그리며 지낼 수가 없었다.

　내 아랜 어린 여동생 셋과 남동생 하나가 있으니 이젠 단연 노모를 모시고 가족을 이끌어 가야할 부양의 책임이 또한 내게 있는 것이다. 시간만 있으면 남강 기슭 검푸른 송송(松松)의 풍경만을 되뇌던 나는 그럴 적마다 모든 생활 그 자체에 회의를 느끼고, 가끔 혼자서 아무도 인식과 이해를 못할 독백을 늘어도 놓았다.

　어느 날 어머님은 나를 조용히 부르셨다.

　어머님은 나에게 장가 가기를 바라는 것이었다.

　난 어머니의 그 말씀을 들은 후 3일간의 여유를 두고 곰곰이 생각을 했건만…… 난 내 마음을 도저히 안정된 범주속으로 겨눌 수가 없었다. 어쩌면 자꾸만 자꾸만 저 석양에 물든 저녁놀을 잡고픈 심정마냥 멀리 멀리 지향도 정처도 없이 떠나고만 싶었다.

아니 그러나 불현듯 내 뇌리를 스치고 지나는 한 생각 ……?

바로 내 눈앞엔 도저히 볼 수가 없는 근엄(謹嚴)하신 아버님의 영상(影像)이 조용히 다가오며 내 머리를 쓰다듬으시면서, 얘 순호야 모든 생활이 불편하고 만족스럽지 못하더라도 너의 노모를 위해선 마땅히 아내를 얻어서 모두 새로운 화기(和氣) 아래에서 오손도손 살아가는 것이 좋지 않겠느냐고 말씀을 하셨다.

난 감았던 눈을 크게 뜨면서 반 울음섞인 목소리로 아버님하고, 아버님을 부둥켜 안았으나 벌써 선명히 비친 내 눈 앞엔 금방 나보고 장가를 들라던 아버님은 어디로 사라지고 어느새 진 햇살이 역겨웁다는 듯이 십오야의 밝은 달빛이 처량한 내 모습만을 남강 맑은 물에 비춰 주고만 있었다.

난 달리듯 돌아와서 어머님 앞에 무릎을 꿇고 조용히 일러바쳤다.

"어머님, 나 아내를 맞아들이겠습니다." 이렇게 하여 난 소박한 농촌의 아가씨를 아직 내 나이 17세 밖에 되지 않는 앳된 동심 속에서 어느 전설의 신화 속에 한 예쁜 소녀만을 그릴 그 나이에 한 가정의 아버지요 한 여인의 남편 구실을 하게 된 것이다.

아버지가 계실 땐 이웃 마을 서당에서 한문을 읽다 뜻한 바 있어 진주 보통학교를 들어가게 되었다.

이젠 신기루에 순응했던 꿈 많고 생각이 많던 17세 소년이었던 나였건만 다시 한번 난 어느 분기점에 섰다. 슬픔과 달램의 기로에서 그 옛날 곱게 다듬던 청운의 부풀은 꿈은 조용히 막을 내리지 않으면 안되었다.

  그토록 신문명과 새로운 지식인 과학을 익히고 배우고 싶던 나였건만, 한 가정을 이루는 거창한 행로에선 이젠 영원히 새로운 각도에서 새로운 삶을 가꾸어야 한다.

  어머님과 순박한 시골 처녀였던 아내는 자꾸 자꾸 학교만은 계속하라고 졸라댔지만 이젠 내 주위의 숱한 인간들의 얘기도 바램도 내동댕이치고 오직 어린 주제이지만 내 조그만 일가견(一家見)에서 생활을 하려는 꾸미고 다듬어 놓은 계획서는 변동되지 않았다.

  매일 보람찬 생활 속에서 하루 하루를 이끌어 가는 내 생애의 전주곡이었건만 그래도 어딘지 모르게 휩쓸려 오는 역습의 기류는 나를 자꾸만 슬프게 만들고만 있었던 게 분명하였다.

  허전한 마음. 시간에 쫓기다 보면 보람찬 마음의 설계는 또 숱한 가족과 이젠 제2의 생명의 앞날마저 생각 해야 될 나였으므로 나를 버리고 제2의 생명을 위해서 어제까지 키워 오고 보살펴 오던 그 이념과 이상을 송두리째 버리던 날, 난 허황한 심정의 발로에서 또 한번 먼 하늘을 우러러보면서 인생의 정의를 되뇌어 보았다.

  싸늘한 상념 속에서 뭇 별만은 반짝여 주건만 내 생애의 진로의 계획표를 펼쳐 주는 이는 없었다. 아니 "이 자식"하면서 비웃는 소리만이 내 귓전을 점점 더 두드릴 뿐이었다.

  시간, 공간 모든 삼라만상이 제 나름의 운명과 신의 계시 속에서 회전을 하고 있는데 나 역시 그 우주 섭리의 대철칙 속에서 예외일 수는 없었다.

  꽃은 피고 지고 세월은 가고 봄이 오면 겨울이 가고 달이 뜨면 태양이 지듯 인간 역시 나면 언젠가 한번은 죽는 줄 뻔히 알건만 그래도 난 슬픔 속에서 생활을 영위하지 않으면 안되었다.

이젠 어쩔 수 없는 어린 자식의 바램에 따라 영영 이렇게 살아야만 될 허무한 자아를 느꼈을 때, 난 또 한번 먼 허공을 쳐다보면서 내 나름으로 인생의 한 평생을 포물선으로 그리다 간 또 그것도 짧아서 돌아서곤 한 적이 이루 헤아릴 수가 없었다.

어느 날 황혼과 더불어 은은히 구성지게 들려오는 노승의 염불 따라 내 발길은 남강 기슭에 아름답게 자리잡은 호국사로 옮겨졌다.

15일이면 만월이었다가 15일이면 하현이 되는 먼 하늘의 월광(月光)을 되새기면서 굵지도 적지도 않은 단주를 돌리면서 심오한 진리의 카테고리 속에서 뭇 중생들을 불쌍히 굽어보는 자비의 화신 석가모니의 한계마냥 아니 시공을 초월한 스님의 면계(面界)를 보고, 난 나 자신도 모르게 두 손을 합장한 채 그 자리에 장승처럼 마냥 서 있기만 하였다.

스님은 조용하고 침착한 어조로 나에게 아니 어린 소년에게 조용히 그리고 분명히 인간 본래의 근본을 들려주셨지만 제2의 보챔 속에 방황하는 어린 가장인 나의 뇌리는 또 한번 이 스님의 얘기를 듣고 언제, 아니 이곳 스님의 법어를 듣기 전엔 도저히 생각지도 또 그리지도 못했던 상념들만으로 꽉 차 있었다.

아니 인간은 나서 죽는다. 그렇다면 그냥 생사의 궤도마냥 무한대의 평행선을 따라 어쩔 수 없이 망각된 채로 죽어야만 하느냐. 아니야! 분명히 아니야! 그 스님 말씀대로 인생은 "공수래 공수거 (空手來 空手去)"라고 했지만 오고가는 것은 분명할 게 아닌가.

난 이렇게 내 면목도 타의에 의해 송두리째 앗겨 던져진 채 영영 시들어져야만 하는가.

아니다. 시들어져야만 될 하등의 이유가 없다.

오늘의 조그만 인정에 치우친다면 내일 영원히 살고 죽는 대법리를 잊어야 한다. 아니야. 오늘날 숱한 인간들의 조롱과 멸시와 모욕과 증오와 버림의 슬픈 몰골이 된다 하드라도 난 분명히 대법리를 찾아야 한다. 찾지 못하여 버리고 온 아내와 그리고 버려져야만 될 자식에겐 무한의 증오와 저주의 시선이 언제까지나 지속이 되드라도 난 각오가 있어야 한다.

 난 보자기를 꾸렸다.

 조용한 제2세의 선명한 눈망울, 내일이면 아빠라고 부르던 아버지인 자기를 영원히 기약고 또 바램도 없는 거리에서 아버지와 남편을 그려야 할 자신이건만 그것은 모두 한 낱 보잘 것 없는 꿈마냥 잠든 아내의 모습은 사랑스럽다 못해 처량하기만 하다.

 조용히 문을 연 나는 다시 한번 내 뼈와 살을 이토록 인생의 대법리를 찾고자 떠나도록 일깨워진 그 본향. 이젠 노모의 모습도 자식의 재롱도 아내의 수줍음도 내일이면 멀리 멀리 저 옛날 할아버지가 들려주던 구수한 사랑방 얘기가 되어 달라고 조그만 보자기를 앞 섬돌에 아무렇게 내던져 두고 사랑방 안채에서 고뇌와 번민, 희열과 애증, 아니 아무런 생각도 없이 주무시는 어머님 모습 앞에 언제까지나 이 자식, 불효막대한 자식이 새로운 한계 속에서 인생의 대법리를 깨치고 오늘 날까지 만수무강하시기를 빌면서 총총히 비춰주는 별빛에 훈훈한 가을 바람을 맞으면서 합천 해인사를 향해 떠나니 그 때 내 나이 겨우 19세였다.

綠 따라 三千里, 覺 찾아 三千里

 훈풍에 젖은 낙엽은 달빛에 비쳐 제 모습이 더욱 아름다웠건만 그토록 굳센 각오 속의 행각도 어딘지 모르게 들려 오는 화방(花房)의 가락과 글방의 통수소리 따라 서글프기만 했다.

멀리 언덕배기에서 아스라이 보이는 내 고향. 이젠 멀리 언덕배기에서 아스라이 보이는 내 고향. 이젠 청운도 바램도 계획도 정리도 대법리 탐구란 새로운 깃발 아래서 조용히 신음하면서 영영 죽어만 갈 때.

옛날 이 나라 자주와 자의와 독립의 여운 속에 많은 진리의 반려들이 함께 뭉쳐서 이 나라의 광복을 그토록 염원하다 못해 애원과 호소의 피맺힌 사연을 함축한 거리 거리는 그날의 추억들로 떠나는 내 마음을 또 한번 흔들어 주고 있었다. 남통에서의 만세사건, 북통에서의 궐기대회 등 등이 어느 초라한 간이역전의 대폿집 주마등 마냥 아니 내 머리를 파노라마처럼 스치고만 지나갈 뿐이다.

1919년 기미 3월 1일 숱한 군중 속에서 내 나라 독립을 부르짖던 그날이 영원히 온 마음속에 아로새겨지는 것 같았다. 이젠 그날의 여운도 아니 지금도 들려 오는 듯한 그날의 메아리들 마저도 자꾸만 떠나는 내 발걸음을 무겁게만 하는 것 같다. 숱한 상념들이 "삼경(三更)"의 여음과 더불어 내 생각을 주저케 하더라도 이젠 심오한 각오가 선 내 마음엔 일촌의 타협과 양보도 있을 수 없었다.

벌써 헤어보니 가야산의 하늘과 내 고향 진주의 하늘은 가깝건만 동녘에 뜬 해가 서산에 지고 서산에 뜬 달이 햇살에 쫓겨 진지가 벌써 3일이 되었다. 심심한 무상대오의 각오밑에서 먼길 아니 수백리 길도 멀다하지 안했다.

가장 조용하고 숭고한 본래의 성품(性品)으로 돌아간 나는 경건한 자세로 부처님께 삼배(三拜)하였다.

뻣뻣한 장승 같은 선 머슴아인 내 육신은 좀더 부드럽게 참배치 못해 혹시 누가 내 모습을 보고 꼴 불견이라고 웃지나 않을지 적이 부끄러워서 후딱 뛰어나오곤 하였다.

무한한 희열 속에서 법리를 구현하고자 온 내 마음은 가장 숭엄한 불존(佛尊)의 위압으로 또 산산이 깨어지고 마는가.
　어디가서 아니 어느 누구에게 여쭤야 하나? 모든 것이 생소하고 보는 것이 서툴기만 했다. 먹은 마음은 또 하루 석양에 지는 낙엽처럼 뭇 중생들의 발굽에 밟히다 헤어지듯 나 자신의 숱한 망념(忘念)의 사조(思潮)에 따라 석양에 진 낙엽처럼 쓸쓸히 헤매다 싸늘한 여관 신세를 지고야 말았다.
　영원히 얼룩져야만 될 탐구의 여울물 따라 이대로 누가 만들어 논 한가닥 종이배 마냥 또 저구름 벗삼아 해인사 인연을 담쌓아야만 하는가. 난 담담히 흐르는 홍류동 계곡따라 아니야, 나의 인연이 없는 곳인가보다 하고 멀리 제2의 행로를 송강사 백용성스님에게로 정했다.
　용성스님은 언제나 내가 존경하던 스님이었다. 민족 대표 33인 중의 한 분이시다.
　아니 얼마나 법력이 출중하신지 제방의 불자들이 인산인해를 이룬다는 소식을 나는 고향에 있을 적에 간혹 호국사 그 한 승에게 들었었다.
　송광사 용성스님을 찾아 떠나는 내 발걸음은 어쩐지 더 가뿐하며 더 기운이 나는 것 같았다. 나는 스스로 해인사의 석별은 오히려 용성스님을 뵈올 수 있고 내가 그토록 원하는 대법원의 창문을 두들기는 지름길을 얻고자 이렇게 알지 못하는 내 주위의 어느 신이 가져다 준 섭리라고 자위하니 오히려 더 기쁘기만 하였다.
　덩 덩 덩
　우주의 삼라만상이 침묵을 지키는 듯 멀지도 않고 가깝지도 않은 송광사 보제루에서 어느 동승이 두들기는 범종성(梵鐘聲)을 들을 때.
　난 허기진 배와 피곤에 지친 다리이건만 내 면계가 바뀌지고 시공을 초월한 자리가 펼쳐지는데 조그만 피로에 머물러 있을 수 없음을 알고 은은히 들려오는 범성따라 송광사 일주문(一柱門)에 들어오니 벌써 해는 뉘엿뉘엿 서산에 지고 있었다. 또 하루가 저물었다.

속히 법의를 입고 장엄한 불타님 앞에 무상 정도를 증득케 하고픈 마음은 어디다 비유할 수가 없다. 이 조급한 마음은 졸졸 흐르는 물소리마냥 아니 솔솔 부는 바람소리마냥 걷잡을 수 없이 바쁘기만 했다. 어디에 계시며 또 어느 누구에게 물어야 내 그토록 바래고 온 염원의 소산이 알차게 결실을 맺을 수 있을까?

이젠 이렇게 마냥 지체할 수가 없었다.

아니야. 동공 속에 분명히 들어오고 귓전에 광량이 두들기는 하늘아래 내 고장 진주에서 노모와 아내와 증오에 찬 눈초리로 서 있는 어린 자식의 눈망울이 자꾸만 더욱 재촉하고만 있다.

난 힘을 내었다. 어쩌면 이젠 두번 다시 행려가 되풀이되지 말라고 바래는 마음의 표현일까? 지나는 스님을 붙잡고 난 침착하고 조용하고 기대에 찬 음성으로 용성노스님의 거처를 물었다.

아니 이게 어찌된 일인가.

스님은 오늘 아침 급한 사무(寺務)로 서울로 가셨다는 것이다. 울어야 할까 먼 하늘 흰 구름을 쳐다보고 허허 크게 파안대소를 해야 할까. 이것마저 인연이요 신이 준 계시라면 난 이제 어느 신도 아니, 보당(寶堂)에 계신 불타도 역겨워 질 것 같았다.

물은 흐르고 바람은 불고, 나면 죽고 만나면 헤어지고 이게 모두 인간의 철칙이라면 내 또한 용성스님을 못만남도 이것 또한 인간의 철칙이요, 인간 생활사의 기류라고 생각을 해야만 하는구나 했다.

번신과 고뇌의 불연속선이 자꾸만 내 주위에 등온선 마냥 엄습을 한다.

이렇게 내 대의가 송두리째 어쩔 수 없이 인간의 생활면 속에서 매몰차게 꺾어져야만 하는가.

난 한번 또 한번 수십번 생각에 생각을 하였다.

아니다. 이젠 용성스님이 있는 서울에 가야만 한다.

꼭 만나야만 한다는 집념은 용광로의 불길마냥 훨훨 꽃피고 있었다.

묘한 번민 속에서 인연을 심고 숱한 상념 속에서 상념을 잉태한 지도 어언 몇 개월이 지났다.

매몰찬 세파는 결코 매정하지만은 않았다. 어린 내 나이 19세. 난 고성 옥천사에서 어쩌면 원래 내 계획과 각오보다 차이가 있으련만, 이 모두가 인간의 숙명이요, 또 우리들 인간의 인연이라면 여기엔 결코 미련이나 망념과 또한 집착이 없었다.

여기 언제나 이젠 형식을 초월할 수 없는 내용의 카테고리를 벗어던지고, 이젠 실질적인 본래의 진면목을 찾겠다고, 바랑을 지고 오늘은 이 하늘 아래 내일은 저 계곡에서 그 생활을 이렇게 저렇게 뒤반복하다보니, 세월 무심토록 벌써 입산한 지도 6년이 지난 내 나이 25세가 되었다.

나는 은사스님의 천거로 당시 석학 박한영(朴漢永) 스님께서 수많은 도제를 기르던 서울 개운사(開運寺) 강원에서 나는 "법려(法侶)"들과 옹기종기 어깨를 나란히 하고 정진을 거듭하여, "경 률 론(經律論) 삼장(三藏)"을 마스터하였다.

그때 나는 부처님께서 설하신 "팔만 대장경" 중에서도 아니 내가 강원에서 배운 "경률론" 중에서도 "능엄경(楞嚴經)을 가장 심오히 해득하고 또 즐겨 읊조렸다. 그러나 아직도 내 마음은 어떤 외부의 바램에 어느 땐 가끔 동요되고 있었다. 어쩌면 두고 온 혈육의 정이였었나, 아니면 정진하는 납자(衲子)에게 반드시 한번은 찾아온다는 환멸의 여운인가.
 난 굳게 마음을 다짐하였다.
 아니다 모두가 아니다. 내일의 면모를 위해선 내가 그토록 꺼림칙이 여기는 호적상의 내 아내와의 이혼 수속을 끝내고, 명실공히 독자로서 아무런 심(心)과 물(物)의 기로에서 영영토록 방황과 부담을 받지 않을 정진과 수행을 해야겠다는 생각에서, 벌써 반 십년, 청산이 반쯤 변해진 세월 따라 노모에게 간단한 안부 편지와 더불어, 옛날 순박히 내 곁에 모습을 보여주고 훗날 자식의 번영과 행복을 되새기면서 불평도 짜증도 모욕도 모든 사사건건을 만족으로 되뇌이던 아내에게도 글을 썼다.
 난 이혼을 해야 한다는 얘기를 말이다. 이혼한다는 이유 중에서 가장 큰 조건은, 불행하게 생활하는 아내에게 재가의 기회를 주어 지난 날 못다한 행복과 사랑을 구가하도록 일르기로.
 그러나 그토록 기다리던 노모와 아내의 답신은 없었다.
 오히려 난 미안한 생각을 가지면서 생활을 했다.
 도저히 이 값비싼 부담을 덜어버리고 새로운 행복과 사랑의 신생활을 창조하도록 하고파 추운 겨울날, 이젠 기억에도 다 잊어진 내 고장 진주로 발걸음을 옮겼다.
 혹한은 이지러진 심경만 더욱 슬프게 할 뿐, 그 외엔 아무런 생각조차 겨눌 수 없었다. 황량한 나무의 가지에 외기러기 울음소리조차 서글픈 밤, 어찌 출격장부(出格丈夫)가 무엇하러 다시 옛날 버리고 온 고향을 찾을까.
 자문 자답을 해 보건만 어느 모퉁이 한 부분도 별다른 묘안의 답이 제시되기는커녕 마냥 더 슬프기만 하다.
 이젠 철없이 엄마의 품속에서 아니 아버지의 무릎에서 가락

조차 분별하기 어려운 자장가 따라 지새우던 어린 딸자식도 오늘날엔 다 자라서 제대로의 꿈을 간직한 채 지내고 있을 것을 생각하니, 지난 날 수도생활에 어둠을 장식 하던 꺼림직한 아내의 생각도 일어나다간 또 사라지고 사라지다간 또 일어나고만 했다.

 아무런 생각과 어떤 여운도 없이, 바람에 구르는 낙엽처럼 흘러서 온 것이 그 옛날 청운을 불러 일으키던 한 많은 고향 땅 진주에 발을 들여놓았다.

 이젠 오직 전미개오(轉迷開悟)의 생각외엔 어떤 사물과 직관도 관찰도 미련도 집착도 멀리 흘러가는 강물따라 내동댕이 친지도 오래이건만, 오늘 아내를 찾아 이혼을 강행해야 하는 자기의 마음은 온통 뒤틀리기만 하였다.

 숱한 희비애락의 여운들이 한 컷 두 컷 일어났다 사라지는 내 고향의 아스라한 추억들이 또한 굳게 다짐하고 찾아온 나의 발걸음을 더욱 무겁게만 하였다.

 아니다, 이렇게 비굴해 질 수는 없다. 아니 주저앉아선 안 된다.

 이 땅의 하늘 아래에서 굳세게 부처님 앞에 맹세한 참된 근본 진리를 찾기 전엔 단연코 부모나 아내를 생각지 않겠다고 맹세한 내 심정———

 아니 또한 생각의 쫓김에 따라 오늘 이렇게 찾아온 바에야, 두 눈을 찔끈 감고 훗날의 견성을 위한 수도를 한 낱 보잘 것 없는 면목이나 체면에 들볶여 돌아서서야 그게 될 말이냐고 굳게 재삼 다짐하고 한숨에 집을 향해 달렸다.

 벌써 세월은 흘러서 7개성상이 지난 때, 옛날 나를 보듬어 주던 산천은 여전하건만 나를 길러주시던 편모는 이젠 영영 헤어날 수 없는 죽음의 길목에서 슬프게 주름잡힌 안면을 더듬고 있었으며, 아내였던 순박한 당신은 아무런 말도 없이,

아니 멀리 떠난 남편을 그리다 돌이 된 망부석처럼 꼿꼿이 서 있을 뿐이었다. 멍한 시선 속에 아내는 반갑다 못해 울음 섞인 소리로 "무엇 때문에 여기 왔소"라고 만 말 할 뿐이었다.

너무나 담대하고 무표정한 아내의 말에, 난 그만 7년이란 기나긴 세월동안 한 자도 전하지 못한 양심이 자꾸만 채찍질 하는 것만 같았다. 아내는 나의 모든 얘기를 다 듣고 난 다음, 순순히 도장을 찍어주면서 옛날 2, 3년 아내와의 생활 속에선 찾아보기 힘들던 어떤 비장한 결심의 표정 위에 한 가닥 눈시울을 적시면서,

"여보 당신이 잘 된다는데 내가 무엇을 반대하겠소"
하고 말을 하면서 총총 일어나서 마지막 소반을 지어 내 앞에 내어 놓았다.

난 그날 그 티끌 하나 찾아 볼 수 없던 아내의 말에 난 너무나 무거운 죄의식 속에서 또 한번 내 인생행로가 착잡토록 험준하고 애로가 유수한 것을 인식하면서, 굳게 더 훌륭한 수도인이 되겠다고 멀리 두고 온 법려(法侶)들의 하나 하나의 얼굴들을 생각하면서, 더욱 굳게 서원을 하였다.

綠은 綠을 쫓고 覺은 覺을 여의고

평탄할 수만 없었던 내 반 평생 아니 어쩌면 내 전 생애가 그러하였다.

아내와의 영원한 이별 속에서 숱한 사연과 보람 속에서, 오늘은 이곳 내일은 저산 이렇게 전국 방방곡곡을 누비면서 운수행각(雲水行脚)을 한지도 벌서 수년이 지났건만, 내가 그토록 뼈에 사무친 각(覺)의 본처는 찾으면 찾을수록 아늑하고 쫓으면 쫓을수록 어둡기만 하였다.

내 나이 벌써 40이건만 회고해 보니, 내가 오늘날까지 무엇을 했으며 또 무엇을 얻었는지 나 자신도 모르고 있다고 해

야 맞을 지경이었다.

　이렇게 흐르는 구름 따라 지저귀는 철새 따라 이산 저산을 누빌 것이 아니라 이젠 어느 조용한 암자에서 견성 대오(大悟)의 소식이 있기 전엔 나오지 않겠다는 서원 중 문득 생각이 나서, 금강산 마하연에 당시 고승들도 많이 있으니 그곳에서 법량(法糧)도 키울 겸 또 법력(法力)도 겨룰 겸 찾기로 하였다.
　그곳에는 당시 고승 만공스님 예하에서 숱한 수좌(首坐)들이 진면목을 터득코자 선(禪)을 하고 있었다.
　나는 이곳에서 만공 조실(祖室) 스님으로부터 견성했다고 인가를 받았으나, 난 아무리 내 자신을 관조해 보아도 너무나 미흡한 것이 많으므로 인가받기를 거부하였다. 이어서 곧 나는 북방의 생활을 청산하고 숱한 수좌들의 행려에 휩쓸려, 옛날 내가 입산코자 찾아갔던 합천 해인사를 향해 발걸음을 옮겼다.
　해인사의 하늘은 그토록 맑고 밝기만 하였다.
　아니 저 산 넘으면 조용히 어린 자식의 머리를 쓰다듬으며 살아가는 한 고부가 생각키우니 저절로 머리가 숙연해질 뿐이었다. 흐르는 개울물 속에 뛰노는 송사리떼들의 재롱 속에서 눈을 돌릴 줄 모르던 나는 자꾸만 옛날에 찾아 볼 수 없던 인간 양심의 오류를 씻고자 발걸음은 벌써 내 고장 진주로 향해 옮겨지고만 있었다.
　아니 이렇게 해서는 안된다. 이건 분명히 자기를 상실한 비인(非人)의 행동이라는 마음 한 구석의 불호령 따라 나도 모르게 10여리 내려간 내 발걸음이 다시 절을 향해 옮겨졌다. 하늘은 온통 넓건만 내가 선 해인사의 하늘과 내 고향 진주의 하늘은 마냥 한 뼘 거리도 될 것 같지가 않았었다.

누구든 속히 이 보잘 것 없이 가까운 하늘을 머리 더 멀리 헤쳐줬으면 좋겠다.

무한한 상념처럼 밤하늘의 무수한 별빛 따라 어쩌면 그 별빛 마냥 아내에겐 송구함과 예전에 느껴 보지 못한 사랑스러움이 움솟는 것만 같은 심정.

허전한 마음을 달랠 길 없어 난 죽어 비틀어진 고목에 기대어 누가 새겨놓은 인간무상의 네 글자만을 되새길 뿐이었다.

너무나 가까운 어제와 오늘의 생각들이 즐비하게 나열된 하늘 아래서의 생활은 또 한번 나의 입지를 약하게만 만들 뿐이라는 것을 생각한 나는, 멀리 저멀리 충청도를 향해서 발걸음을 옮기기로 작정하였다.

연(緣) 따라 찾아온 중생, 어쩌면 그것이 곧 생의 전부인 양 착각하면서 살다보니 모든 세상살이가 무상하고 또 허망하고, 아니 무상과 허망을 느꼈을 땐 벌써 해는 서산에 기울어지고 달은 밤 하늘 높이 솟아오름이 몇 번이던가 헤어보니, 그 많은 연륜들만이 흘러 쌓여갈 뿐이었다. 그 숱한 연륜 속에서 인연을 심고 또 법열을 가꾸다보니 본래의 사명과 목적은 자꾸 자꾸만 멀어져 가고 소외되어 가는 것만 같았다.

彷徨의 계절에서 自覺의 부름으로

파란 하늘 빛 상념들만을 되새기는 푸르름이 만끽된 어제의 계절들은 희비애락의 4중창 속에 뿔뿔이 자기들만이 곱게 다듬고 간직한 본래의 고향으로 흩어져만 가고 있었다. 이젠 옛날, 뒤섞임 속의 숱한 푸념들만은 잊어버리고 좀더 보람찬 생을 구가하고자 발버둥친지도, 어언 손가락을 꼽아 보니 또한 이루 헤아릴 수가 없다.

시대의 흐름은……! 세월의 부름은……? 마냥 답보상태에서 겨우 지렁이가 꿈틀거린 길만을 쳐다보면서 헤헤 입을 벌릴 정도였던 나의 무능한 보루 위에도 정녕코 지도자란 새 명목이 천천히 씌워지고만 있었다.

옛날 개운사의 학인 시절에서 지난날 제방 선실(禪室)의 한 머릿수만을 채우던 주제, 그러나 모든 것이 내게 주어진 운명일진대 무릇 무엇을 외면하고 도외시 할손가.

난 조용스레 보당(寶堂) 앞에 합장하면서 서원을 발해 보았다.

진정코 내게 부여된 시대의 부름이라면 내 한 사람의 이익만을 위해서 고요히 지샐 수만 있을까. 담뿍 머금은 보대 위의 자비로운 미소, 내 눈은 흐려졌건만 분명히 내게 제시해 준 대답은 속히 두 주먹을 불끈 쥐고 뛰어들라는 미소였음이 분명하였다.

어제도 그랬듯이 오늘도 결코 우리들 수행자들의 생각은 세속의 뭇 인간들이 생각하던 만큼 평탄하지는 않았다. 그토록 많은 삼보정재(三寶淨財)가 일인 독재의 착취와 억압 앞에 이름도 자취도 흔적도 없이 사라질 때, 아니 3천년 정법(正法)과 불조(佛祖)의 혜명(慧命)마저 깡그리 파괴될 때, 의분이 움솟는 젊은 신자들은 방관할 수가 없어 난 많은 학인(學人)들을 거느리고 정법수호를 부르짖은 나머지 조금이나마 허물진 그늘에서 밝고 맑은 광명의 여운이 움솟았으니…… 그걸 우리들 젊은 승려들은 무한한 긍지에서 수행을 이끌어 왔었다.

오늘 새로이, 이제 자기가 자기를 돌이켜 볼 때, 무엇이 무엇인지 또 어떻게 조차 돌아가는지 모르는 주제에, 이제 한 단체의 지도자, 그것도 허물어져가는 집을 말끔히 새로 다듬을 지도자로 행세해야 한다니 앞길은 망망할 뿐이다.

많은 도우들의 권유와 조언과 충고와 격려 속에서 폐허화된 대지 위에 한 포기 연꽃을 심자던 한 납자(衲子)의 생각이

외세의 바램에 편승해 뿔뿔이 파멸될 때, 난 어쩔 수 없는 보살상의 면전에 조용히 읊조리면서, 이 모든 것이 나의 박복소치일진대 어느 누구에게 책임을 묻고 회포를 더듬겠느냐고……

난, 이젠 모든 설계도 지도의 이념도 내일의 번영상도 다 내동댕이치고 얼마 동안 조용하게 지대방에서 잠자던 괴나리 봇짐마냥, 걸망을 짊어지고 문경 희양산 봉암사를 찾는 발걸음은 무겁기는 하였으나 천천히 옮겨지고는 있었다.

煩惱 속에 만난 아내

흐르는 물 따라 부는 바람 따라 흘러흘러 희양산 봉암사로 향하는 발걸음은 초라하다 못해 처량하기만 하였다. 보금자리도 맞아줄 이도 없는 한 많은 나그네인 내 신세는 그래도 오직 구도의 이념 외엔 어떤 망념도 불식되었다.

나는 지저귀는 철새의 울음에 떠도는 흰 구름 흐름 속에 나 자신을 얼마를 관조하다 목적지인 희양산 봉암사를 목전에 둔 상주 땅에 다달았다.

어느 누구도 꺾지 못한 사연들, 난 얼마나 많은 애증의 행로를 소지했던가, 물론 인간의 정리(情理)를 탓하기 전에 시대 조류를 논해야만 하는가.

어처구니 없는 눈 앞의 상황.

난 경찰서 피난민 수용소 신세를 져야만 하는 또 얄궂은 숙명의 소유자가 되었다.

어느 누가 안 그랬음이 있었겠는가만 난, 아니 내게 주어진 사사건건은 너무나 참혹한 비정의 연속 뿐이었다.

숱한 난민들 속에서 난 부처로 얻은 내 마음을 보기는커녕 10여년 내 뇌리에서 영원히 사라진, 아니 지난 날 나 보고 중노릇 잘 해 달라고 눈물을 감추면서 손짓하던 내 아내, 아니 한 자식의 어머니가 바로 내 옆에서 빼빼 비틀어져 가는 내 육신을 지켜보면서 증오에 찬 시선 대신 자비의 미소로서 나를 맞이하고 있지 않는가.

　너무나 기구한 운명 속에서 난 더 이상 지체할 수가 없음을 인식하고 누가 볼세라 아니 내 옆에 숱한 인간 틈바구니 속에 곤히 잠든 옛날 내 아내였던 한 여인의 잠이 깰세라 멀리 멀리 걸음을 재촉하면서 뛰었다.

　지난 날 밝기도 하고 맑기도 하던 10월의 상현(上弦) 달빛은 어느새 먹장구름 속에서 그 아름다운 모습을 잃음이 역겨운지 아니 어쩌면 순박 천식(賤識)한 아내를 버리고 떠나는 나의 비정을 탓함인지 비는 주룩주룩 내리고 있었다.

　가을 바람에 한 잎 두 잎 낙엽의 여운따라 내리른 보슬비의 소리도 내 심장의 고동을 두들기기만 하였다.

法悅과 悔恨의 岐路에서

　뼈저린 상념 속에서 망각을 되씹으면서 또 다시 되풀이 되는 운수(雲水)의 행각은 더없이 내 마음을 견고히 하고만 있었다. 옛날 견성대오(見性大悟)의 슬로우건 속에서 몸을 내버려 본 사상의 고향을, 아니 미련과 집착과 아쉬움과 역겨움의 면면들을 되씹으니 모든 게 형언할 수 없는 회한 속으로 나를 자꾸만 끌고 들어갈 뿐이다.

　흐르는 시간과 공간을 초월해서 저 멀리서 아니 가까운 거리에서 손짓하는 피안의 세계와 더불어 마음 한 구석에서 움돋고 있는 무아의 싹이…… 자신 속에서 창조되고 있었다.

　흐르는 시간, 쌓인 연륜 속에서 변함도 많고 버려짐도 많건만 검푸르게 돌 옷으로 장식한 사천왕석 등, 아니 모든 보좌(寶座) 위 무언의 부처만은 예나 오늘이나 다름없이 미소만을 내보이실 뿐이다.

어저께 버린 보금자리가 오늘 또다시 자아마저 상실한 인간인 나를 반겨주니, 난 무어라 얘길 털어놓아야 할지 적이 심중만이 복잡다단하고 착잡할 뿐이다.

되풀이 되는 순환의 행각 속에서 잊은 어제의 법연을 되찾고 엊그제 보답치 못한 법열을 키우느라고 발버둥마저 쳐 보면서 정진에 정진을 다하였다.

오고가는 연륜은 쌓이고 흐르는 세월 따라 달이 기울고 해가 서산에 져 한 해가 또 막바지에 이지러질 때, 멀리 완연히 버린 아니 앗아버려진 내 고장 진주에서 나를 불탄절(佛誕節)에 초청을 해서 심오한 부처님의 법문을 듣겠다는 것이다.

정말 어이된 영문인가.

나를 모셔야 한단다. 나를 보고 내 고장 불심 많은 사람들이 도인으로 모셔야 한다고, 옛날 나를 인가해 준 만공 노사를 덕숭산 정혜사에 모시고 있는데 나에겐 직접 얘길 못하고 조실인 만공스님에게 자세한 사연과 더불어 청장을 보냈단다.

어떻게 할까, 가야만 될 인연인가 잊어야 할 법리인가.

가야만 할까 버리고 멀리 떠나야만 될까, 한없는 망설임 속에 우왕좌왕 할 때, 만공 노사님의 명따라 모든 것이 인연일진대 또한 아니갈 수가 없어서, 행장을 꾸려 멀리 버리고 떠나온 내고장 진주를 찾아 발길을 옮기지 않을 수가 없었다.

인연·법리, 정말 기로에서 아니 기준점 마저 희미한 산마루 아니 이정표도 없는 영마루에서 하늘을 벗삼아 살아야 할 인간인 내가 이 또한 무슨 법리인지 모든 게 불가사의(不可思議)하기만 할 뿐이다.

시민들은 내 고장 자랑 운운의 포스타 속에서 나를 융숭히 대접까지 하면서 나의 법문을 듣고저 온통 마음이 들뜨고 있었다.

진주 연화사는 초만원이었고 온 시내는 경축 일색이었다.

입추의 여지가 없을 만큼 청중은 들어찼다.
 나는 조용한 불자의 마음으로 불타의 사상을 10분의 1이라도 전해야 하겠다는 사명감 속에 서고 보니, 또 나 자신도 모르게 힘이 솟아 모든 불자의 심중에 환희와 법열을 심어 놓으며, 법회는 원만히 회향하였다.
 무한한 대중 속에 유심히 법문을 듣는 한 노파가 다름 아닌 나의 노모이었다.
 법회가 끝나자 핼쑥한 모습 속에서 그래도 자식의 법음을 듣고 얼마간의 희열을 느낀 노모는 나의 장삼(長衫) 자락을 잡고, 내가 옛날 조용히 독백을 되씹으면서 거닐던 남강 기슭을 따라 조용히 아니 두번 다시 들리고 싶지 않다는 전제 속에 나의 얘기를 하였다.
 이제 모처럼 환향의 길 따라 버린 집에 가서 단 하루라도 조용히 쉬어서 가라는 것이다.
 얼마나 많은 시간과 세월 속에서 아니 꽃 피는 봄, 녹음 방초의 여름, 단풍잎 물든 가을, 흰눈 쌓이는 겨울을 몇 십번 되씹도록 이 자식을 원망하였겠나?
 나는 두 말도 없이 생전 마지막 어머니의 당부의 말씀 따라 집을 찾았다.
 아니 어쩌면 속히 이곳 진주를 떠날려고 한 내 마음의 채비를 뭉개버리고 노모는 억지로 나를 끌고 갔다고 함이 옳을 것이다.
 나를 억지로 끌어 집에 데리고 간 노모는 긴 한숨을 내저으면서 나의 소매에 눈시울을 적시면서 제발 부탁이니 씨(種子)라도 하나 남겨 두고 가라고 애걸복걸이었다.
 뼈저린 노모의 한 말씀, 지금도 내 귓전 왱왱 들리는 금속성 "너만 산 부처면 다냐"고 하시는 것이었다.
 나는 무겁게 아니 모든 사물의 관찰력과 논란의 평범도 잊어버리고, 어머님의 말씀 따라 행동으로 옮기기로 작정하였다.
 "설령 지옥에 떨어지는 한이 있더라도" 나의 비장한 각오는 어쩌면 완전히 무심의 경지에서였으리라 생각하니 지금도 온몸에 소름이 끼칠 지경이다.
 올 때의 무거운 발길 속에서 떠남의 발길 역시 무거웠다. 모든 게 슬프고 심정이 따가웁도록 가책이 될 뿐이다.
 어쩔 수 없었던 환경을 영영 잊기로 작정하였다. 또 흐르는 세월 따라, 바람 벗 삼아 행각 따라 오대산 상원사에 있을 때, 또 보내 온 진주 속가의 한 사연은 나의 뇌리를 강타하고야 말았다.
 그토록 죽음을 목전에 둔, 아니 한 가정의 최고 책임자로서 자기에게 부여된 조상에게 자식으로서의 효도를 완수코자 애원하던 늙은 어머님의 뜻을 쫓아, 지옥에 감도 마다하지 않고 시도한 그 모험이 모의 바램도 나의 결심도 봄철의 눈 녹듯 산산이 쪼개지고 말았다.
 사연 속 한 구절, 당신의 각오도 노모의 바램도 신은 외면하고 잉태된 부조리의 한 생명 그는 분명히 여아였단다. 나는 뻐개지려는 머리를 감싸쥐고 내 이 지옥행의 고뇌와 죄업을 하고자, 적멸보궁에서 백일 참회관음기도를 시작하였다.
 인연은 묘한 물건이던가. 그토록 내 반평생의 오점으로 낙인을 찍어두던, 아니 파계를 자행한 소산의 한 인간이 어쩌면 자기 아버지를 따라 기어코 엄마의 바램도 잊은 채, 조용히 묵좌 하여 거센 숨소리만을 남기고 인생을 찾는 대열에서 행동을 한지도 벌써 청산이 두번이나 변했다.
 그 역시 내 마냥 연륜이 쌓이는 이름이 생기고 또 이름이 생기니 일이 생겨 묘엄비구니라 해 제방 비구니(諸方 比丘尼) 강원에서 강사를 하면서 후배양성을 하고, 아울러 광도중생의 기치 아래 불법을 홍포하니, 그 옛날을 잊으려고 무척이나 애를 써온 이 아버지의 상처를 이것으로 불행 중 다행으로 자위를 해 볼 뿐이다.

별은 차가운 밤 하늘에도 아름답게 빛을 발하고만 있다. 난 조용히 더 훌륭한 불제자가 될 것을 그에게 빌뿐이다.

俗緣은 父母, 法緣은 徒弟

고부(姑婦)의 관계는 멀리 사라진 "중" 자식의 탓으로, 언제나 화화(和和) 대신 불협화음 된 부조리의 역류 속에서 살아왔던 것이다.

한 가닥 희망 속에서 너만은 세속을 여읜다 하더라도 씨만 남겨 두면 아무런 거리낌없이 지내고저 다짐하던 노모의 심정은 이루 헤아릴 수 없이 착잡하기만 하여, 때론 며느리인 내 아내에게 네가 병신이라서 사내 새끼도 하나 얻지 못했다고 욱박지르기가 여러번이었나 보다. 무척 삭막한 세정 속에서 며느리는 그래도 남겨 놓은 여식의 재롱 속에서 생활을 꾸려 나갔다.

모든 사물이 그러하듯 그것도 한 두번이었지, 이젠 더 이상 고부간의 사이는 정녕 떠나고 헤어져야만 할 너무나도 차갑고 아프도록 금이 가고만 있었다.

이 소식을 그래도 모성애를 간직한 내 딸 묘엄 비구니로부터 들은 나는 늙은 어머님을 모셔다가 그간의 죄업을 소멸하고 아니 남의 식구를 데려다 그토록 가혹한 상처만을 남겨준 그 슬픔을 달래고자 부처님 전에 조용히 묵좌(默坐)하여 참회를 하고, 또 두고 온 며느리의 무한한 번영과 행운을 기원하면서 중을 만들어 주었다.

곳은 경북 북방 아담하고 웅장스레 자리한 천년 고찰(古刹) 김천 직지사(直指寺)에서였다.

중이 되던 날 산마루 언덕에선 뭇 산새들과 개구리도 모두가 무상도를 증득했는지 한없이 조용하기만 할 뿐이었다.

석양에 진 노을 빛속에 한가닥 외기러기의 울음소리가 꼭 상주설법(常住說法)을 되뇌이는지, 모든 주위가 적정하기만 하였다.

득도한 노모는 서전(西殿)에서 여생을 보내며, 내가 가끔 들려준 부처님의 말씀에 환희를 느끼면서 그래도 예전엔 미처 깨닫지 못하고 맛보지 못한 생의 보람을 느끼면서, 조용히 염주를 굴리고 왕생정토의 발원 따라 생활을 하다 세상을 버리니, 그때 80이 넘은 늙은 노승이었다.

노승의 행적은 너무나 큰 상처투성이었을 뿐이다.

그 숱한 상처를 씻고 아물게 하고자 마지막 저 멀리 피안의 세계를 줄달음치고자 애원도 발버둥도, 아니…… 자식의 성불도 보지 못한 채 나무아미타불을 염하면서 생을 하직하니, 모든 것이 또한 무상할 뿐이다.

세속의 인연은 부모였건만 법연은 도제였으니 이것 또한 무상하다고 표현할까. 나는 다만 새로운 면목을 얻고자 타계한 성인(性仁) 노비구니 전에 분향재배(焚香再拜)하면서 원앙생을 몇번이나 되씹었는지 모른다. 일락서산 월출동(日落西山月出東)이로다.

염원 그것은 정화 그것 뿐이다.

지난 날 시대조류와 인간 영육에의 변화에 따라 쇠잔한 불법의 진면목을 되찾고자 정화 운동을 실현함도 어언 10년 하고도 7년이 지난 것 같다.

원래의 생각대로 다 이루지 못했다 하더라도 이만큼씩이나 정법을 되찾고 홍포(弘布)를 하게 된 것을 다행으로 체념할까.

그 이후 난 본래 내 성미완 너무나도 거리가 먼 종단의 간부 요직을 수십 차 맡아 가면서 성불이 좀 늦고 중생구제가 늦어지더라도, 먼 훗날 우리들 후배들이 좀더 훌륭히 불타의 성음을 얻어 가지는데 일촌의 구차가 없고 온 누리의 불국토(佛國土) 건설을 위해서 어떤 어려운 난관도 극복하면서 지금도 사명을 수행하고 있으니, 이것 또한 내게 부여된 책임으로 알고 지내고 있다.

이제 덧없이 흘러버린 내 70을 넘은 생애를 나 자신이 거울 앞에 서서 살펴 보니, 온통 남에게 자비와 기쁨과 원만을 가져다 주기 전에 그에게 짜증과 역겨움을 주지나 않았는지 모두가 서운하고 부끄럽기만 할 뿐이다.

아니다. 그 슬픔도 부끄러움도 난 이제 영원히 모든 중생들이 참회하고 또 자기가 자기의 죄업을 인식하는 보람된 생을 되찾을 참회도량을 세우고 있으니, 이것으로써 그들에게 못다한 내 잘못을 씻어볼까 한다.

꽃은 아침에 피면 저녁에 시들고 이슬은 해가 동녘에 뜨면 살며시 사라지고 후조들은 봄 여름 가을 겨울 따라 몸을 옮기니, 이 모두가 우주의 섭리일진대 아니 오늘날 내 전생을 되살려볼 즈음에 이 편편면면이 내게 주어진 인연이라면, 난 이 참회도량의 건립을 더욱 기껍다고 생각할 따름이다.

지난 날 못다한 불연을 오늘날 못 심은 법연, 모든 중생들이 이곳에 와서 심고 가꾼다면, 난 이대로 기쁨을 감추지 못하고 만면에 희색으로 내 마음 한 구석에서 움트고 있는 무아의 부름따라 멀리 피안의 세계로 향할 것이다.

어느 누가 예외이겠냐마는 내 이 생애는 바로 그토록 고질된 악취의 상처로 치료하지 못할 바로 조계종사가 아닌지 모르겠다?

이제 피안의 행려 대열에 내 작은 몰골이 편승할 때 그 숱한 사연과 상처만을 간직한 이 조계의 나그네도 조용히 빛을 발하면서 옛을 잊은 수행인으로 한 걸음 또 한 걸음 진군할 것이다.

　오늘 내 입산 50년의 회고는 마냥 법연을 뒤로 미루고, 구토와 혼몽의 비중이 크던 세속의 인연 속에, 아니 인연 따라 어느 여름 하늘의 먹장구름처럼 검게 물들어지고만 있었던 게 분명 한 것 같다.

　이제 조락하는 석양에 나목을 벗 삼아 대화를 나누다 채 피지 못한 한 송이 연꽃을 어루만지다. 서산에 떠오를 밝은 달빛 따라 조용히 속연 많은 내 생애도 머지 않아 이별을 고하는 49수의 타지종성(打之鍾聲) 속에서, 더 나아가선 미친 자식의 장송곡의 독송 따라, 서서히 없어지고 말 것이다.

　그래도 한 가지 씻지 못할, 아니 없어질 수 없는 정화의 집념은 가슴에 남아 있다.

제2장 佛敎와 人生

牛耳洞의 놀

나는 승려이므로 많은 길을 걷는다. 산을 오르고 강을 건너고 들 길을 걷는다. 문명이 발달되고 나이가 더해 가고 도시에 머물게 되면서부터 내 발로 땅을 딛고 걷기 보다는 택시를 타고 가는 횟수가 더 많아졌으나 그 "탄다"는 사실도 여전히 나에게는 "걷는다"라는 말로써 번역되고 있다. 젊은 날에 너무나도 많이 그 "걷는 일"을 되풀이했기 때문일 것이다.

1969년이 다 가는 이 세모에서 생각나는 일도 지난 9월 조계종(曹溪宗)을 탈퇴한다는 폭탄적인 선언을 하고 선학원(禪學院)에서 도선사(道詵寺)로 들어가던 날의 긴 보행이다.

그날 나는 저녁 6시경에 선학원에서 택시를 잡아타고 도선사로 향하였다. "도선사 입구"라는 표지가 붙은 우이동의 골짜기에서 내려, 홀로 비탈길을 올라갔다. 저녁은 아름다웠다. 나뭇가지에 닿는 바람소리, 골짜기의 물소리, 그리고 일대를 물들이고 있는 붉은 놀……

산 사람들에게 노을처럼 정겹고 속세를 그립게 하는 것은 없다. 그것은 정진의 길에서의 그 어떤 의지라기 보다는 그 어떤 분위기였고 인간적인 것의 정경이었다. 그러므로 노을이 내릴 때 산 사람들은 가장 많이 동요된다고 한다.

그날 내가 그렇게 흥분된 상태에서 그 노을을 받아들이고 있었던 것은 조계종을 탈퇴했다는 평면적인 사실 보다는, 뭐

라고 말했으면 좋을까, 지금까지 내가 믿고 걸어왔던 길, 그
것이 순식간에 허물어지고 마는 듯한 너무도 심한 좌절감을
느꼈기 때문이었을 것이다.

내가 조계종을 탈퇴했다는 것은 그 누구보다도 나에게 가장
큰 타격이다. 나의 반생이란 그 조계종을 반석 위에 올려놓으
려는 단심의 생이었다. 그랬기 때문에 그날 만난 친지들, 홍
종인씨라던가 황산덕교수 등은 나의 처사가 한국 불교를 위해
서는 이로운 일이 못된다고 나무랐던 것이다. 그러나 나는 그
들의 충고를 뿌리쳤다. 한국 불교의 백년대계가 이런식으로는
결코 세워질 수 없다는 나의 확고한 신념때문이었다.

백년대계를 위해서는 근본적인 변혁이 한국 불교의 내부에
서 일어나야 한다. 불교란 세존만을 모시고 개인의 영욕을 취
하는 종교가 아니다. 그런 종교였다면 세존은 우루베라촌의
보리수 아래서 그의 정각(正覺)을 가짐으로써 끝났을 것이다.
그러나 세존은 그 정각을 가짐으로써 오히려 세속으로 내려와
사해대중(四海大衆)들과 만났다. 그의 정각은 세속인을 깨우
치고 바른 길로 인도하려는 데에 뜻이 있었다.

세존이 사해대중과 만났다는 사실은 시대와 장소에 따라서
다른 의미를 지니게 된다. 되풀이해서 이야기하면 세존은 대
중을 만나기 위해서 그의 정각을 가졌고, 그러므로 오늘의 불
교 역시 오늘의 대중을 만나기 위해서 그의 정각을 가져야 한
다고 우리는 말할 수 있는 것이다.

정각이란 인생고(人生苦)를 벗어버리는 문제의 해결이다.
이 문제의 해결 속에 오늘의 불교의 존재이유가 있는 것이다.

이런 말을 하면서도 나는 일찍이 종사(宗師)들이 경계하였
던 말——승려들이여, 사상은 얼마든지 다를 수 있다는 점과
말을 위한 말을 경계할 것을 명심하라. 중요한 것은 사상에
있는 것이 아니다. 그것은 아름다울 수도 있고 어리석을 수도

있으며, 지혜로울 수도 있다. 각 사람은 그 사상에 동의할 수도 있고 반대할 수도 있고 묵살할 수도 있다. 모든 불교의 진리란 지식을 구하는 자를 위하여 세계를 설명하려는 것이 아니라 그 목적을 이루려는 것이다. 즉 세계의 비애를 해탈하려는 것이다. "지식을 경계하라"는 말과 "세계의 비애를 해탈하라"는 말 사이에 있어야 하는 것은 "행동하라"는 일일 것이라고 나는 생각한다. 정각을 얻기 위해서 행동하라. 그리고 그것을 얻은 다음에도 행동하라. 행동하기 위해서는 그 어느 하나를 선택하지 않으면 안되고, 어느 하나를 배치하지 않으면 안된다. 취하는 길은 곧 버리는 길이 되기 때문이다.

불자(佛子)들이 두려워해야 할 것은 버리고 얻는 데 허위로 외면으로 택해서는 안된다는 점이다. 세존의 정신을 따르는 일까지도 그러하다. 우리들은 세존을 모방하는 것이 아니라 그가 하려고 했던 일을 이루어야 하는 것이다. 그것이 저 "세계의 비애의 해탈"인 것이다.

결국 오늘의 세대가 불안에 떨고 불교가 분규로 날을 새우는 것은 그러한 정신, 즉 정각을 얻지 못하고 있기 때문이다. 그것을 얻는 길은 자기자신의 가장 깊은 곳, 자기의 선과 자기의 악까지 찾아들어가는 일이 될 것이다. 나 또한 입으로만 부르짖고 있는 불교 유신의 길을 완성하기 위해서는 나의 깊은 곳까지를 찾아가도록 언제나 힘써야 할 것이다.

길은 사람이 존재하는 한 언제나 있고, 그러므로 그 길은 영원하다. 인간의 정각 역시 마찬가지이다. 완성이란 언제나 없다. 완성은 죽음뿐이다. 그리고 그 죽음도 다만 전변(轉變)에 지나지 않는다. 부운(浮雲)과 같은 우리들의 생은 끊임없이 나아가고 있을 뿐이다. 그 길에 어느 때는 저토록 붉은 노을이 내리고 눈이 내리고 인간의 외로운 발자국이 남겨지리라. 그 길은 나에게서 젊음을 빼앗아 갔다. 사랑을 빼앗아갔다. 이름과 성까지도 빼앗아 갔다. 그러나 그 길은 더 많은 것을 나에게 주엇고, 그 길은 더 많은 것을 나에게 요구하고 또 주겠다고 약속하고 있다. 이번의 탈퇴 역시도 그 길이 요구한 것이었으리라. 한국의 내일의 불교를 위해서……

罪와 福

　현대 과학문명이 발달함에 따라 인간의 생활은 복잡해져 간다. 요즈음 나에겐 외로움·괴로움·두려움·가난·질병 등, 여러 가지 문제를 가지고 젊은이·늙은이·남자·여자·부유한 사람·가난한 사람, 유식한 사람, 무식한 사람, 건강한 사람, 병든 사람 등, 여러 종류의 사람들이 찾아와 불교신앙에 대해서 이야기를 청하는 경우가 하루에도 헤아릴 수 없을 정도다.
　나는 그들을 대할 때마다 세상이 그대로 고해요, 무상하다는 것을 새삼스러이 절감하게 된다.
　불교신앙을 내적인 면에서 고찰하면 신(信=敎), 해(解=理), 수(修=行), 증(證=結果)으로 분류할 수 있는데 다시 말하면 타력신앙과 자력신앙으로 구별할 수 있다. 전자는 일반적인 신앙으로 근기(根機)가 약한 사람들이 맹목적으로 어떤 절대신에게 의지하여 기도나 염불로써 안심입명처를 구하려는 것이요, 후자는 구체적인 신앙으로 근기가 강한 사람들이 철학적 또는 사색적으로 자심발견의 경지에서 불경과 참선에 의지하여 내〔我〕가 이 우주의 본체요, 주체자라는 것을 인식하고 또 주관〔能〕과 객관〔所—것〕이 일치하여 주관이 곧 객관이요, 객관이 바로 주관이라는 걸 확신하고 고행·난행(難行)으로 증득(證得)함을 목적으로 하는 신앙이다.
　불교신앙이 "다른 어떤 신에만 의존하여 매달리면 모든 문제가 해결 되리라"는 막연한 다른 종교의 안일한 신앙방법에 비하여 값 있는 점이 바로 여기에 있다 할 수 있다. 신앙이란 영적실상(靈的實相)을 볼 수 있는 영(靈)의 눈을 익힌다는 말이다. 부처님의 가피력(加被力), 즉 자기불성(自己佛性)의 유무를 의심하여 신앙한다는 것은 자기가 자기의 성품을 의심한다는 것밖에 안된다. 아무런 신앙이 없는 사람이 사물을 볼 때, 그대로 오관(眼・耳・鼻・舌・身)의 감각에 따라 그때 그때 자기의 기분에 의하여 판단하게 될 뿐이다.

흔히 우리는 악한 사람을 보면 근본적인 악인으로 간주해버리기 쉽고 암(癌)에 걸리면 그 암이 본래부터 있는 것처럼 생각하여 그 꿈〔幻〕에서 헤어나지 못하기 때문에 이에 변화의 여지가 없게 되며 그 악인은 선인이 될 수 없고 암은 아주 치료할 수 없는 병이 되고 만다.

그런데 작년 여름 어느 날 오후 30대의 부인 두 사람이 찾아 왔는데 한 사람은 차마 눈을 뜨고 볼 수 없는 중환자임에 틀림없었다. 사연인 즉 자기는 E대학 영문과를 졸업하고 결혼하여 남매까지 둔 부유한 가정주부인데 2, 3년전 자궁암에 걸려 아래로는 피와 고름을 흘리고, 폐병 3기로 위론 객혈(喀血)을 하며 또 거기에 위장병까지 겹쳐 사형선고를 받은 형편이라 한다. 서울에서 이름있는 병원은 모두 찾아다녀 입원도 하여 보고, 숱한 약도 다 복용하여 봤지만 워낙 고질이라 백약이 무효였다. 그래서 이젠 모든 걸 다 체념하고 오직 죽을 그날 만을 기다리고 있는데 친구가 찾아와 삼각산 도선사에 참회도장(懺悔道場)이 있으니 그곳에서 기도를 하면 뭐든지 성취된다는 말을 하더라는 것이다.

약한 것이 인간인지라 혹시나 하는 희망을 갖고 찾아 왔으니 스님께서 저를 이끌어 주십사하는 것이다. 그리고 자기는 불교의 "불"자도 모르는 문외한으로 불교란 일종의 기복신앙으로 목탁이나 치고 염불이나 하는 미신적인 종교라고 밖엔 생각치 아니했는데 그래도 마지막 희망을 가지고 왔다는 것이다. 그리하여 나는 그 부인에게 불교의 생사윤회(生死輪廻)와 인과응보(因果應報)며 일체유심조(一切唯心造)의 사상을 알아 듣기 쉽게 서너시간 동안을 말해 주었더니 곧 이해하여 자기가 이제까지 불교를 잘못 알았다고 하면서 불교야 말로 가장 합리적이요, 과학적이라는 걸 이제야 알았다는 것이다. 우리 중생의 생사고락이 내 마음의 조작이라 콩심어 콩이 나고 팥 심어 팥이 나는 것과 같이 인과는 지체없이 내 뒤에 따르며, 눈깜짝 하는 사이에 마음 한번 그르치면 천만겁(千萬劫) 생사고락의 씨가 되리니 인과가 얼마나 무서운가 생각하니 앞으론 지금·당신이 받고 있는 바와 같은 고통을 타인에게 주지 않고 "오직 큰 마음으로 일체만물을 평등하게 아끼고 사랑할 수 있는 몸이 되어 주십사"하고 참회(懺悔)하라 했더니 그리하겠다고 굳게 약속했다.

하루 한번도 못할 절을 3천번씩 하면서 7일간을 지성(至誠)으로 기도하여 그 부인은 마침내 소원을 이루었다. 마침 그때 K대학 L모교수, J전국회의원 등 여러 사람이 날 찾아와 이 소식을 듣고 정말 놀라는 것이다. 이는 현대과학이 풀 수 없는 오직 불교신앙으로서만 해결 할 수 있는 영묘불가사의(靈妙不可思議)한 것이다.

정말 이는 기적이 아니고 필연이다. 사랑은 사랑을 부르고 화(禍)는 화를 낳는 것이다. 우리는 부처님을 멀리에서만 찾으려 하는데 가장 가까운 내 마음안에 계시면서 이 세상을 커다란 배로 한다면 그 배의 노를 졌고 있는 우리에게 이 세상의 거친 노도를 넘도록 무한의 힘을 불어 넣어주는 은인으로 생각하여 그에 감사해 하고 작은 일에서나 큰 일에서나 서로 사랑해서 부처님의 한 나무의 가지〔枝〕로 인식해야 하는 것이다. 무아의 사랑을 주는 자만이 그 사랑을 받을 것이다.

그리하여 염념히 마음의 고요를 찾아서 번뇌·망상을 저버리고 고요한 마음의 힘을 기러 고요한 가운데서 부처님의 소리를 들어야한다. 여기에 내가 있고 내가 살고 있는 생명의 소리를 들을 수 있는 것이다. 인간이란 본래 고요〔寂〕에서 와서 고요로 다시 돌아가는 것이다. 기도는 자기 생명의 속에다 깊이 선언(宣言)하는 것이다. 생명속 깊이 염(念)하여서 형(形)의 세계로 나타나는 것이 마음의 법칙인 것이다. 예를 들면 "나의 고통스런 암병을 낫게 해 주십시요"하고 기원했다면 먼저 나는 고통스러워지고 다음에 또 그 고통에서 해방되어야 할 것이다. 확실히 구하려는 것을 얻고 자자력을 가지고 기도를 하면 성취되는 것이 마음의 법칙인 것이다. 염불과 기도는 부처님을 변화시키는 것이 아니고 자기 자신을 변화시키는 것이다. "신앙은 인생의 힘"이라고 한 톨스토이의 말은 깊은 진실의 소리다. 부처님은 우리가 믿을 것이지 의존할 것이 아니다.

우리는 오늘날 조국의 근대화를 부르짖고 있다. 전국민이 항상 참회와 기도하는 마음으로 우리 사회에서 불안과 무지와 빈곤을 타파하여 영원한 절대 자유속에서 부유하고 행복하게 살려고 노력해야 되겠다.

　　惡自受罪　스스로 악을 행해 그 죄를 받고
　　善自受福　스스로 선을 행해 그 복을 받는다.
　　亦各順熟　죄도 복도 내게 매이었거니
　　彼不相代　누가 그것을 대신해 받으리.

올바른 生死觀

　인간의 애착 가운데 가장 큰 것은 생(生)에 대한 애착이다. 사람이 음식을 먹고 옷을 입는 것이 살기 위한 행동이며 또한 농사를 짓고 장사를 하며 노동을 하는 것이 모두 먹고 입기 위한 수단과 방법이다. 이와 같이 우리 인간은 부모의 몸에서 떨어져 나올 때부터 삶을 영위하기에 부단히 노력하고 있다. 그리고 생에 대한 애착은 욕망과 함께 생기는 것이므로 이왕 생을 누릴 바에는 보다 잘 살고 보다 오랫동안 살기를 기도하게 된다. 남보다 잘 살려는 애착과 욕망 때문에 인간 사회는 서로 반목과 질시가 따르게 되고 타락과 패륜이 계속된다. 물론 잘 살려는 욕망이 선의의 경쟁으로 나타날 때는 사회의 질서와 도덕이 확립되는 가운데 사회의 발전이 있을 것이나 오늘 날의 인간사회는 그와는 반대로 남이야 어찌 되었던지 자기 혼자만의 영락과 안일을 취하면 그만이라는 지극히 이기적인 사상이 횡행하고 있는 형편이다.
　그러나 우리 인간의 수명은 한계가 있다. 아무리 오래 살고 보다 잘 살고 싶어도 인연이 다하면 그것으로 끝나는 것이다. 그러므로 우리가 하루를 살았다고 하면 하루만큼 우리는 죽음에 가까워졌다는 사실을 알아야 한다. 그런데 이러한 인간이 도대체 어디서 왔으며 또한 어디로 돌아가는 것일까. 생각하면 인간은 한 조각의 구름처럼 생기었다가 홀연히 없어지는 존재이다. 그래서 "生從何處來 死向何處去 生也一浮雲起死也一片浮雲滅"이라고 하였다.

　이러한 인생을 무엇 때문에 살려고들 할까?
　내가 몇 년전 속리산 법주사에 있을 때의 일이다. 법주사에 신사 3, 4인이 올라 왔기에 그들을 불러놓고
　"인간이 무엇 때문에 사는 겁니까?"
하고 물었더니
　그중 한사람이 한참동안 생각하더니
　"죽지 못해서 살고 있습니다."
하고 대답하는 것을 들었다.
　그래서 나도 죽지 못해서 사는 인간에게는 할 말이 없다면서 그들과 함께 호탕하게 웃어본 적이 있다.
　그러나 한걸음 더 나가서 "浮雲自體本無實 生死去來亦然"에 이르게 되면 삶이나 죽음이 문제될 것이 없다. 즉 구름자체가 없을진대 생사(生死) 역시 있을 리가 없다. 인간의 육체는 사대(四大)가 화합한 가성(假城)으로 여기에 피가 제대로 순환하면 살았다고 하고 순환이 중지되면 죽었다고 한다. 이것은 마치 생명이 없는 기계와 같은 것이다. 전자기계니 우주기계니 하는 것들이 인간 이상의 능력을 가졌지만 기름이나 전기를 통하지 않으면 기능을 발휘하지 못하는 것이다. 또한 인간의 육체는 흘러가는 한강물처럼 날마다 변한다. 평생을 사는 부부라 할지라도 사실은 매일 딴 사람과 같이 사는 격이다. 왜냐하면 어제의 남편은 벌써 오늘의 어딘가 달라져있기 때문이다. 즉 육체는 고정적인 것이 아니다. 예를 들면 한강 물이 고정으로 존재해 있지 않음과 같다. 만일 한강물을 어떤 그릇에 담았다면 그릇에 담긴 물은 한강에서 떨어졌기 때문에 한강물이라고 할 수 없다. 따라서 한강물이란 고정적으로 존재해 있지 않는다. 그래서 범소유상(凡所有相)이 개시허망(皆是

虛妄)인 것이다. 요새 젊은 세대에서 흔히 말하는 자아상실이니 자기부재이니하는 것이 이런 의미에서 사용되는지도 모른다. 그리고 오늘날 서구에서 유행하고 있는 성개방 운동이나 히피족의 부정적 행위도 이런 사상에서 유출되지 않았는가 생각된다. 하여튼 이러한 사조는 인간이 무상함을 절실하게 느낀 나머지 초래된 현상들이다. 그렇기에 이 유한적이고 무상한 인생을 마음껏 향락하자는 심산이 아닐까. 물론 인간의 삶이 이렇게 간단하게 정의될 문제는 아니다. 그러나 우리 인간이 무엇 때문에 사느냐 하는 문제를 따지게 되면 실로 대답이 궁해진다. 법주사에 찾아왔던 신사들의 말대로 죽지 못해서 사는 것일까. 생각하면 그들의 말에 수긍이 가기도 한다. 우리는 그보다 현명한 대답을 기대하기가 어렵기 때문이다.

그러면 올바른 생사란 어떤 것이냐. 이것 역시 지극히 어려운 문제이다. 위에서 말한대로 생사는 부운이 기(起)하고 멸(滅)하는 것같으나 사실은 그 부운자체가 없듯이 생사 또한 그 본체가 없는 것이다. 그러나 "獨有一物常獨露하니 湛然不隨於生死"라 했다. 여기서 말하는 일물(一物)이란 또 무엇일까. 이것은 천상천하유아독존(天上天下唯我獨尊)의 사상이다. 여기에는 집착하는 애욕적(愛欲的)인 사람이 아니라 일체를 초연하는 긍정적인 태도와 이타적인 자비의 사상이 포용된 참 생명이 있는 것이다.

그러므로 우리가 올바르게 살고 죽는 것, 즉 올바른 생사관이란 일체와 섞임이 없이 청정한 경지에서 삶과 죽음을 초월하여 영원불변하는 삶을 구현하는 것이다.

肉身은 사멸하지만

　이런 이야기가 있다. 옛날 사가라국(貝舍伽羅國)에 한 고행승(苦行僧)이 있었다. 한 여름 사정없이 퍼붓는 뙤약볕에 장작불을 피워 놓고 땀을 뻘뻘 흘리며 앉아 있었다. 때마침 한 비구니(比丘尼)가 지나다가 보고,
　"실례지만 스님은 덥힐 것은 덥히지 않고 공연히 덥히지 않아도 될 것만 덥히고 있군요?" 했다. 그 고행승은 펄쩍 화를 내면서 "무슨 바보 같은 소리를 하는가. 그럼 묻겠는데 스님이 덥혀야 한다는 그것은 도대체 무엇이오?"
　비구니는 조용히 대답했다.
　"꼭 덥혀야 할 것은 마음입니다. 예를 들어 소가 수레를 끌 때, 수레가 구르지 않으면 소를 채찍질하면 될 것을, 스님은 쓸 데 없이 수레만 때리고 있으니 말입니다. 아무리 수레를 때린들 별 수 없는 게 아닙니까. 우리들의 육신은 수레이며 마음은 소입니다. 그러므로 당신도 마음의 소를 채찍질할 것이지 육신의 수레를 공연히 괴롭힌들 아무 소용없습니다."
　이 이야기에서 보는 바와 같이 "나"는 곧 "마음"이다.
　육신은 비록 내 것이라 해도 그것은 의상(衣裳)처럼 잠시 빌려 입은 것이며 "마음"이야말로 진정한 "나"인 것이다.
　나의 평생 과제는 오로지 이 "마음"의 수련에 두고 있다 해도 과언이 아니다.

마음이란 무엇인가!

다시 말해서 마음이란 물질도 허공도 아니며 선도 악도 아니며, 여성도 남성도 아니며, 지식도 사상도 신앙도 아니다. 그리고 이 아무 것도 아닌 것조차도 아닌 것이 마음이다.

그러므로 "나"라는 이 마음은 불에 탈 수도 없는 것이고, 물에 젖을 수도 없는 것이고, 자살도 타살도 할 방법이 없다. 나라는 "나"는 영원불멸의 것이요, 또한 절대자유의 것이다. 그래서 "나"는 완전 무결한 실체, 즉 우주 이전의 실체요, 차원 이전의 것이므로 나를 앞서는 아무 것도 존재하지 못한다.

우리가 보고 듣고 생각할 수 있는 그것은, 모두가 다 내 이후의 것이다. 즉 모든 것은 이 "마음"이 창조한 것이다.

다시 말해서 마음이 창조하면 하느님도 있고, 부처님도 있고 태양도 있고 온 우주가 건설되는 것이다.

인류 5천년의 문화가 다 이 마음의 건설이 아니고 무엇이겠는가. 그래서 이 나의 마음을 가리켜 천상천하 유아독존(天上天下唯我獨尊)이라 말한다. 오직 나만이 거룩한 것이다. 그리하여 우리의 육신(肉身)은 오로지 생겨난 것이기 때문에 사멸(死滅)이 있으나, 마음은 사멸이 없는 것이다. 사멸이 없으므로 이 육신이 떠난 후에도 다시 무엇인가가 되는 것이다. 이것을 불교에서는 삼생윤회(三生輪廻)라 한다.

다 같은 마음으로 태어난 인간이 빈부귀천(貧富貴賤) 등 한량없는 차별을 나타내는 것도 전생(前生)에 제가 지은 원인에서 그러한 결과를 받게 되는 것이다. 이것을 또한 불교에서는 인과응보(因果應報)라 한다.

이런 까닭에 자아 완성(自我完成)의 목표는 불타의 지위에 올라서 생사를 자유로이 하며 전지 전능(全知全能)의 권력으로써 고해(苦海)에서 허덕이는 다른 중생을 건지고자 한다. 이것이 인생으로서의 궁극적 목표인 것이다.

믿음은 죽음보다 強하다

　어느 종교를 막론하고 그 종교에 대한 순교의 가치와 순교자의 위치는 그 종교사에 있어서 지극한 비중을 차지하게 되는 것이다. 그것은 한 종교가 위기를 당했을 때 그 위기를 극복하고 또는 그 종교의 첫 발생시에 필연코 따르는 모든 악조건을 극복하는데 있어서 원동력이 되기 때문이다. 오늘날 모든 분파의 종교와 모든 종교인들은 이러한 선각자들이 흘린 피의 대가로써 진리의 전당에서 교주가 설파하신 진리의 말씀을 듣고 있는 것이다.
　한국의 불교사에도 이와 같이 피를 흘려야만 했던 순교를 일찍이 불교전수(佛敎傳受) 초기에 감당하지 않으면 안되었던 것이다.
　즉 신라 법흥왕(法興王) 15년에 있었던 이차돈(異次頓)의 순교가 그것이다. 처음 신라에 불교가 수입·전포되어 왕도 이를 대흥코자할 때 여러 신하들이 "승려들은 머리를 깍고 괴상한 옷을 느리고 있으며 말씨도 야릇하니 상도가 아니외다. 만일 불법(佛法)을 백성들에게 믿게 하면 필연코 후환이 있으리라"하고 절대적인 반대운동을 일으켰다. 이러한 정세를 주의깊게 관망하던 당시 내사사인(內史舍人) 이차돈은 "이 불법의 홍전(弘傳)은 비상한 결심과 실천이 없이는 이루워질 수 없는 일이라"생각하고 왕실에 나아가 자기의 목숨을 바쳐 불법을 일으킬 뜻과 결심을 상주하였던 것이다.

그러나 이 말을 들은 왕은 불도(佛道)에 어찌 살생(殺生)이 있겠느냐고 거절했으나 대신들의 의논이 백성을 현혹시키는 이차돈을 죽여야한다고 결정하기에 이르렀다. 이에 이차돈은 "불법이 신령하오면 나의 이 죽음에 이적(異跡)이 있으리라" 예언하고 목에 칼을 받으니 잘라진 목에서 흰 젖빛의 피가 공중에 솟아 오르고 천지가 캄캄해지며 하늘에서 비가 쏟아졌다고 한다. 이런일이 있은 뒤로 감히 불법을 훼방하거나 불신하는 이가 없다고 왕도 불법신앙을 백성에게 허락했다고 한다.

우리는 지금 이 드러머틱한 이차돈 순교의 일화에서 그 사실 여부를 가리자는 것이 아니고 여기에 담겨진 종교의 순교적 정신과 그 의의를 살펴 보자는 것이다. 특히 불교의 포교를 위하여 순교한 이차돈은 승려가 아니고 일반 신도였다는데 더욱 주의를 끈다. 다만 그는 법흥왕의 총애를 가장 많이 받고 있던 귀족일 뿐이었다. 그를 처형할 때 그의 잘려진 목에서 나왔다는 유혈(乳血)에는 신라의 사회와 왕실로 하여금 불교에 대한 적대감을 불식시키고 혼연히 신앙할 수 있도록 합리화시키는 요소가 잠재하여 있음을 알 수 있다.

이리하여 신라 불교는 민간 신앙은 물론 귀족과 왕실에까지 파고 들어 이른 바 호국 불교라는 명목으로 그 세력을 신장하였고 그로 말미암아 신라의 정치 문화 등 모든 분야가 불교의 영향 아래 발달되어 찬란한 불교국을 이룩하였던 것이다.

우리가 지금 살고있는 시대와 사회는 급템포로 변모 진전하고 있다. 더구나 교계(敎界) 안에서는 근대화의 소리가 드높아가고 있는 실정이다. 이제 우리는 새 시대에 적응할 수 있는 새로운 정신과 자세를 취하여 낡은 껍질을 탈각하지 않으면 안되는 것이다. 그런데 이러한 사상의 구현은 오직 이차돈의 순교정신에서 쉽게 찾을 수 있다.

부처님의 정법을 호전(護傳)키 위하여 귀중한 자신의 목숨을 선뜻 바친 이차돈의 순교적 정신으로, 오늘의 승려는 청정수행을 철저히 하여 승단을 확립하고 삿된 미신 불교를 타파하여 또한 사부대중이 합심하여 불교 현대화의 길을 모색하지 않으면 안될 것이다.

만일 이러한 교단 자체의 체질개선이 이루워지지 않고 구태의연한 낡은 굴레 속에서 머물러 있는 한, 불교 최고의 목적인 자각이나 중생제도의 실현은 불가능할 것이다. 따라서 자각과 중생제도가 결여된 즉 상구보리(上求菩提)를 하지 못하고 하화중생(下化衆生)도 불가능한 종교는 인간과는 무관한 종교가 되고 말 것이요, 또한 이러한 종교가 있다고 하더라도 이와같은 종교는 이미 그 생명을 상실한 것이다.

신라의 이차돈은 이러한 종교의 생명과 그 사명을 규지하고 순교의 단두대 위에 기꺼이 그 목숨을 올려 놓았던 것이다. 그 피의 대가로 많은 우리의 선조들이 참다운 길을 찾았고 생명의 빛을 찾게 되었던 것이다.

그러므로 지금 우리도 이 사회에 필요한 종교, 또한 현대인들이 필요로 하는 종교로서 불교의 근대화가 속히 이루어져야 한다.

이것이 바로 우리의 선각자 이차돈이 1천 5백여년 전에 피 흘린 순교의 정정을 바르게 이해 실천하는 길이다.

良識과 使命感

　우중충 얼어 붙은 하늘폭을 쪼개고 사라져 가는 제트기의 방향을 쫓아 저 멀리 남쪽 산 너머 위, 두둥실 흰 구름 한 점, 창공에 걸려 있는 저 너머에서 희미한 양광을 타고 봄의 숨결이 대기 속에 스며든다. 흰 눈 덮인 산비탈을 죽장(竹杖)으로 헤쳐 오느라면 대가락 굴러가는 고엽의 행방—— 거기, 말라붙은 잔디를 헤쳐 대지의 맥박이 파아랗게 솟구쳤다. 청정수려(靑淨秀麗)한 이 강토안에 단아한 겨레가 숨결한지 광음을 척도하여 4천 3백회의 새 봄의 서기가 정녕 이 고장을 감돌아들고 있나 보다.
　가는 해를 병오(丙午)라 일컬어 말띠 딸을 피하노라 20여 만명의 태아(胎兒)가 의사의 손으로 출생을 거부당하였단다. 가히 여성계의 일대위년(一大危年)이었다.
　이해는 정미(丁未) 산양의 해——. 양은 본시 우리 겨레의 개성을 상징하듯 온유순량하고 목자가 인도하는 대로 회의없이 수종(隨從)하며, 이지적이 아니어서 개별행동을 취함이 없이 항상 집단으로 움직인다.
　수령의 거동에 따라 행동통일을 긴밀히 할 줄 알 뿐 아니라, 단결력과 희생정신이 투철함은 비록 야수계의 생리지만 우리로서도 배울바 있게 한다. 가령 수급양(首級羊)이 어떤 원인에서건 절벽이나 물 속으로 뛰어 들게 되면 남김없이 차례대로 좇아서 뛰어드는 예라든가, 아프리카 야우(野牛)의 경우, 두령소를 먼저 사살하면 마지막 한 마리까지 도망치지 않고 그 자리에서 맞아 죽는 예는 우리로 하여금 생각게 하는 바 있다. 한 때 아프리카 지방에 밀생하던 야우군(野牛群)은 이 규율을 준수하는 순성(淳性)을 역이용한 교활한 백인포수들에 의해서 몰살, 절종(絶種)되었고 통조림으로 화해서 이 도살자들을 치부케 한 예도 있다.

양은 살아서 인류에게 젖과 털을 바치고 죽어서 고기와 뼈와 가죽까지 송두리째 바친다. 이기(利己)와 이타(利他)의 분별이야 알든 모르든——. 양의 세계는 결코 방향 감각을 상실한 한국현실과 닮지 않았다. 어린이가 과자를 사 먹으면 피를 토하고 죽어야 하든가, 포도당이나 페니실린 주사를 맞으면 급사를 한다든가, 약주를 마시면 눈알이 빠진다든가. 사리탑을 부수고 도굴을 한다든가, 거부가 밀수를 한다든가——. 등등, 실로 양의 사회와는 극히 닮지 않았다.

4천 3백년의 유구한 역사의 전통과 줄기차게 지켜온 단일민족의 긍지와 문화의 유산을 상속해 놓고, 우리는 이제 우리 주변을 냉정히 살펴보지 않을 수 없다. 실로 우리 주위에는 너무도 해괴한 현상이 허다히 널려 있음을 본다.

양은 줄곧 이리〔狼〕떼의 침공을 받아왔지만 결코 그것들을 모방하려 들지는 않는다. 낭성(狼聲)을 본받아 미친놈처럼 고함을 지르는 허스키의 유행가가 번지는가 하면, 발작하는 간질환자처럼 온 몸을 비틀고 궁둥이를 휘두르는 것으로 첨예(尖銳)을 자처하거나, 제임스·딘의 영화 한 두 편으로 이유없는 반항을 시도한다든가, 텍사스 황야의 개척사를 흉내내 권총강도질, 폭력단의 조직 몽둥이를 휘둘러 행인을 노리고—— 확실히 우리는 무언가 빠져 달아난 것만 같다.

우리 민족의 역사는 결코 순탄치 못했으며, 지세로 보아도 대륙과 해양 사이에 끼어 있어 부절(不絶)한 외침을 겪어야 하는 수난의 민족사를 연면히 이어왔음을 볼 수 있다. 최근에도 왜적의 사슬에서 풀린 상처가 아물기도 전에 6·25의 남침으로 동족상잔의 뼈저린 고통의 시련을 겪어야 했다.

이 엄청난 현실의 진통 속에서야 말로 무언가 인류사상 유례없는 걸작이 터져 나오리라고 온 세계가 목을 빼고 넘겨다 보고 있는 중이다.

이 절박하고 엄숙한 찰라에 처해서 이렇듯 젊은 층의 대부분이 쓸갠가 무언가가 빠져나가 있어 민족 문화의 전통을 모독하고 있고 양과 소(羊·牛)조차 닮지 못한 몰지각배들은 제 배만 불리기에 혈안이 되어 수단 방법을 가리지 않고 공원용지고 텔레비젼이고 자동차고 돈이고 매사 닥치는대로 삼켜버려 소화제만 범람하는 현상을 이루어 놓고 있다.

한편 당로자(當路者)인 지식층, 문화인, 예술인들에게서는 의당 불출세의 걸작이 솟구쳐 나올 수 잇는 여건이 너무도 많이 구비되어 있음에도 불구하고 이렇다 할 작품 하나 제대로 발견되지 않는 것은 오로지 두 가지 이유밖에 없는 것이니, 즉 나태(懶怠) 아니면 무능인 것 뿐이라고 단언할 수 있는 것이다.

포도위에 눈이 내린다. 이 나라 이 민족의 새로운 결의를 축복하려고 겨레의 목덜미에 서설(瑞雪)이 뿌려진다. 확실히 어디인가 빠져 나갔던 과거의 허물일랑 눈속에 파묻고 새 출발을 다짐해야겠다.

단군에서 비롯된 4천 3백번째의 새 해야말로 민족 중흥을 향해 총궐기 하는 전환점으로 삼아야겠다. 정치인은 현명한 목자(牧者)로서의 사명감에 투철해야겠고 피정치체인 민중은 상호신뢰와 인종(忍從)으로 단결을 공고히 해야겠다.

보다 이상적인 체제의 개선과 본연을 망각함이 없는 진전 향상에로의 정진을 위해 부단한 연구와 노력과 단합을 이룩해야겠다.

 이 위대하고 성스러운 목적을 달성하기 위해 가장 기본적인 과제에서부터 살펴 보기로 하자.

 오늘까지의 현실을 돌이켜 결산하여 볼 때, 과거 반만년의 역사는 확실히 인간이 주체의식을 상실한 몽유병환자의 방황에 불과하였다.

 현재 우리가 민족문화의 소산으로 만방에 자랑삼아 내놓을 수 있는 것이라면 고려자기와 불국사밖에 무엇이 있겠는가? 한 때 불교에의 귀의로 민족이 단일종교를 가졌을 때의 찬란하였던 문화소산 말고 무엇을 또 칠 수 있겠는가?

 보라! 저기 걸어가는 젊은이의 발걸음에는 신념이 없지 않은가?

 자기발등만 내려다 보고 캄캄한 길을 더듬어 우왕좌왕하는 중생으로 하여금 뚜렷한 도표를 향해 달음질 칠 수 있도록 제시할 이념의 등불이 꺼져 있지 않은가?

 권좌(權座)를 다툼하여 파벌투쟁만 일삼는 정치인들에게 무엇으로 양식을 주입하고 그 사명감을 일깨워 줄 수 있겠는가?

 공리(功利)와 타협할 줄만 알고 정도(正道)에 과감할 줄 모르는 비굴한 지도층이 영리할 줄만 아는 지식인들에게, 보다 신념에 살 수 있도록 무슨 약을 쓰겠는가?

 바로 자아의 확립이요, 진아(眞我)의 발견외에 아무 것도 없는 것이다.

 먼저 "나"를 찾아 내야 한다. "나"란 무엇인가?

 "나"는 "나"다 "나"는 유무를 초월하여 산 것이며 힘이며 광명이요 아무 것도 필요로 하지 않는 깨끗한 것이어서 오직 "나"일 뿐이다.

 "나"는 만법과 더불어 있지 않고 독립·독존(獨存)·독귀

(獨貴)·독권(獨權)하며 유일무이한 실상진아(實相眞我)의 실존을 지칭함이 곧 "나"다.

  이 참 "나"를 발견, 체득함으로써 우주의 주인공이 되며 생사의 인과를 초탈(超脫)해서 자재 할 수 있다.

  이 진아(眞我)의 발견이 있은 연후에야 확고부동한 인생관, 세계관 내지 우주관의 확립을 보게 되어 비로소 신념에 찬 생의 발걸음을 내 디딜 수 있는 것이다. 참 삶의 역사는 여기서부터 비롯될진저——.

  산사(山寺)의 종소리가 은은히 들려 온다.

  단기 4천 3백년의 새 아침을 고하는 종소리가 우리 겨레의 심금을 울린다.

  우리 모두 가슴을 헤쳐 대화를 나누자! 손을 잡자!

  나를 내던져 너를 위해서만 살려는 자세를 가다듬자! 이 길만이 우리 겨레를 살리고, 전 인류를 구제할 수 있는 유일무이한 이정표요 요체(要諦)인 바에랴.

  〔註〕 구제의 명제는 인류전체를 의미했을 때만 의의를 가지는 것이어서 일부 민족이나 국가권만이 잘 살게 될 수는 결코 없는 것이다.

우리를 슬프게 하는 것

　대지의 숨결이 흰 구름에 엉겨 아스라이 지평선 위에 둥실 떠 흘러간다.
　양광(陽光)에 구멍 뚫린 얼음장 밑으로 시냇물이 도도히 소리치며 흐른다. 후미진 웅덩이에서 송사리 한 마리가 거센 물살을 거슬러 도약(跳躍)을 시도한다. 태초로부터 이어오는 생명의 약동이다.
　검은 재빛으로 시들어 오그라진 쑥대밑에서 파란 연두 빛 어린싹들이 짓눌리는 고갈(枯渴)을 제치며 앞 다투어 올라온다.
　오늘 이 경칩(驚蟄)! 지하의 온갖 벌레들이 지루한 동면에서 깨어나 새봄의 생기를 들어마시며 새로운 태동의 기지개를 켜는 웅성거림을 듣는 듯 하다.
　거리에는 어느 새 외투에서 해방된 경쾌한 차림의 젊은이들의 보조가 보도 위에 발랄하다. 이제 봄은 정녕 이 강토에 스며들어 온 누리의 맥박이 화동하는가 보다.
　그러나 이 생기 넘치는 봄도 한 여름 울창한 무성의 계절을 거쳐 풍요한 결실의 가을을 지나면 또 다시 쇠잔고사(衰殘枯死)의 겨울을 거부할 수 없음이여! 누가 있어 저 혈기 방장한 젊은이들의 병고 노사를 막아설 수 있단 말인가?
　만물의 영고성쇠와 인간의 생노병사는 만고의 철칙이오,

대자연의 무상법칙일 진대, 어찌 무엇으론들 가로막을 수 있으며, 누구인들 능히 탈피할 수 있으리오.

근간 외지가 보도하는 바에 의하면 장차 인간도 동면이 가능하며, 머지않은 앞 날에 사람들도 지하에서 동면하는 침거 동물들과 같이, 일정한 기간 활동을 정지했다가, 자기가 살고 싶은 적의(適宜)한 시대에 다시 나와 살 수 있는 날이 도래할 것이라는 기사가 실려 있었다.

실로 놀라운 일이 아닐 수 없다. 사람은 누구나 오래 살기를 원한다. 그러나 만일 한 1천년만 살았으면 족하겠느냐고 물으면, 아니 좀더 한 2천년만 살았으면, 3천년만 살았으면 하는 것이 인지상정이요, 만족의 한도를 모르는 인간의 욕망인 것이다.

그러나 아무리 그 기간을 연장하여 1만년이나 그 만 배의 기간을 살 수 있다 하여도, 또 인간의 가수상태가 아무리 장기간 가능하다 한들 유한계에서는 한도가 있게 마련이니 결국 종당에는 사멸을 모멸할 도리가 없다는 것은 자명한 이치이다.

오늘날 인간의 수명은 1백년을 넘기지 못하는 것이 석금의 통례이며 무상계의 숙명이 아니겠는가. 그런데 여기서 죽는다는 것과 산다는 것, 죽으면 그것으로 끝나고 아무 것도 남는 것이 없다는 유물론적 사고와 내생(來生)을 설정하여 사후연생을 믿는 인생관의 분기점에서 우리들은 실로 엄청난 숙제에 부딪치게 됨을 본다.

이것은 가장 중대한 인생의 명제인 동시에 인류의 역사와 동서고금의 철학사와 더불어 오늘에 이르러 우리 앞에 가로 놓여져 있다.

이 거창한 명제를 단순히 소홀하고 경솔하게 다룰 수 없는 것이며, 오로지 다음 한 가지만은 분명히 해놓고 지나가련다.

태초로 생명은 무애(無涯) 자유한 것이며, 본래한 것이며, 영원한 것이며, 완전한 것이다.

이것은 유신론(唯神論), 즉 절대적인 유신적 창조관이 아니고 어디까지나 과학적 우주관에 입각하여 "우주"와 "자아"가 연기(緣起)의 상관 관계에서 실존되어 지는 과정에 있음을 증명하는 연기의 묘법을 체득함으로써 명요히 각성되여지는 것이다. 여기서 다만 자아라는 "나"가 실존에 앞서져 있다는 것만을 밝혀 두고자 한다.

이 심오한 묘법의 궁극까지 도달 못한 채 연전에 서거한 위대한 사상가 야스퍼스는 다음과 같이 술회하였다.

"철학의 본질은 진리를 소유하는 것이 아니라 도리어 진리를 추구하는 것이다. 철학은 도상(途上)에 있음을 의미한다. 철학의 물음은 그 해답보다도 한층 중요하며, 또 모든 해답은 새로운 물음이 된다."

요즘 생물학계에서는 생명의 본질을 규명하려고 총 역량을 집중하고 있는 모양이다. DNA와 RNA의 추출과 합성의 연구로 인공생명체를 만들어 내리라는 소식이다.

실로 과학만능의 시대다. 인류의 과학문명의 기능이 어디까지 와 있나 하는 것을 새삼 실감케 한다. 앞으로 인조인간이 부화장의 병아리새끼처럼 마구 쏟아져 나올 것을 상상하면 몰골이 소연함을 금치 못한다.

화공제품(化工製品)인 인조인간이 무수히 생산되어 인간사회에 상육하면 기존 인류사회의 윤리와 도의질서가 무너져 버리고, 인간성을 박탈당할 뿐 아니라 인간의 상호불신과 영악과 증오로 가득찬 소름끼치는 사회에서 공장제품인 인조인간들에게 밀려 진짜 인간이 도태당할 수 밖에 없는 가공할 미래의 시점에 상도할 때, 생각만 해도 몸서리 처짐을 느끼지 않을 수 없다.

그러나 여기서 한 가지 명확히 단언할 수 있는 사실이 있으니, 그 괴물들에게 아무리 고등교육을 시켜 교양높은 지성인으로 키워 놓는다 하여도, 그들은 자유를 소중히 알고 자유를 찾아 얻으려고 하지 않을 것이라는 사실이다.

왜냐하면, 그들은 생명의 본질인 자유를 분별할 줄 아는 마음의 자유를 못가졌기 때문이다. 생명의 영원성을 믿을 줄 아는 종교의 신앙심 즉, 마음을 못가졌기 때문이다.

가만 있자, 그리고 보니 이미 우리 주변에는 그 화학제품인 인조인간들이 많이 퍼져 있는지도 모를 노릇이다.

사회도의와 질서를 몰각하고, 윤리와 인성(人性)을 땅바닥에 쳐박으며, 사리사욕에는 수단방법을 가리지 않고, 이해 다툼에는 맹수보다 영악한가 하면, 인간 사회에 상호불신의 씨를 뿌리며 동족과 이웃의 불행에는 눈썹 하나 까딱 않고, 국가사회의 이익에 앞질러 개인축재와 향락에만 몰두하며 탐욕과 음유(陰幽)와 시기와 중상과 위선과 가식과 비열과 무교양과 파렴치의 온갖 죄악을 배속에 가득담고, 아부의 웃음과 교활의 눈초리를 번들거리는 무리들이 너무 많이 들끓는 것을 보면 벌써부터 우리 사회는 이 기계문명의 소산인 가짜 인간들에게 침식 당하고 있음이 분명하지 않는가? 그렇다면, 그것이 사실이라면, 이 구제받을 길 없는 가련한 생명체들을 구제할 수 있는 방법은 없는 것일까?

이들로 하여금 소유욕의 노예상태에서 벗어나게 하고, 이들의 가슴속에 내일을 심어주어 절망과 체념에서 구출하고, 생명의 자유와 영원성을 믿을 수 있도록 신앙을 가질줄 아는 "마음", 자기 종교를 가질 수 있는 "마음"을 넣어 주어야겠다.

慈悲無敵

　세속의 사랑은 어디까지나 자기 본위로 자기 중심으로 합니다. 남녀간의 사랑도 마찬가지입니다. 남자가 장가가는 것도 자기 욕심 채우려는 것이지, 처녀 욕심 채워 주려고 가는 것은 아닙니다. 그러니까 첫날 저녁부터 싸우고 일평생 싸웁니다. 서로 제 욕심만 채우려고 하니 아이들 여러 명 낳고 살아 봐도 개성이 안맞고 욕심이 안맞아서 싸우게 됩니다.
　그것이 사랑입니다.
　가령 갑이란 남자가 을이란 여자를 사랑해서 연애를 한다면, 갑은 을에게 이러한 요구를 합니다.
　"너는 내 것이야! 다른 사람하고는 이야기도 하지 마라, 쳐다보면 안돼. 꼭 나만 기다리고 있어."
　사회 정의상 이렇게 말을 할 수가 없어서 그렇지, 마음의 요구는 그렇게 됩니다.
　이것은 여자도 마찬가지입니다.
　"너는 내 것인데 다른 여자하고 교제하면 안돼."
　이런 식입니다. 사랑이라고 하는 것은 점령입니다. 남의 생명의 자유라는 것은 손끝만큼도 인정하지 않으려고 하는 것이 사랑입니다. 사랑은 곧 도둑입니다.
　자비를 가진 남자라면 장가를 가드라도 남이 데려가지 않는 아주 못생긴 처녀를 하나 얻어다가, "호강시켜 줘야겠다. 하루 백만원을 벌어서라도 다 맡기고, 잘 살든지 못 살든지 저 여자 뜻대로 하게 해야겠다." 이런 태도를 가지고 언제나 상대를 존중하고 위해 주는 이런 생활을 할 것입니다.

이렇게 상대편 본위로만 하고 자기는 조금도 내세우지 않는 남편 앞에서는 아무리 악녀라도 보살이 됩니다. 그렇게 하면 그 여자 마음엔 그 남자뿐이고, 우리 남편이 제일이라는 생각만이 있을 것입니다. 남편이 보살로 보이고 부처로 보입니다. 그러면 서로 보살이 됩니다.

중생들은 언제나 조건부로 상대편을 사랑해 주려 하니, 상대도 "네가 하는 것만큼 사랑해 주겠다." 그러는 것입니다. "네가 나한테 부족하게 해준 만큼 나도 섭섭하게 해주겠다." 이런 생각을 하고 있으니 내외간에 날마다 싸우는 것입니다. 그러므로 사랑은 나쁜 심리로 남을 점령하려는 것이고 남을 구속하려는 것입니다. 반대로 자비는 남을 해방하려는 마음이고, 남을 이해하려는 마음입니다.

박애라고 하는 것도 절대의 사랑이 못되고 자기 중심으로 하기 때문에 안 믿는 사람하고 만나면 내외간이나 부자간에도 서로 38선이 생깁니다. 자기는 전혀 잊어버린 사랑, 어떤 한계를 두지 않는 사랑, 그것을 할 수 없기 때문입니다.

공자의 유교도 마찬가지입니다. 자기의 주의와 맞지 않는 사람이나, 환경을 초월해서 상대방을 전적으로 사랑하는 인(仁)이 아닙니다. 그것은 오직 불교에서만 가능합니다.

불교에서는 기독교를 믿고 착한 일 해도 천당가고, 유교를 믿고 착한 일해도 천당가고, 아무것도 안 믿고 착한 일해도 천당 극락간다는 인과설에 입각한 윤리관이 확립되어 있기 때문입니다.

남녀간의 사랑, 부부간의 애정 문제에 있어서도 그렇습니다.

가령 남편이 바람 피우고 하니 첫날 저녁부터 생과부가 되어 가지고 일생 동안을 지내는 사람이라도 남편을 나쁘다고 하지 말라는 것입니다.

좋아하든지 싫어하든지 남편을 따라 주어야 합니다. 밤에는 남편이 가는 대로 등불 들고 바래다 주고 몇 십만원씩이라도 갖다 주면서 우리 남편 비위 좀 잘 맞추어 달라고 부탁을 해야합니다. 우리 주인은 내 힘 가지고는 위안이 안되니, 당신이 좀 그렇게 해주면 내가 그 은혜를 갚겠다고 정성으로 부탁하면서 알지도 못하게 가만히 놓아 두고 오라는 것입니다.

이것은 변태적인 자학생활이거나 히피족들의 경우에서와 같은 막살이 식으로 그러는 것은 결코 아닙니다. 어디까지나 진심으로 하는 참회생활이고 진심으로 남편을 행복하게 하려는 사랑으로 하는 생활이어야 합니다. 그러면 자기 생에는 그러한 남편을 안 만난다는 것입니다. 빚을 다 갚았기 때문입니다.

반대로 남편이 첩을 얻었을 때는 여자가 흔히 저주를 합니다.

"두 사람이 꼭 껴안고 누웠을 때 불이나 나서 타죽었으면……."

만일 여자가 이렇게 기도를 하였다면 복을 받겠습니까? 전생에 제가 나빠 가지고 남편이 그렇게 하는 줄을 모르고, 다시 산 사람 둘이 다 불에 타죽게 하는 죄를 지었으니 이런 여자는 죽어서 틀림없이 지옥에 갈 것입니다. 낮이고 밤이고 24시간을 두 사람이 타죽은 생각만 할 것입니다.

이것은 어디까지나 질투의 불길이고 성내는 마음이고 어리석은 중생의 인과생활이기 때문에 죄악의 연속이 될 뿐입니다. 적어도 불자라면 이런 죄악의 불구덩이로 빠져 들어가서는 안됩니다. 자기를 뉘우쳐야 하고 이런 업의 고랑을 벗어나는 길을 갈 줄 알아야 합니다.
　불교신앙이란 인과를 철저히 믿는 자세입니다. 삼라만상이 다 내 마음의 그림자고 내가 주동이 된 것이니 내게 모든 책임이 있다는 것입니다.
　호강도 고생도 내가 다 지은 일이며, 부모나 남이 나를 호강도 고생도 시킬 수 없다는 것입니다. 내 마음 가운데 있는 복을 남이 받을 수 없고, 내 마음 죄지은 것을 누구를 줄 수도 없으므로, 제 복 제가 받고 제가 당한다는 것입니다.
　여자가 나쁠 때에도 마찬가지입니다. 바람둥이 여자를 만났다 해서,
　"이년 자동차에 치어서 죽지나 않나? 오늘 저녁에 당장 죽어서 택시에 송장으로 실려 들어왔으면!"
　이렇게 생각하는 남자도 신세 망칩니다. 세세생생 그렇게 만나 가지고, 나중에 개미가 되어도 싸우고, 병아리가 되어도 싸우고, 비둘기가 되어도 싸웁니다. 비둘기 암컷 수컷 둘이서 퍽 좋아하고 다정하지만, 그놈도 수백마리 길러 보면 싸우는 놈이 있습니다.
　비둘기 기르는 사람이 매일 모이를 주는데 한번은 모이를 다 주어도 안나오는 놈이 있더랍니다. 이상해서 나중에 들어가 보니, 두 놈이 싸워서 털이란 털은 다 뜯어 없어지고, 알몸으로 며칠씩 우리에서 나오지도 않고 소리도 없이 서로 주둥이를 물고 피투성이가 되어 죽어 가고 있더랍니다. 그런데 한 놈이 콩을 주워 먹으려 나가려 하니,
　"콩이 다 무어냐? 네 입에 콩이 들어가게 할 줄 아느냐?"
하면서 놓아주지 않더라는 것입니다. 인과응보가 이렇게 무섭습니다.
　그러므로 부인이 저녁마다 밖에 나가더라도 욕하지 말고 원망하지 말아야 합니다. 못나가게 절을 하여도 안되고 욕을 해

도 안되고, 나중에는 때려 주고 행패를 해도 안됩니다.

"전생에 네가 나를 배신하고 다른 사람하고만 좋아해서 나의 마음을 얼마나 아프게 했느냐?"

이런 원한이 골수에 박혀서 영원히 남아 있기 때문입니다. 다리가 없어지면 못나가겠지 하고 최후 수단으로 부인의 한 쪽 다리를 끊어 놓는다 하더라도 안됩니다.

"다리를 끊어서 죽여 봐라!"

하면서 한 쪽 다리로 담을 넘어갑니다.

"내 마음에 쌓이고 쌓인 이 원한이 그렇게 쉽게 풀릴 줄 아느냐? 네놈이 내 다리를 다 끊고 내 몸을 끊어 보라. 내가 네놈을 좋아할 줄 아느냐?"

이렇게 마음먹어집니다.

이 원한을 푸는 방법은 오직 참회뿐입니다. 영혼은 이렇게 전생의 인연 관계를 다 기억하고 있기 때문에 첫눈에 좋은 사람, 보기 싫은 사람을 다 압니다. 부인이 밤에 잘 나가더라도 어디로 가느냐고 등불을 들고 바래다 주고 또 따라가서,

"나의 힘과 재주로는 우리 마누라를 마음껏 즐겁게 해줄 수 없으니 제발 당신이 우리 마누라 비위를 좀 잘 맞추어 주시오."

이렇게 간청을 해야 합니다. 이렇게 참회를 해야 전생의 죄가 참회되고, 그래야 내생에는 그러한 여자를 만나지 않는다는 것입니다.

천하없는 영웅도 마누라 한테는 꼼짝 못합니다. 백만 대병을 거느리는 대장이라도 부하를 물속, 불속으로 들어가게 명령하는 것은 할 수 있고, 항우 같은 천하 장사를 단번에 때려 눕힐 수는 있을지 모르지만 기운없는 마누라에게는 어떻게 할 도리가 없고 마음대로 할 수가 없습니다.

내가 어렸을 적에 들은 이야기입니다. 일본 메이지(明治)시

대에 이또오(伊藤博文)가 일본군을 현대식으로 조직한 뒤 동양을 집어먹으려고 군대를 훈련시킬 때입니다. 메이지가 사열을 나왔는데 이또오가 한번 보라는 듯이 "앞으로 가!"하고 구령(口令)을 내렸습니다. 십만 대병이 앞으로 나가다가 바닷가의 절벽에 다다랐습니다. 수천명이 절벽 밑에 있는 바다로 떨어집니다. 뒤에 가는 사람은 앞에 사람이 절벽에 떨어져서 죽는 것을 뻔히 보면서도 앞으로 계속 나갑니다. 잘못하면 십만 대병이 다 죽을 판입니다. 메이지는 겁이 나서 그만하면 됐다고 이또오를 찬양했다는 이야기입니다. 군대라는 것은 이런 명령 계통을 지키는 것이 생명이므로 그래야 싸움을 할 수 있고 조국을 지키고 국민을 보호할 수가 있을 것입니다. 그렇지만 이 이또오도 자기 마누라한테는 꼼짝 못합니다.

군대는 내 생명 하나면 물불을 가리지 않고 다 뛰어 들어가는데 조그마한 마누라한테 가서는 꼼짝도 못하는 자기를 번민하던 서양의 어떤 장군은 병사들을 모아 놓고,

"마누라가 자기 명령에 복종하는 사람이 있거든 흰기 밑에 모이고, 그렇지 않은 사람은 빨간기 밑으로 모여라."
하고 명령하였습니다. 그랬더니 다 빨간기 밑으로 모이는데 못생긴 병사 하나가 흰기 밑으로 가서 서 있는 것이었습니다.

마누라를 자기 명령에 복종하도록 만든 것은 정말로 오천년을 통한 영웅 가운데 한 사람도 없지 않은가! 마누라한테는 할 수 없는데! 말이 많으니 말로도 어쩔 수 없고 때리면 고함을 지르고 발악을 해서 힘으로도 어쩔 수 없는 것이 여인인데! 저 못난 녀석은 어떻게 여자를 굴복시켰을까?

장군은 기이하게 생각한 나머지 호기심을 잔뜩 가지고 흰기 밑에 있던 부하에게 쪽지를 하나 써서 보냈습니다. 오늘 밤에는 내가 한턱 낼 테니 우리집으로 꼭 좀 오라는 내용입니다.

그날 저녁에 그 못생긴 병사는 대장 집으로 초대를 받아 저

녁 식사와 차 대접을 잘 받았습니다. 식사가 끝난 후 대장은 신중한 태도로 부하에게 물었습니다.

"마누라를 어떻게 하면 복종하게 할 수 있는가? 도대체 집에만 오면 마음이 불안해 죽겠네. 자네 알다시피 연병장에서야 온 나라가 내 세상이고, 천하가 내 세상 아닌가? 마누라를 마음대로 하는 묘법이 있으면 나한테 좀 가르쳐 주게. 그 은혜는 내가 잘 갚아 주겠네."

이렇게 요청을 했습니다. 그 부하는 방바닥에 엎드려 합장을 하고 나더니,

"아까 제가 흰기 밑으로 간 연유에 대해서 말씀을 드리겠습니다. 제가 지금부터 십년 전에 집을 떠나올 때 우리 마누라는 나의 손을 꼭 잡고 "우리가 지금 아들 딸도 없는데 죽으면 내가 큰일납니다. 당신이 전쟁이 끝날 때 안죽고 돌아와야 합니다. 당신 좀 재치가 있어야 돼요. 백병전이 벌어질 때는 사람이 많이 모인 곳으로는 절대 가지 말고, 사람 없는 곳으로만 가요"라고 말하는 것이었습니다. 그리하여 저는 오늘도 만일 제가 사람많이 모인 곳으로 갔다가 만약 그것을 마누라가 알게되면 마누라한테 혼날까봐 그것이 두려워서 흰기 밑으로 갔었던 것입니다."

이야기를 듣고 난 장군은,

"그러면 그렇겠지, 너들 별 수가 있겠느냐. 너는 오히려 한 술 더 뜬 녀석이로구나!"

하고 웃었다는 이야기입니다.

사나왔던 부인의 마음을 항복받고 현모양처로 만든 실화가 하나 있습니다.

경상도 현풍이라는 곳에는 곽씨가 많이 살고 있습니다. 이 현풍 곽씨의 시조에 대한 좋은 이야기가 있습니다.

곽씨들은 현풍 고을 여기저기 흩어져서 살고 있었습니다.

그 중에 종손(宗孫)집은 부자였는데 아들이 하나밖에 없었습니다. 그때는 20전에 다 시집가고 장가가던 옛날이라서 처녀가 이십이 넘으면 노처녀라고 시집 못간다고 했고, 총각도 20이 넘으면 노총각이라고 하던 때였습니다.

더군다나 이 종손집은 외아들이라서 그 부모들은 일찍 장가를 보내려고 서둘렀고, 딸 가진 사람들도 신랑집이 원체 부자인데다 양반집 귀동자고 하니 여기저기서 사위보려고 야단들입니다. 모두 다 제각기 중매를 넣고는 졸라댔고, 신랑 부모도 손자를 어서 보고 싶었습니다. 그런데 어찌된 일인지 본인이 절대 장가 안간다고 거절하고 있었습니다. 부모들은 야단을 치고 달래고 했지만 아들이 끝내 말을 듣지 않아서 한해 두해 해를 거듭한 것이 아들의 나이 이십 오세까지 되었습니다. 아버지는 할 수 없이 아무도 없는 조용한 틈을 타서 아들을 불러 놓고 장가를 가지않는 이유가 무엇이냐고 사연을 물어 보게 되었습니다.

아들 대답은 의외로 이상했습니다.

"저는 장가가고 싶은 데가 한 곳이 있습니다. 그런데 거기를 말 안하고 자꾸 딴데만 말하므로 그래서 장가 안갈려고 한 것이었습니다."

이렇게 대답했습니다.

"그래, 어디냐? 진작 아비한테 말을 했더라면 늙은 애비가 손자를 두서넛은 보았을게 아니냐? 그게 누구냐?"

아버지는 또 이렇게 물었습니다. 그래서 아들이 자기 마음속에 있는 집 딸을 말하는데, 들어보니까 그 여자는 어려서부터 몸이 크고 기운이 세어서 동네 아이들을 때려 주고, 거기다 바느질이나 밥짓는 것도 못하고 글자 하나 모르는 망나니 처녀였습니다. 할 줄 아는 것은 아무것도 없고 일거일동이 형편없는데 또, 오줌은 꼭 서서 누었습니다. 그래서 동네 상놈

들까지도 이 여자한테는 생각을 내지 않는 여자였습니다. 그 아버지는 아들의 말을 듣고 그만 정신을 잃다시피했습니다.
"이제는 양반집 망하게 됐고 종가집 개망신하게 됐구나!"
이렇게 한탄했지만 아들은 기어코 그 처녀가 아니면 장가가지 않겠다는 것입니다.
그래서 아버지는 또 물었습니다.
"네가 그곳으로 꼭 장가를 가야 할 이유가 무엇이냐?"
아들의 대답하는 내용은 이러했습니다.
그 처녀가 소변을 서서 보는데, 이것은 아랫배와 하부(下部)를 소중하게 여기는 정신이 있기 때문이라는 것입니다. 따라서 어린애를 기르고 낳는 곳을 그렇게 조심스럽게 지니는 태도로 봐서 이 여자는 틀림없이 좋은 자식을 낳을 것이라는 주장입니다.
아버지가 가만히 듣고 보니 그럴 것도 같고 어떻게 할 수도 없고 해서 날짜를 받아 가지고 청혼장을 보냈습니다. 그랬더니 그 처녀로부터 내일 당장 식을 올리자는 기별이 왔습니다.
잔칫날이 되어 마당에 차일을 치게 됐습니다. 그런데 새 색시가 밖에 나와서 차일을 보더니 이런 것은 다 걸리적거리니 집어 치우라는 것이었습니다. 그래서 차일도 거두었습니다.
마을 처녀들이 와가지고 족두리 쓰고 연지곤지 찍고 신랑에게 절을 하라고 가르쳐 주니까,
"얼굴을 왜 가리냐? 내가 문둥이도 아닌데? 그것 다 필요없는 거야. 내 얼굴 그대로 보이고 그냥 하지, 좋은 옷도 필요없어."
이렇게 소리를 치고는 마당에 나와서,
"그런데 신랑될 사람은 어제 떠났기에 아직도 안오는거야!"
하면서 시집갈 처녀가 떠들어맵니다. 그리고 또 하는 말이,
"그 남자가 나한테 장가온다고 제가 자청했으니까 내가 얼

굴보고 마음에 없으면 결혼 안하는 거야 딱지 놓아야지!"
　이렇게 떠들고 있을 때 신랑이 마당에 도착하여 가마에서 나왔습니다. 그러자 색시가 신랑을 보고,
　"그놈 똑똑히 잘 생겼다 됐다!"
　이렇게 떠듭니다. 그래서 사람들은 웃었고 색시 부모는 크게 놀랬습니다. 신랑에게 절을 하라니까,
　"나보다 키가 작아서 절을 할 수 없어."
　내뱉듯 한 마디 하고는 안으로 들어갑니다. 그리고 좀 있다가는 밖으로 다시 나와서 밥도 먹고 손님을 대접한다고 하면서 신부가 왔다갔다 분주하게 서둡니다. 신부는 해도 지기 전에 밤에는 자야하므로 손님들은 해지기 전에 그만 다 돌아가라는 것이었습니다. 그래서 손님들은 할 수 없이 다 갔습다.
　어른이 침방을 정해 주기도 전에 일찌감치 신방에 들어가서 신랑에게 이렇게 말합니다.
　"나하고 살려고 왔지?"
　신랑은 잘못 하다가는 얻어맞을 판이고 해서 대답도 잘못하고 잠자코 어리벙벙하게 밤을 지냈습니다. 이튿날 아침에는 색시가 이렇게 말합니다.
　"나는 당신 집 사람이니 이제 당신집으로 갑시다."
　이렇게 하여 신랑은 색시를 데리고 자기 집으로 왔습니다.
　그러니 시아버지 시어머니도 큰 걱정입니다. 예의가 있는 양반집에 아무것도 모르는 사나운 며느리가 들어와서 잘못 하다가는 며느리에게 얻어맞고 봉변을 당할 판입니다. 밥을 할 줄도 모르고 빨래나 바느질도 할 줄 모르고 재주라는 것은 서서 소변보는 것밖에는 없습니다.
　신랑은 그날부터 신부를 방에다가 앉혀 놓고는 마당에서 자꾸만 절을 하기 시작했습니다. 이것을 본 신부는 사람 망신을 시켜도 분수가 있지 하면서 나와서 막 때립니다. 그래도 신랑

은 절만 합니다. 변소에 가면 따라가서 절을 하고, 우물에 가면 우물에까지 따라가서 절을 하고 만날 때마다 자꾸만 절을 합니다. 신부는 남의 집 딸을 데려다가 망신만 시킨다고 욕을 하고 야단입니다. 그러거나 말거나 신랑은 절만 합니다. 1년을 이렇게 계속하고 나니 아무리 무지막지한 여자였지만 신랑의 진실한 정의에 감동이 됐습니다. 그래서 하루는,

"이제는 절 좀 그만하시오, 남의 집 딸 데려다가 생과부 만들어 놓았지만, 내가 또 가만히 보니까 당신이 고자인 모양이지만, 당신의 절하는 정성을 봐서도 이제 다른 곳으로는 다시 시집가지 않을테니 안심하고 절 좀 그만하시오."

이렇게 사정을 했습니다. 그래도 신랑은 계속해서 절을 합니다. 그러던 어느 날 신랑이 서당에 갔다 돌아오는 길에 부인과 마주치게 돼서 신랑은 여전히 절을 하게 됐습니다. 그때는 이미 그 여자의 심경에는 변화가 왔을 때였습니다. 그 여자는 감격한 목소리로 신랑에게 이렇게 말했습니다.

"절 좀 정말 그만 두십시오. 내 이제 당신이 나한테 절하는 뜻을 다 알았습니다. 지금부터 당신 시키는대로 앉으라면 앉고 서라면 서고 죽으라면 죽고 할 터이니 정말 절 좀 그만 하십시오."

이렇게 울면서 애원하였습니다. 처음에는 때리고 욕하던 것이 너무나 양심적인 신랑의 정성에 못이겨 망나니 부인이 아주 지극한 참회를 하게 됐고, 마음도 열려서 영특하게까지 된 것입니다. 그래서 집으로 돌아와서 부모님께 일일이 사죄하고 절을 하고는,

"제가 이제부터 신랑을 잘 섬기고 잘 하겠사오니 안심하십시오."

이렇게 아뢰었습니다. 그런 뒤부터는 이 며느리는 정말 훌륭한 효부(孝婦)가 되었습니다. 내외간에도 한 방에 자게 되

어서 어린애를 갖게 되었습니다. 그 여자는 옛날 태교법(台教法)에 아이를 배면 남자와 동침하지 않는다는 얘기는 어디서 들어서 알고 있었습니다. 아기를 가진 뒤 부터는 남편도 자기 방에 못오게 하고는 태도도 일변했습니다. 열 달이 차서 아들을 낳아서 부모들은 아주 좋아하고 남편도 기뻐했는데, 이 여자는 애기 낳느라고 심한 고통을 경험하게 됐습니다. 그 뒤부터는 이 여자는 아이를 낳을 게 아니라는 생각으로 신랑을 방에 영영 들어오지 못하게 했다는 것입니다. 그리고 낳은 아들 하나를 온 정력을 다해서 열심히 잘 길렀다는 것입니다. 그래서 그 여자가 낳은 아들이 나중에 영의정(領議政=首相)까지 했고 위대한 인물이 되어서 현풍 곽씨의 시조로까지 되었다는 것입니다.

역시 신랑이 예상한 대로 그 여자는 남편보다도 자식을 더 소중히 여겼고 위대한 아들을 낳아서 곽씨 문중을 빛내 주었다는 이야기입니다.

그러면 그렇게 사납고 거칠고 개차반이었던 처녀가 어떻게 그런 영웅 아들을 낳을 수가 있었고 현모양처로 변화할 수 있었느냐? 하는 문제가 우리의 관심사입니다.

그러니까 우리는 여기서,

첫째, 처녀 때의 그 여자는 남보다 거칠고 말괄량이었지만, 그것은 어디까지나 그 여자가 남보다 특별히 많은 기운을 타고 나서 그 기운을 발산할 곳이 없었기 때문이었고, 둘째, 그 여자의 일거일동은 어디까지나 천진하고 순박 그대로일 뿐 악질적인 성격의 소유자였거나 욕심과 시기·질투·모략·간사 따위의 마음으로 꽉 찬 그런 여자들과는 근본적으로 차이가 있었다는 점, 셋째, 무엇보다도 아내를 위해 끝까지 자기 참회적인 태도를 취했을 뿐 조금도 불평이나 화풀이를 하지 않는 남편의 지극한 정성이 그 여자의 마음속 깊이의 양심을 감동시켰고, 성스러운 마음의 고통을 움직여 주었다는 점을 깨우쳐야 합니다.

그러므로 아무리 깡패였던 부인이라도 남자가 정성을 다해서 위해 주면 현모양처도 될 수 있고, 반대로 남편이 아무리 나쁘더라도 훌륭한 부인의 내조가 있으면 반드시 훌륭한 청년이 된다는 교훈을 잘 배울 일입니다.

그런데 "어머니 잘 난 영웅은 있어도 아버지 잘 난 성인이나 영웅은 없다"고 해서 옛날에는 남자 교육보다도 여자 교육을 더 엄격하게 했습니다. 오늘도 우리는 이 점에 대해서 깨달아야 할 것이 많습니다.

어린이가 열달 동안 뱃속에서 어머니 피를 그대로 닮아 버립니다. 그래서 아버지보다는 어머니의 영향이 더 크게 됩니다. 또 출생한 뒤에도 어머니의 인간성 여하에 따라서 자녀의 교육이 크게 좌우된다는 것입니다.

그런데 현대는 더욱 더 그런 사회여서 아무리 약하고 배운 것이 없는 여성이라도 남자한테 안 지려고 합니다. 말 한마디도 양보를 안하고 버팁니다. 이 마음이 바로 우리 가정을 파탄으로 이끌고 불행을 가져오는 원인입니다.

아들 딸이 분리되는 원인입니다. 내외간의 싸움은 다 여자가 양보하면 해결됩니다. 여자가 절대 복종하면 남편도 마누라 때문에 절대 복종되어 집니다. 어느 한 쪽이 먼저 시작하면 됩니다. 마누라가 안지면 남자가 그렇게 하면 되는 것입니다.

내가 부족해서 집이 망하고 나라가 망하고, 나 하나 잘못해서 이 나라가 혼란하는 그런 태도로 참회하고 겸양해야 됩니다. 그래야 우리가 복을 받습니다. 이런 태도로 부부간에도 참회하고, 양보하고, 봉사해 주고, 참으로 위해 줘야 이것이 자비이고, 진정한 애정이고 행복의 문입니다. 불교의 이런 자비 사상은 35억 인류에게까지 확대하여 35억을 나 혼자 살릴 수 있도록 나 혼자 일하자 하는 이런 정신으로 나가야 합니다.

공산당은 너도 나도 일 하고 일 안하는 사람 죽이자! 이런 모토를 내세우면서 실제는 공산당원들이 일반인을 착취하고 있지만, 불교는 진실로 남을 위해서 일하자는 자비심입니다. 그러므로 불교는 자본주의나 공산주의 보다 훨씬 앞섰습니다.

세계 35억의 사람이 다같이 남을 살리려는 생각을 가지고 있다면 세계는 지상 극락이 됩니다. 이렇게 남을 해치지 않고 서로 위해 주며 사는, 자비 앞에는 적이 있을 수 없습니다.

6바라밀과 因果

사람이 우주 이전부터의 실제로서의 질량이 아닌 자기 마음을 깨쳐서, 생사를 초월하여 전우주의 심령(心靈) 세계와 육신(肉身) 세계에 자유 자재하며 전지 전능한 불타의 지위에 이르게 하는 방법이 이른바 불교의 8만 4천 가지나 된다는 것이다. 그러나 실로는 8만 4천에 그치는 것이 아니라 만일 부타의 49년 설법을 다 기록한다면, 현재 남아있는 불경의 천만배가 더 될 것이라 한다. 법을 듣는 중생들의 그 개성과 그릇이 다 각각 다르기 때문이다. 그러나 8만 4천 불법을 다시 종합적으로 간단하게 분류하면 여섯 가지로 나누어져 있다. 이른바 6바라밀(波羅密)이니 육도(六度)이니 하는 것이다.

첫째는, 물심양면으로, 남에게 이익을 주는 자비심을 행하는 것이요(布施).

둘째는, 자기자신의 마음을 단속하며 행동을 조심하여 탈선하지 않는 것이요(持戒).

셋째는, 자기의 소신을 성공하기 위하여는 모든 고난과 애로를 다 극복하는 것이요(忍辱).

넷째는, 남과 나를 위하여 옳은 일이라고 생각될 때에는 그 일을 위하여 전후좌우를 돌아보지 않고 오직 전진이 있을 뿐이고 중지나 후퇴를 모르는 것이요(精進).

다섯째는, 태산은 입지(立志)와 바다와 같은 안심으로 바라는 바 목적성공을 위하여 그 바깥 일에는 마음을 움직이지 아니하는 일이요(禪定).

여섯째는, 위의 차례를 따라 쉬지않고 부지런히 노력하여 인생의 본연면목인 이 마음을 깨쳐서 태어날 적마다 일초의 틈도 없이 죽음에 쫓겨서 영겁에 헤매던 인생을 해탈(解脫)의 세계로 인도하여 영원과 자유와 행복을 누리게 하며 동시에 천상과 인간의 최고의 지도자로 군림하게 하는 것이다.

6바라밀은 인도의 말인데 한문(漢文)으로는 도피안(到彼岸)이라고 번역되고 있다. 우리말로는 저 건너 쪽으로 건너선다는 뜻이다. 다시 말하면 생사고해(生死苦海)의 "이" 사바세계에서 불교를 믿고 6바라밀의 도(道)를 닦아서 생사를 초월하여 영원과 자유의 행복을 누릴 수 있는 "저" 부처님 세계에 태어난다는 뜻이다.

그러나 사실대로 말하면 불세계(佛世界)가 다른 곳인 저 쪽에 있는 것이 아니고 우리 중생들의 밥 먹고 옷 입으며 말하고 생각할 줄 아는 이 마음을 깨치고 보면 우리가 사는 이 사바세계가 중생세계가 아니고 곧 불세계로서 생사의 공포가 없으며 따라서 생존경쟁으로 일어나는 전쟁없는 극락 세계인 것을 알게되는 것이다.

멀쩡한 극락세계가 이처럼 불안 공포의 화탕지옥(火蕩地獄)이 된 것은 우리들이 영원하며 자유평등의 소유자로서 전우주의 주인공이며 만사에 주체인 마음이 진정한 자기 자신인줄 모르고 물거품 같고 풀끝의 이슬같은 이 믿을 수 없고 의지할 수 없는 허망한 육신(肉身)을 자기 자신인 줄 잘못 생각하고 끝없는 생존경쟁을 시작했기 때문인 것이다. 그리고 보면 "바라밀"이란 인도 말의 도피안(到彼岸)이라는 저 건너로 가서 성불(成佛)한다는 뜻으로 번역한 것은 잘못이 아닌가 생각해 볼 수도 있는 것이다. 왜냐하면 허망하고 믿을 수 없는 이 육신의 안전(安全)과 행복을 얻기 위하여 저 객관 세계로 무량겁으로 돌아다니다가 전생에 착한 일을 한 인연 공덕으로 불교를 배우게 되며 여섯 가지 바라밀도를 닦다가 홀연히 자기 마음을 깨달아서 생사를 초월하며 부처님이 되는 것이다.

그러므로 부처가 되는 법은 오직 자기자심(自己自心)을 깨닫는데 있는 것이다.

다시 말하자면 육신생존과 행복을 찾아서 객관의 저 물질 세계에서 헤메다가 자기마음 세계로 돌아선 것이 곧 부처가 된 것이므로 한문으로 번역을 똑바로 하자면 환차안(還此岸)이라는 정반대로 번역이 되어야 할 것이 아닌가 생각할 수도 있음직도 한 일이다. 중국 사람들이 번역을 잘못하였거나 아니면 인도말(印度語) 번역 자체가 틀려있는 것이 아닌가 생각할 수도 있음직한 일이기도 하다.

왜냐? 하면 불타의 49년 설법은 곧 8만 4천 대장경이 한결같이 중생의 마음이 곧 부처요 부처가 곧 이 마음이라고만 하셨다. 이 마음을 깨쳐야 성불도 하며 중생을 제도할 수 있는 인천도사(人天導師)가 된다고 하셨다. 그 말씀 밖에는 한 글자도 없다. 그럼으로 환차안(還此岸)이라고 번역해야만 천하의 시비가 끊어질 것인가 한다.

종합적(綜合的)으로 말하면 "6바라밀"이란 곧 여섯 가지 방법을 차례로 수도(修道)하므로 전생에 지은 모든 죄업이 소멸하고 천진한 자기 마음을 깨쳐서 생사를 초월하며 영원한 자유와 평등의 세계로서 인류 최고의 문화를 건설하는 것이지만 구체적으로 말하면 실로는 8만 4천 바라밀이 되는 것이다.

반대로 축소하여 계정혜(戒定慧) 3바라밀이 되기도 하며 또한 일행삼매(一行三昧)에 들어섰을 때에는 최후의 1바라밀을 수행하다가 필경에는 바라밀도 아닌 이 마음을 깨쳐서 성불(成佛)하여 인생의 소원을 완전히 성취하고 중생을 구제하기 위하여 발벗고 나서는 것이다.

　바라밀에 대하여 앞에서 대강 말한바 있었지만 중생이 성불할 때까지의 수도해 가는 8만 4천의 모든 수단 방법을 모두 바라밀이라고 하는 것이다.
　또한 6바라밀은 사람에 따라서 절대적인 철칙을 수행하는 순서가 되기도 하며 또한 순서없이 수행하는 사람도 있고 또는 어느 한 바라밀 법만을 철저하게 깊이 수행하므로써 다른 8만 4천 바라밀법을 한목 성취하여 성불하기도 하는 사람도 있는가 하면 네가 곧 부처라는 한 마디 법을 듣고는 선자리에서 한 법을 수행할 사이도 없이 이 마음을 깨쳐서 성불하는 사람도 있는 것이다.
　그래서 성불하기가 세수하다가 코만지기 보다도 더 쉽다고도 하는 것이다. 그러나 이렇게 쉽게 성불하기는 사람마다 다 되는 것이 아니기 때문에 일반적으로 볼 때에는 질서적 순서에 의하여 차근차근 닦아야 하는 것이다. 무슨 일이든지 반드시 시작은 그 처음이 있고 추진하는 그 중간 과정이 있고 그리고 그 끝의 성공이나 실패의 종말이 있기 때문인 것이다.
　저 먼저 말한 바와 같이 첫째의 보시(布施) 바라밀은 자기가 원하는 일의 성공을 위하여서 그밖의 모든 것을 다 정리하는 것인데 옛날 인도의 싯달 태자가 인생의 생사고를 초월하기 위하여 모든 부귀영화를 다 버리고 하루 아침에 거지신데로서 천신만고를 각오하고 구도생활로 나서는 용기를 말하는 것이요.
　둘째, 지계(持戒) 바라밀은 자기소원을 이루기 위하여서 한번 결심한 뒤에는 일도양단하고 일사천리로 매진하는 것인데 마치 신라의 김유신 장군이 가서는 아니될 곳에 가게된 것을 후회하여 자기에게 없지못할 애마의 목을 처버리는 결심을 말하는 것이요.

 셋째, 인욕(忍辱) 바라밀은 한번 옳은 일이라고 깨달은 이상 그 일을 위하여서는 천신만고(千辛萬苦)를 달게 받으며 사면초가(四面楚歌)의 고독한 신세가 되어서라도 일찍이 한 생각도 후회하지 아니하고 다만 옳은 일을 옳다고 생각하며 옳은 일을 옳게 행하다가 이 세상을 떠날 뿐이다. 저 신라의 이차돈이가 조국이 3국으로 분열되어 전쟁을 일삼는 데서 겨레의 자멸(自滅)을 구하고자 호국(護國) 불교를 건설하여 삼국통일을 이룩하고서 영겁의 큰 원을 세우고 끝내 그 목숨을 헌신짝같이 버리던 자비심과 인내심을 말하는 것이다.

 넷째, 정진(精進) 바라밀은 자기자신을 위해서나 국가민족을 위해서나 전인류의 평화를 위해서나 올바른 일이요 정상적인 일이라고 판단이 되었을 때에는 그 일을 이룩하기 위하여 밤낮을 가리지 않고 전후좌우를 돌아보지 아니하며 중단이나 후퇴없이 앞으로만 추진하는 거동을 말하는 것이다.

 마치 전쟁할 때에 최후 일전(一戰)의 결승 대회전을 앞두고 전 삼군(三軍)이 결전장(決戰場)으로 총진군(總進軍) 총진격(總進擊)으로 8만 4천 번뇌대적(煩惱大賊)을 일거(一擧)에 전멸을 계획하며 추진하는 것과 같은 것이다.

 염불이나 참선하는 수도인(修道人)들이 처음에는 잠과 잡념과 고통에 끄달려서 공부가 잘 되지 아니하여 온갖 수단을 다 써 본다. 밖으로 나가서 가벼운 운동을 해보기도 하고 산책을 하면서 공부를 계속해 보기도 하고 높은 나무에 올라가서 잠과 싸워 보기도 하고 돌을 짊어지고 왔다 갔다하며 참선을 해 보아도 잠이 퍼붓고 잡념만 나기 때문에 송곳으로 다리를 찌르기도 하며 칼을 턱 밑에 받치고 만져보기도 하며 온갖 수단을 다 써가며 공부가 순일하게 잘 되도록 가지 가지 방법으로 애를 써 가다가 보면 차차로 잠도 없어져 가며 잡념도 덜 해져서 가끔 하루나 2, 3일씩 시간가는 줄 모르고 염불이나 참선의 일념으로 쭉 나가는 때가 있다. 이렇게 되면 공부에 힘을 얻고 자신이 생겨서 공부할 재미가 붙는다.

이 때를 놓치지 말고 용기 백배로 정진(精進)하면 멀지 아니하여 이 마음을 깨닫고 대도(大道)를 성취하여 생사를 초월하게 된다. 싯달 태자도 6년 동안이나 한번 앉고는 일어날 줄 몰랐으며 먹는 것도 자는 것도 잊어버리고 문제 해결에만 열중하였기 때문에 다른 누구도 얻지 못한 무상대도(無上大道)를 성취하여 인생문제를 완전히 해결하였으므로 우주 생명계의 영원한 지도자가 된 것이다.

이것이 인생으로서 최대 문제요 또한 마지막 가는 문제이기도 하지만은 정말 힘드는 공부요 어려운 일이므로 결코 하루 아침에 이루어지는 일은 아닌 것이다. 그러나 인생이 생사를 초월할 수 있는 길이 있다면 우리는 만사를 다 집어치우고서라도 꼭 그 길만은 찾아가야만 할 것이다. 왜? 인생이 죽음보다 더 무서워하는 일은 없는 것인가. 죽어지면 다 허사가 되기 때문이다. 슬픈 일이요 억울한 일이요 무서운 일이다.

인생은 산 것이다. 산 것이기에 살고만 싶어하는 것이다. 그러나 인생은 나는 순간부터 이 무서운 죽음에 쉴새없이 쫓기기 시작하는 것이다. 이 죽음을 피하느라고 산으로 들로 바다로 농사로 장사로 학문으로 정치로 심지어는 전쟁으로까지 노력은 하지만 끝내 이 죽음에는 붙잡혀 꼼짝없이 억울하게도 죽고 마는 것이다. 인생 백년이란 범 보다 더 무서운 죽음을 피하여 도망치다가 끝내는 눈물로 죽고 만다.

인생이여! 정진하자.

힘을 다하여 정진하자.

우리들의 선배이신 싯달 태자께서는 이 일 때문에 6년씩이나 한번 앉고는 일어설 줄 몰랐다.

다섯째, 선정(禪定) 바라밀은 어떠한 일이나 공부든지 오래 오래 애를 쓰다보면 그 일에 마음이 자리를 잡게 된다. 그리하여 하는 일에 차차로 재미가 붙게 되며 그 일 아니하고는 못 살게 되어지는 것이다. 그러다가 또는 재미도 초월하여 아무 생각도 없이 다만 무심하게 그 일에만 열중하여 밤이 새는지 해가 지는지도 모르며, 뿐만 아니라 조금도 피로를 모르게 된다. 피로가 없을뿐만 아니라 그 일만 붙들면 몸과 마음이 한 없이 가벼워지고 딴 힘이 솟구치게 된다. 정도에 따라서는 백배 천배의 평화와 자유에 가득찬 용기를 얻게 된다. 이와 같이 그 일에 마음이 자리 잡게 된 것은 선정도 아닌 선정(禪定)을 얻었다고 하는 것이다. 일념삼매(一念三昧)라고도 한다.

여섯째, 지혜(智慧) 바라밀은 위와 같이 제일 보시 바라밀로부터 차례 차례로 도를 닦아서 선정 바라밀을 넘어서며 바로 자기의 본심을 깨달아서 생사(生死)를 초월함과 동시에 대원경지(大圓鏡智)를 얻으므로 전지전능(全知全能)한 불타(佛陀)의 지위에 오르는 것이다. 불교가 아닌 세속일인 경우라면 하나의 작가(作家)가 되는 것이다.

6바라밀을 충분히 설명하자면 49년이나 걸려야 하게 되어 있다.

禪과 새 人間像

禪이란 무엇인가

"선(禪)"은 "선"이 아니다. 그러므로 "선"하면 벌써 "선"과는 거리가 먼 것이다. 왜냐하면 "선"은 우주 인생의 본연면목(本然面目)이기 때문에 "선"이 따로 있는 것이 아니고 내외·유무·시비·생사·열반·흥망·고락·허무·영원 그것들 전체가 모두 "선"인 것이다.

봄도 "선"이요 가을도 "선"이다.

산도 "선"이요 물도 "선"이다.

늙고 병들고 죽음도 "선"이다.

선(善)도 "선"이요 악(惡)도 "선"이다.

중생도 부처도 "선"이다

그러기 때문에 "선"을 따로 찾으면 그것은 곧 "선"과는, 영원히 이별하고 마는 것이다. 그러나 그렇다고 해서 또한 그러한 줄로만 알면 그것 역시 "선"은 아니라. 왜냐하면 "선"은 우주 인생의 본연면목이기 때문에 "선"은 따로 없다.

시간 공간 할 것 없이 일체 만물은 하나도 "선"이 아니다.

유정 무정이 다 "선"이 아니다.

생사도 열반도 "선"이 아니다.

중생도 부처도 "선"이 아니다.

이러하니 "선"은 쉬울 수도 있고 어려울 수도 있는 것이다. 쉽다면 코로 숨쉬는 것 보다 더 쉬운 일이고 어렵다면 손으로

별 따기 보다도 더 어려운 일이다

 그러면 과연 어떤 것이 "선"일까?

 "해가 막 서산으로 넘어가자 달은 미리 동쪽 숲위에 떠 있도다."

 정말로 이러한 사실 이상의 사실인 실상(實相), 소식이 사람사람마다에 뚜렷이 드러나서 영원히 죽지 아니하고 또한 오만가지 복덕과 지혜를 다 갖추어 있는 것이기 때문에 인생은 항상 영원을 동경하며 동시에 죽음에 대해서는 끝까지 원한을 품게 되는 것이다.

 아! 이 거룩한 소식! 고맙도다. 옛날에 어떤 승이 조주(趙州)스님에게 법을 묻기를

 "어떠한 법이 달마대사(達磨大師)께서 전하신 선법(禪法)입니까?"

 조주스님께서 대답하시기를

 "뜰 앞에 서있는 잣나무 이니라."

 하셨으니 이것이 무슨 말일까? 이 소식! 이 "선"도 아닌 "선"!

 이 "선"이 아닌 "선!"을 부득이 하여 "선"이라 가칭하고 우리 부처님께서는 무려 49년에 걸쳐서 생사를 초월한 인생의 본연한 천진면목의 실재가 있는 것을 소개하기 시작하셨다.

 부처 아닌 부처가 중생 아닌 중생을 제도할려니 가르치는 이나 배우는 이가 다 같이 진땀을 흘릴 일이다. 과연 부처님께서는 어려운 일을 하셨다. 교화하시는 순서는 유치원으로부터 대학원에 이르기까지의 이론 체계가 명확히 서 있다. 그것이 곧 세칭 합천 해인사의 "팔만대장경"인 것이다.

 우주와 인생에 대한 모든 이론이 끝난 뒤에 다시 꽃가지를 들어서 인간과 천인들의 백만억 대중에게 보였다. 그러나 백만억 대중이 한 사람도 이 소식을 아는 이가 없었다.

 다행이도 부처님의 상수제자(上水弟子)인 가섭존자(迦葉尊

者)가 빙그레 웃음으로써 부처님의 대도정법이 그를 통해 오늘까지 세계각국에 전해지고 있다. 이 소식은 말도 아니요, 행동도 아니요, 생각도 아니요, 또한 문서도 아닌 것이다.

그래서 부처님께서 깨치신 실상 대법은 교학의 이론으로나 따지는 생각으로나 또한 아무 생각도 아닌 적멸무심(寂滅無心)으로도 통달할 수 없는 일로서 오직 "깨달음"으로써만이 스스로만 알〔體得〕 수가 있는 일이다.

그리하여 가르칠 수도 배울 수도 없는 법이기 때문에 말로도 문서로도 전할 수 없는 이 법을 구태어 이름지어 교외의 별전(別傳=宗旨宗派)이라고도 하고 또한 달마선(達摩禪)이라고도 한다.

이 실재인 선법, 곧 달마선은 사람마다 온전히 다 갖추어지고 있는 것이기 때문에 유식무식을 막론하고 이 마음을 깨치기만 하면 곧 이 몸이 이대로 부처가 될 수 있는 길을 열어서 인도하는 것이다.

선종에서도 초학자에 대해서는 지도하고 가르치는 일이 있으나 그것은 "선" 다시 말하면 인생의 본연한 천진면목을 가르친다는 것이 아니라 다만, 그것을 깨달을 수 있는 방법을 가르치고 지도하는 것 뿐인 것이다.

이 인생의 최초요 최후인 실상 소식을 깨친 사람은 마치 손에 들고 있는 물건을 찾는 일과 같아서 박장대소하는 일이 종종 있다.

선이라는 말은 애초에 인도의 말인데 인도말로는 선나(禪那)인 것이다. 그것을 나자(那字)를 떼고 선 한자만으로써 통용하고 있는 것이다.

비록 가칭일지언정 이미 그 이름이 생긴 이상에는 그 명사에 대한 뜻이 또한 없을 수 없을 것이다. 그래서 자연히 이 선나를 두 가지로 나누어 볼 수 있게 된다.

첫째는, 실상선나요 둘째는, 방편선나이다.

먼저 실상 선나라는 것은 말하는 이의 마음자리를 말하는 것이다. 이 마음은 생긴 적도 없거니와 또한 없어질 날도 없는 것이다.

더럽지도 깨끗하지도 아니하며 더하지도 줄지도 아니하며 밝지도 어둡지도 아니한 것이다.

도(道)도 마음이 아닌 것이기 때문에 닦아서 깨칠 수도 없고 번뇌 망상 때문에 더러워지거나 어두워지지도 아니 하여서 항상 이리하여 배고프면 밥먹고 곤하면 잠자고 일어난다.

위에서 말한 바와 같이 선나는 이미 선나도 아니며 말도 생각도 글월도 아니거늘 어찌 그 뜻을 설명할 수 있었으랴. 그러나 이것도 다만 선나의 본연 실상을 "말"하는 것이지 본연 실상 그 자체는 아니다.

둘째, 방편 선나라는 것은 위에서 말한 선상선나를 깨달을 수 있는 방법을 닦고 있는 걸 말하는 것이다.

우리 나라에서는 선한다, 선들인다, 참선한다, 좌선한다 하여 "이것이 무엇인고?" 하고 의심하여 생각해 들어가며 깨칠 때까지 먹지도 자지도 아니하고 돌아 앉아서 정진한다.

또는 "조수는 어찌해서 "무"라고 했는고?" 하고 공안 화두(公案話頭)를 생각하고 의심해 가는 것을 참선 또는 정진한다, 공부한다라고 말한다. 그리하여 그렇게 실상인 근본 선나를 깨달을 수 있는 방편법, 다시 말하자면 실상 선나를 깨치기 위하여 참선하는 것을 또한 선나라고도 한다.

이러한 선은 이 마음을 깨치기 위한 방법에 불과한 것이기 때문에 이것을 중간선(中間禪), 또는 유사선(類似禪)이라고도 말 할 수 있다. 그래서 선나를 한문으로는 두 가지 뜻으로 번역하고 있다.

첫째는 정려(靜慮)요, 둘째는 사유수(思惟修)이다. 사유수라는 말은 인생의 본래 면목과 모든 사물의 본체인 그 근본 원리를 발견하고자 하여 따지고 파고들어가서 일심 불란으로 사색 추궁하는 노력(修道・修行・精進)을 말하는 것이다.
  그리하여 모든 잡념과 번뇌 망상이 깨끗이 정리되어서 실상인 인생의 본연 면목인 근본 선나에 일치되어 생사에 초월 자재하게 되는 것이다. 정려라는 말도 사유수라는 말과 그 뜻이 비슷한바 고요히 생각한다는 말이며 일심으로 생각한다는 말이며 또한 중지나 후퇴하지 아니하고 용맹 정진하여 우주의 본체며 인생의 본래 면목인 이 마음자리를 타개 발견하여 근본 선나에 일치됨으로써 생사를 초월하며 본래부터 가지고 있던 자아의 만덕을 갖출 수 있게 되는 것이다.
  그러므로 이 방편 선나는 그 개개인의 관찰과 노력 여하에 따라서 한 길 한 법이면서 소승불교의 사선 팔정의 심천(深淺)이 생기고 대승불교의 55위의 계급이 생겨진 것이다. 달마 선종도 또한 다섯 종파로 갈라져서 그 지도하는 가풍이 다 달라 서로 반대되는 것 같으나 깨친 도는 다 일반인 것이다. 또한 이 선나는 비단 대도를 성취하는 방법일 뿐만 아니라 또한 우리 인류의 5천년 문화도 이 선나(靜慮・思惟修・精進)로서 진보된 것임을 우리는 알아야 한다. 왜냐하면 우리들의 이 생명 자체가 곧 선나이기 때문이다. 우리들의 이 생명은 고요함으로써 움직이고, 움직이되 고요하며, 없는 것으로서 있게 하며, 있는 것을 없게 하는 무궁한 조화의 힘을 갖추고 있는 것이다.
  따라서 정치・경제・문학・예술, 심지어는 전쟁, 무엇무엇 할 것 없이 다 선나의 궤도에서 어긋나면 그것들은 다 중지되고 후퇴되고 멸망하고 마는 것이다. 그러므로 저 작은 벌레들까지도 가다가 무슨 사고가 생겼을 때에는 반드시 일단 멈추고 서서 그 사태를 가만히 살펴본 뒤에 행동을 취한다.
  이것들이 다 선나가 아니고 무엇이겠는가? 저 대 자연계의 모든 사물이 그 전체가 이 선나인 것이다. 이 선나를 떠나서는 흥망 시비가 있을 수 없는 일이다. 그러므로 이 세상 만사나 만물이 다 마음이라고 하는 것이다.

　부처님께서 샛별을 보시고 크게 깨치신 실상선나 곧, 인생의 본래 면목은 "팔만 대장경"에서도 설명이 되지 못하였으며 또한 될 수도 없는 일이다.

　"산은 높고 물은 맑다."

　이 일만은 늙지도 젊지도 아니하며 움직이지도 고요하지도 아니하며 죽지도 살지도 아니하며 항상 "이대로" 멸하지도 아니한다. 그러므로 이 달마선은 깨치기만 하면 심천의 계급이 없이 단번에 부처님의 지위에 들어서는 법이기 때문에 이 소식은 오직 깨달은 사람들끼리만 서로 긍정하며 서로 인가 전수하며 계승 상속하여 3천년 동안을 내려 오고 있다.

　위에서 말한 바와 같이 이 선종 종풍(禪宗宗風)을 교외 별전종라고도 하며 또한, 달마선 격외선 조사선이라고도 하여 이론과 따짐을 용납하지 아니하고 직접으로 자기 마음의 내용을 살펴서 깨달은 사람들끼리만 서로 전하고 받아서 비밀처럼 그 전통을 전하여 온 것이다.

　반대로 기타의 일반 종파들은 다 경론 등의 문서와 의론이 지도하는 방편법에 의거하여 꼬박 꼬박 그래도 수행 하는 것이므로 의리선(義理禪)이니 여래선(如來禪)이라고 한다.

　그리하여 이론과 문서에 의지하여 아니하는 달마선종만을 선종이라고 하고 기타의 모든 종파들은 다 경론의 문서에 의하여 수도하는 것이므로 교종이라고 한다.

　우주와 인생의 본체인 실상 곧 근본 선나의 소식을 부처님께서 세번째로 전하여 상수제자인 마하 가섭존자에게 완전히 그 전통을 상속받게 하였다. 이것을 세칭 교외별전의 삼처전심이라고 한다.

　따라서 이러한 주장을 세우는 선종 경론을 힘써 쉽게 번역하여 재가(在家)와 출가(出家) 사부대중의 수도에 만분의 일이라도 도움이 되도록 하고자 지금 삼보님께 향을 사르며 합장을 올리는 바이다.

禪의 起源

모든 학문과 같이 선이 과연 무엇인가를 단지 한 마디의 말로써 설명할 수 있고, 그것을 모든 사람들이 쉽사리 알아들을 수가 있는 것이라면, 온갖 불교의 교리와 8만 4천의 법문이 이미 그 목적과 전도의 수고를 벌써 다 마치게 되는 것이다. 그러나 여기서는 그 선이 무엇인지를 한 마디로써 밝히려는 것이 아니고 넓은 불교 전체 가운데 선이 어떤 위치를 차지하고 있는 것인가를 먼저 말함으로써 이 선의 첫 기원을 삼으려 한다.

불교는 석가 부처님께서 비롯한 종교이며 부처(佛)를 실현하는 것을 목적으로 삼고 있다. 그런데 그 불교의 최고 이상인 부처되는 법은 부처님께서 좌선삼매(坐禪三昧)에 들어 우주 인생의 진리를 깨달아 파악한 바를 제자들에게 가르친 그것이다. 부처되기 위한 실천적 수단은 좌선관법(坐禪觀法)이 중심이 되어 있다. 곧 부처님께서 파악하신 해탈(解脫)과 열반(涅槃)의 진리를 제자들이 파악하려면 좌선명상을 여의고 따로 밟을 만한 방법은 없었다.

그리고 불교에는 대승 소승(大乘小乘)할 것 없이 계율(戒律)로써 한없는 교단 규칙을 정해 놓은 규범이 있다. 그러나 그것은 모두가 불교의 무상 대도인 "아누다라삼먁삼보리(無上正等正覺)"를 실현하기 위한 뒷받침에 지나지 않는다. 그러므로 "아누다라삼먁삼보리"는 좌선명상에 의하여 확립되었던 것이다.

본래 부처님의 가르침을 개괄하여 계정혜(戒定慧)의 삼학(三學)이라고도 한다. 이것은 부처님의 가르침을 세 가지로 나누어서 불교도의 생활규범(戒)과 사색(定)과 교학의 결과에서 얻어진 혜(慧)의 3종으로 단순화한 것이지마는, 그것들은 반드시 고립적인 것은 아니고, 전혀 같은 불교의 내용을 세 가지 입장에서 보고, 보다 높은 생활 규범에서 차츰 완성을 이루며, 정화되어가는 기초적인 생활 체험을 체계화한 것에 불과한 것이다.

사실 부처님께서 우리에게 무명을 끊고 "아누다라삼먁삼보리"의 지혜를 온전히 밝힌 것을 가르쳤던 것이지만은, 부처님과 같은 완전한 지혜는 부처님과 같이 완전히 정화된 생활이 없이는 파악하기 어려운 것이다. 또한 부처님과 같이 완전하고 정화된 생활은 부처님과 같은 깊은 인생에 대한 철저한 통찰이 없이는 도저히 실천을 바랄 수 없다.

그렇지만은 부처님께서는 그것이 불가능한 것은 아니라고 하였으므로 우리는 그와 같은 부처님의 지혜를 완성하기 위하여 선정과 계율을 생활 규범의 제일의(第一義)로 삼는 것이다.

그와 같은 계율은 단순한 생활 규범이거나 규제가 아니라, 거기 반성과 규제의 배경에는 부처님의 지혜가 빛나고 있는 것이다. 부처님과 같은 깊은 지혜를 모든 사람들이 다 함께 갖추기 위하여 비로소 선정이 있게 되는 것이다.

따라서 불교는 그 전체가 계학(戒學)이라고도 할 수 있는 것이며, 또 정학(定學)이라고도, 혜학(慧學)이라고도 할 수 있는 것이다. 아울러 불교는 그러한 의미에서 전체를 한데 뭉쳐서 선학(禪學)이라고 해도 무방한 것이다.

佛敎와 요가

부처님께서는 처음에 생로병사(生老病死)의 사고(苦)를 해탈(解脫)하기 위하여 출가(出家)하였다고 한다. 그것은 말하자면 뜻대로 이루어질 수 없는 인생을 뜻하는 바와 같이 이루어지는 인생에로 전환해 보려는 의도였던 것이다.

해탈이라고 하고 열반(涅槃)이라고 하는 것은 핍박한 생로

병사의 사에서 벗어나는 일이며, 동시에 생사고(生死苦)를 벗어나 영원한 행복의 경계를 의미한다.
　부처님께서 이 일을 성취하기 위하여 출가하였으며, 뜻대로 이루어 보려고 하든 인생의 생사고는 필경에 무엇이든 제 뜻대로 채워 보려고 드는 사람의 집착된 욕망임을 깨닫고, 그 아집(我執)에서 해탈하기에 이른 것이며, 일찍이 자기도 모르는 동안에 빠져있는 아집의 원인은 무명(無明)이었으므로 그 무명을 "아누다라삼먁삼보리"의 지혜의 빛으로 밝힘으로써 열반을 획득 하였던 것이다. 그런데 여기에 우리가 놓쳐서는 안 될 것은 그러한 부처님의 증득(證得)은 선정을 통하여서 만이 비로소 얻어진다는 것이다.
　불교가 만약 인간사회의 이익의 증진을 위하여 가장 이상적인 종교의 가르침을 지닌 것이라면, 선은 마침내 인간 정신의 최고의 소의처(所衣處)가 될 만한 근거를 지녔다고 할 수 있다.
　불교 중에서도 가장 중요한 위치를 차지하는 선은 원래는 불교의 독자적인 수행 방법은 아니었다. 그것은 오래 전부터 인도의 브라만교에 있어서 요가 행법(瑜伽行法)으로 알려졌던 것으로서, 그 기원은 오랜 옛날부터 인도인들의 생활 가운데서 발생했던 것이다.
　그러나 부처님에 의해서 설해진 선은 물론 인도 재래의 요가 행법 그대로의 것은 아니었다. 부처님께서는 그 요가법이라는 묵은 관습을 빌어서 전혀 새로운 불교적 선정으로서 특색있는 수행법으로 바꿔 놓은 것이다.
　인도 고래의 풍습인 요가 행법이란, 그 요가(yoga)는 원래 유즈(yuj)라는 어원에서 옮겨진 것으로, 본 뜻은 억제(抑制) 또는 결합(結合)이라는 의미를 지녔다. 곧 요가의 수행법은, 정좌하여 잡념・세상(細想)은 물론 온갖 마음의 작용을 억제하면서 마음을 절대 평정한 상태에 두는 것을 목적으로 했기 때문에 억제의 의미를 지녔으며, 그러한 절대 평정한 마음은 드디어는 어떤 행위를 전제로 하고 몸과 마음을 통제하여 마음의 표상을 어느 한 곳에다 집주하게 되므로 결합의 의미를 낳게 되는 것이다.

따라서 이 요가 수행법은 억제와 결합의 의미를 가지고 정신력의 집주와 육체상의 행위 동작을 완성하여 모든 이상적인 목표를 달성케 해주는 것이었다. 이것은 곧 인도 일반의 종교적·철학적 실천방법으로서 채용되었던 요가법 실천의 힘을 불교가 새롭게 사용하기에 이르는 것이다.

요가 행법의 기본 형식인 결가부좌(結跏趺坐)는 오늘날에까지 우리 선종의 좌법(坐法)이 되고 있는데, 그것도 바깥 모양으로는 인도에 있어서 일반적인 앉음세인 것이다.

부처님이 아직 세상에 계실적에 종교적 수행 방법으로서 그와 같은 좌선 명상의 습선과 고행의 법이 있었다.

그래서 어떠한 새로운 철학적인 좌선 명상의 실천도 종교적 고행법도 모두가 이 요가 행법의 일종의 변종으로서 나타났을 따름이었다.

정통파의 브라만들은 우주론으로서 전변설(轉變說)을 취했기 때문에, 그들에게 최고 존재인 범천(梵天)에 나기 위하여 그들의 궁극인 나〔自我〕를 파악하여, 그 나에 의하여 범천에 나서 영원의 세계에서 살고자 한 것이었으나, 또 다른 이른바 혁신적인 사상계의 사람들은 적취설(積聚說)을 취했기 때문에 육체와 정신을 갈라 가지고 정신의 근본인 자아라는 것이 본연의 행위를 하게 하기 위하여 육체를 학대 조복케 하는 모진 고행에 의하여 범천에 태어나려고 했던 것이다.

이 고행법 역시 요가의 사상과 근본적으로 다를 것은 없고, 다만 그 배경의 사상과 형식이 약간 차이점을 보였을 뿐이다.

부처님께서는 그 수행 시대에 있어서 이 두 갈래의 세계를 실제로 체험 했으며, 드디어는 요가 행법의 선정의 깊은 뜻에

도달했으면서도 그 학설 사상이 불철저함을 알고 그러한 수행 실천을 일단 중단해 버렸었다.

아라라와 우주다라의 두 요가의 대학자들은 찾아가서 닦은 바가 그것이다. 부처님께서는 자아를 우주의 근본이라 하며 범천에 가서 나기를 구경처(究竟處)로 아는 그들의 방법으로서는 생로병사의 괴로움에서 해탈할 것 같지 않았다. 그당시 모든 학파의 교의와 학설을 몸소 체험해 보시고 검토해 보신 부처님께서는 그들이 다같이 인생고의 해탈을 목표로 하면서, 그 중도에 있어서 종교적 목표가 잘못 설정되어 선정은 선정하는 데만 빠져있고, 혹은 고행은 고행에만 떨어져 있었던 나머지 도저히 그들 자신이 도달해야 할 목적을 달성하지 못하는 것을 간파하였던 것이다. 부처님께서는 여기에 착안하여 그때 당초의 출발점에서부터 문제를 재검토 할 필요가 생겼던 것이다.

부처님께서는 전후 6년 동안 극심한 고행 끝에 그 일이 얼마나 무익한 짓인가를 깨닫고, 물가〔尼運禪河〕에서 청수욕을 한 뒤, 처녀 난다가 가져온 우유 한 그릇을 마시고 청신한 기운을 차려, 다시 우루베라촌의 고행림(苦行林)에서 가야아의 보리수 나무 밑으로 옮겨 가서 대용맹정진(大勇猛精進)을 시작하였던 것이다. 해탈과 열반의 경지를 한꺼번에 획득하였던 부처님의 좌선정진은 일찍이 그가 우루벨라촌의 고행림에서 브라만들의 요가 정려법(靜慮法)과 고행의 체험을 기초로 하여 또 한 가지의 선정을 만들어 내었던 것이다. 부처님이 좌선 수정(修正)은 일찍이 브라만에서 하던 요가 행법과는 그 종교적 목적에 있어서 전혀 다른 것이다. 그러면서도 그가 제자들에게 설하신 선정은 그 목표의 설정에 있어서 다를 뿐이지 바깥 모양은 요가의 수행법과 별 다를 것이 없었다. 부처님께서는 인도 고유의 요가 행법이라는 항아리에다가 불교라는 감로수(甘露水)를 담은 것이다. 곧 오늘날 우리들이 말하는 "선"이라고 하는 것은 이렇게 하여 성립된 것이었다.

다만 오늘날 우리가 선이라고 하는 것은 원시 불교의 선정 및 습선과는 스스로 한계가 있게 되는 것이다.

思考解脫의 方法

부처님에 의해 창도된 바 있는 불교의 선정은 앞에서도 말한 바와 같이 결코 인도의 일반의 요가 행법과 전혀 다른 특징을 지닌 것은 아니다. 요가 행법에 있어서도 욕계(慾界)·색계(色界)·무색계(無色界)의 3계정을 세우면 불교에서도 똑같은 3계정을 설하는 것이며, 또 불교의 색계정에서 초선·2선·3선·4선의 4정려(靜慮)를 설하면 브라만의 요가 행법에서도 한 가지로 색계의 4정려가 있는 것이다. 그리고 불교의 무색계정에 있는 4공정(空定)은 외도의 무색계정에도 4공정은 있는 것이다.

이와같이 불교와 인도 재래의 요가 제파(諸派) 사이에도 거의 다를 바가 없는 것이다. 여기에 우리는 요가 행법이 인도의 종교적 철학적 실천 방법으로서 선이 채용된 풍토성을 생각하지 아니할 수 없는 것이지만은, 불교의 선정은 다 같은 선이면서도 그 닦는 의미가 그것과 똑같지는 않다. 부처님께서는 하늘에서 태어나기 위해 관념적인 영원한 생명을 바라고 선정을 닦은 것도 아니요, 범천(梵天)을 얻기 위해 선을 수행하는 것도 아닌 것이다.

하물며 신통(神通)과 기적(奇蹟) 따위를 빌기 위해 선을 닦는 것은 더욱 아니다. 부처님께서는 어디까지나 현실의 생로병사 사고와 그릇된 사상들을 개조하여 참으로 지혜(智慧)를 얻기 위한 목적에서 선을 닦는 것이다. 인도 재래 종교의 목적인 범천이나 모든 천신(天神)과 같은 초자연적 존재를 인정할 수 없었던 부처님께서는 그들 요가의 선정을 그대로 받아들이면서도 불교적인 사유와 사색을 단련하는 수단으로서 그것을 활용했던 것이다.
　그러므로 불교의 선정은 사상(事象)의 여실한 파악과 본질의 철견(徹見)이라고 하는 중대한 과제가 그 수행의 목표인 것이다. 반야지(般若智)를 구현하기 위하여 부처님께서는 요가 행법을 사고 해탈의 방법으로서 채택한 것이다.
　부처님께서는 선정을 빌어 와서 지혜를 성취하였다. 부처님께서는 사고의 본질을 욕망으로 알고 그 인간 고뇌의 발생은 인간의 여실상을 파악 못하는 무명에 원인 한 것을 알며, 그 무명을 밝히는 지혜만이 위 없는 "보리"를 성취하는 길인 줄 깨달은 것이다. 그러므로 부처님께서는 위 없는 지혜인 보리를 온전히 갖추었으며 부처가 되고 나서도 이 "선"을 버리지 않고, 늘 3정계(淨戒)를 행하시며 제자들에게도 자기와 같이 선을 권했으며, 5온(蘊)과 12인연(因緣)을 관법케 하고, 4체(諦)의 도리를 파악하여 보리를 성취하도록 하였다.
　그러므로 광의적(廣義的)으로는 37도품과 계정혜(戒定慧)의 3학은 물론 불교의 전교리와 함께 불교 승단조직(僧團組織)과 그 생활 규범까지를 완전히 포함하고 있는 것이 선이기도 하다.

禪의 發達
　"선"에는 지관(止觀)과 같은 원시적인 습선(習禪)이 있고, 그 뒤에 발달된 이른바 선종에서 말하는 "선"이 있어서 구분되는 것이다.
　앞에서 말한 3계정이란 바로 이 습선을 가리킨 것인데, 우리가 오늘날 보통으로 선종의 선이라고 하는 것은 무념무상(無念無想)을 의미하는 사마타(samathá=止)와 마음을 집중적으로 관찰 관념하는 비파샤나아(vipaśyana=禪)의 두 가지 중에서 후자인 "비파샤나아"의 방면서 나와 전개된 바 있는 일종이 대승선(大乘禪) 최후의 형식으로서 그 가운데서도 극히 특수한 지위를 차지하고 있는 것을 가리킨 명사인 것이다.

　대승선이라 함은 이른바 대승제종인 화엄(華嚴)의 사사무애법계관(事事無礙法界觀), 천태(天台)의 일심삼관(一心三觀), 밀교(密敎)의 입아입아(入我入我)같은 것의 결론인 것이다. 곧 사마타에서 발전한 것이다. 우리 동방에 가장 처음으로 들어왔던 선의 형태는 소승(小乘)이 습선부터 들어오기 시작했었다.

　이른바 무상정(無想定)・멸진정(滅盡定)과 같은 것은 소승선으로서 4염처관(念處觀)・4제관・12인연관 등 모두가 소승 비파샤나아 선에 속하는 것이다. 소승선의 목적하는 바는 견사이혹(見思二惑)을 끊고 없애는 데 있으며, 열 가지 견혹(見惑)과 88종의 사혹(思惑)을 끊어서 아라한과(阿羅漢果)를 증득하여 생사의 인연을 벗어나려고 하는 데 있다. 그러자면 그 목적한 바의 경지를 얻기 위해 오로지 4제관만 닦을 수는 없다.

　12인연관도 결국은 이 4제관을 닦는 데는 16행상관(行相觀)・멸연감행관(滅緣減行觀)・일행일찰나관(一行一刹那觀)과 더 나아가서는 4선과 4무색의 사혹단진(思惑斷盡)을 닦는 것이다. 요컨대 이것은 모두가 불교적 선정이 원시시대의 비파샤나아의 경지이므로 소승 불교의 수행 방식이며, 더욱이 그 수행의 전과정은 선을 두고서 또 다른 행법이 있을 수 없었던 것이다.

　이러한 선이 우리 동방에 들어오기는 후한(後漢) 시대의 역경자(譯經者)인 안세고(安世高)의 선학에 관한 최초의 역출로써 실현되었던 것인데, 4선(禪) 4정(定)에서부터 3계를 초월하는 무루선(無漏禪)을 닦으려는 아라한과 보살들의 선정까지도 처음부터 일종의 교상학(教相學)으로서 전달되었던 것이다.

　그러다가 인도의 보리달마(菩提達磨)가 중국에 건너와서 이른바 달마선법을 깨쳐 준 뒤부터는, 선은 처음으로 인도의 풍토성과 요가 행법과 원시불교의 형식을 벗어나서 전혀 새로운 국면을 전개하기 시작하였다. 부처님께서 낡은 질그릇에 감로수를 넣은 일이나, 서역의 제28대조인 달마선사가 불교의 시원적인 종자를 중국 풍토에다 옮겨다 심은 일이나 큰 혁명적인 일에 속한다. 중국 고유의 풍토적인 사상의 원전(原典)격인 노장(老莊)의 사상에 선의 의미는 한갖 추진력이 강한 바다 깊은 통찰의 힘을 불어 넣어 주었던 것이다. 그래서 선은 중국에 와서 중국 특유한 선을 발생케 하였다.

어떻게 보면 이것은 여전히 "요가"의 수행법과 결합한 인도의 선과 별로 다를 바 없는 것이기는 하나, 그 변혁된 중추(中樞)를 여기에 드러내어 본다면, 첫째, 중국에서는 인도선의 고행과 풀기 어려운 체험상의 수행 항목과 심리적 분석을 하는 요가 행법의 형식을 벗어 버리고 완연히 교상학으로서 독립되게 연구된다는 점, 그 둘째로는, 비파샤나아의 무색 계정을 완성하고 구경의 결론을 붙들고 조사(祖師)가 나타나서 그것을 설명·교시·지도하기에 이르렀다는 것이 특징이다. 그러기 때문에 달마의 행법을 가지고 "달마선"이라 이름하여, 그 이후부터서 조사선이라 통칭하게 된 것이다.

조사선의 최초의 동기에는 무색계정의 실천방식을 오직 5온(蘊)의 관법에 의하여 고(苦)·공(空)·무상(無常)·무성(無性)·무아(無我)를 증득하는 데 있어서 구태여 인도의 관습적인 요가 행법을 그대로 본뜨지 않더라도 동방 고유의 언어와 사고에 의하여 선의 주체를 다룰 수 있다고 하는 것이 뒷받침이 되는 논리이다.

이른바 1700 몇 가지의 공안(公案)이라는 것도 그렇게 하여 다루어진 것이며, 동시에 "선"의 주체로써 제출되어지기도 했던 것이다.

보오디 다르마가 중국에 다달았을 때부터 그의 선풍(禪風)이 퍼져서 다시금 그것이 중국 특유한 선법으로서 굳건한 기초가 닦아지기까지에는 그래도 얼마 동안의 전환기가 설정되었다. 이 사상의 전환기를 대표하는 상징적인 존재가 곧 혜능(惠能) 선사인 것이다.

저 유명한 전설적인 대대상승(代代相承)의 경로를 거쳐 이른바 육조(六祖) 혜능선사에 이르러 비로소 중국 선법은 확고한 기초 위에 서게 되었던 것이다. 그것이 곧 남종 돈오파(南宗頓悟派)의 선풍인 것이다.

혜능선사와 같은 시대에 출세한 바 있는 오조(五祖) 홍인(弘忍)선사의 신수(神秀)선사가 북종 점수파(北宗漸修派)를 주장하여 남종의 선풍과 대립되었던 일은 한낱 중국선의 과도기였음을 증거해 주는 일이 된다. 동방의 선은 결국 남종의 혜능 선풍에 의하여 확고하게 토착했던 것인데, 우리 한국의 선종원류도 거기에서 제승해 온 것이다. 육조 스님으로부터 중국의 선풍은 다섯 가지 종파로 나눠져 크게 떨쳤던 것인데, 이 공전절후의 번창기에 오종분파(五宗分派)를 도표로써 들어 보면 다음과 같다.

육조―남악―마조―백장―황벽―임제――――임제종
　　　　　　　　　　위 산 ― 양 산 ―――― 위 앙 종
천황―용담―덕산―설봉―운문―운문종
　　　　　　　　　　　　현사―지장―법안―법안종
　　　　　　　약산―운암―동산―조산―――조동종

이상이 중국의 5종 선문의 양립이다.

그러면 우리 나라에서는 언제부터 선법이 들어왔느냐 하면 신라의 도의(道義)선사를 그 맨 처음으로 삼는다. 전설적으로는 신라 법랑(法朗)선사를 들어서 최초로 치는 것이지 마는, 확실히 그가 중국의 쌍봉(雙峰=四祖道信)선사께서 법을 이어

받아 들였느냐 아니냐에 대하여서는 함부로 믿기 어렵다.

누가 우리 나라에 최초로 선을 중국에서부터 이식(移植)하였느냐 하는 문제는 고사하고, 어쨌든 신라 선덕왕(善德王) 때부터 고려 초엽까지의 약 300년 동안에 우리 나라의 선풍은 선종의 구산문파(九山門派)가 형성되면서부터 번창하기 시작한 것만은 사실이다.

9산문 선종의 성립 경로를 훑어보면 가지산(迦智山) 도의(道義)선사와 실상산(實相山) 혜철(慧徹)선사가 함께 중국의 서당지자(西堂智者)선사에게서 조사의 심인(心印)을 얻어 왔었고, 성주산(聖住山) 무염(無染)선사는 중국의 마곡보철(麻谷寶徹)선사에게 선을 닦았으며, 도굴산(闍堀山) 범일(梵日)선사는 중국의 염관제안(鹽官齊安)선사에게 법을 물었고, 사자산(獅子山) 도윤(道允)선사는 중국의 남천보원(南泉普願)선사에게 의발(衣鉢)을 전해 왔었으며, 희양산(曦陽山) 도헌(道憲)선사는 지리산(智異山) 진감(眞鑑)선사의 대를 계승하였고, 봉림산(鳳林山) 현욱(玄昱)선사는 중국의 장경회훈(章敬繪暉)선사의 법을 얻었고, 수미산(須彌山) 이엄(利嚴)선사는 중국의 운거도응(雲居道應)선사의 인가를 이어받았다.

이 9산문종은 고려중기 이후에 얼마쯤 퇴락하였을 때 보조지눌(普照知訥)선사가 나와서 선교 두 가지를 뭉쳐서 체계있는 조계종지를 세움으로써 독특한 한국 선종을 이룩하여서 오늘의 한국 비구승은 그 전통을 계승하고 있는 것이다.

佛敎와 人生

나는 불교를 모릅니다. 불교를 모르는 줄도 모릅니다. 그럴 뿐만 아니라 왜 불교를 모르게 되었는가 하는 그 이유조차 모릅니다. 그러면서 "불교와 인생"이란 연재를 걸고 나왔다는 모순과 망령을 꾸짖어 마지않습니다.

그러니 불교를 모르는 이 산승이 인생인들 알 도리가 있겠습니까. 모르는 불교·알지 못하는 인생이지만 말로써 표현해야 하는 고충이 있습니다. 말이란 어떤 것이든 충분히 설명할 수는 없는 까닭입니다.

예를 들면 우리가 삼시 밥을 먹지만은 평생 밥을 구경도 못하고 생식하는 사람들에게 우리가 먹어서 체험한 밥맛을 그대로 설명하기란 거의 불가능할 것입니다.

오늘 저녁에 먹은 밥맛도 제대로 설명 못하거늘, 우리의 학문, 우리의 지식이라고 하는 것이 무엇을 정확히 제대로 설명하기에 충분하겠습니까?

학계의 인정된 이론이라 하더라도 절대적인 해답은 내리지 못할 것입니다. 하물며 가장 중대한 인생문제를 아무 것도 모르는 이 산승이 말로써 표현한다는 것은 소경이 코끼리 만지기보다도 더 무모한 짓입니다.

이렇 듯이 제 말이 무가치할 것이나 어쩔 수 없이 말하게 되었음을 안타까워 합니다.

무엇이 사람이냐?

어디서 왔으면 잠깐 허덕이다가 어데로 가야 하는가?
누가 이렇게 만들 수 있었는가, 그렇지 않으면 저절로 생긴 것인가? 인생문제는 파고들면 파고들수록 점점 몰라만 갑니다.
이 산승이 30년전 충북 속리산 법주사의 작은 암자에 있을 때 일입니다. 서울에서 왔다는 학계에 종사하는 명함을 내어 놓은 사십여명 탐방객들은 점심을 끝내자 "한 시간쯤 틈이 있으니 불교를 들었으면 좋겠다"는 것이었습니다.
되묻기를 "사람이면 모두가 살겠다고 허덕이는 선생들은 그 살아야할 목적이 무엇인지?" 말씀해 달라고 하였지요. 기분이 하늘이라도 찌를 듯 하든 분들이 차츰 한 분 두 분 머리를 숙이기 시작함으로 아마 깊이 생각하나 보다 하였더니 한참이나 고요가 흐르다가 복판에 앉은 분이 일어나서 하는 말이 "못죽어서 산다"는 것이었습니다.
모두들 그 해답을 찬동하는 눈치이며 부정하는 이는 한 분도 없었습니다.
그분들 만이 아니라 오늘저녁 이 자리에 모이신 여러분도 한번 생각해 본다면 못죽어서 산다는 이외에 무슨 별다른 해답은 없으리라고 믿습니다.
여러분만 그런 것이 아니라 서울 시민이 다 그럴 것이고 겨레나 인류도 마찬가지일 것입니다. 먹고 배설하며·잠자고 일하며·번식과 생존으로 늙어 죽고 썩어 없어진다는 이외에 뭐가 있겠습니까?
영웅호걸과 거지 천민 누구나를 막론하고 이 길에 있어서는 다른 바가 없습니다.
예수나 공자나 석가나 다 마찬가지입니다. 어쩌다가 태어나가지고 이렇게 고해에서 방황하다가 고대 죽어야 하니……
이럴 것이 인간이기 때문에 항상 마음이 편치 않습니다. 세계의 권리를 다 거머지고 보아도 마음이 편할 수 없습니다.

그렇다고 우리가 기어코 살아야만 할 어떠한 이유를 발견할 도리도 없습니다.

어떤 과학자나 철학자 또는 종교를 믿는 사람이라 하더라도 하등 꼭 살아야 할 조건을 내세울 도리는 없을 것입니다.

그래도 인생이 이렇게 허무맹랑 할 수야 있을까. 무슨 뜻이 있겠지.

조물주가 이런 얄궂은 인간을 만들어 놓았다면 조물주를 끌어 내려야 할 것이오, 저절로 생겼다 해도 답답하기만 하고, 어찌 어찌 하다가 생겼다해도 맞지않습니다.

이렇게 딱딱한 실정, 맹낭한 현실에 놓인 것이 우리 인생입니다.

소위 5천년의 인류문화를 자랑하지만, 아직까지도 과학, 헐학, 종교가들 할 것 없이 다방면으로 연구했지만는 이렇다 할 이생명의 근본문제에 대해서는 모르고 있습니다. 더구나 영혼에 관한 문제에 있어서 죽어보지 않는한 사후의 영혼에 대하여 누가 분명히 알겠습니까?

영혼이 있다 하는 사람도 미친 사람이요, 영혼이 없다 하는 사람도 미친 사람입니다. 거짓말을 한다면 모르지만 참말이라면 영혼이 있다 없다는 말은 입을 떼지 못할 것입니다.

이런 중대한 문제를 석가모니 부처님께서는 해결해 내었습니다.

내가 무언데? 참된 나에게는 영원불변과 절대자유가 있습니다. 자꾸 변한다면 어느 부분을 떼어 참된 나라고 정확한 이름을 지을 수 있겠습니까? 또한 자유가 구속되는 곳에서 참된 나의 완전한 모습을 찾을 수 있겠습니까?

우리가 나라고 부르고 싶어하는 형체는 시점이 경과를 따라 흘러가는 한강물과 같이 그때 그물 그대로가 아니 듯이 참된 나란 생각할수록 알 길은 막막합니다.

이 나 가운데서 자기를 발견할 길이 없는데 또 무엇을 어찌

한다고……제 자랑을 하며 남이야 어떻든지 나만은 잘 살자는 식의 줄달음을 치는 모든 생각 이전의 주체──이것을 알아 보아야겠다는 것입니다. 가만히 생각해보니 죽기는 싫다. 살고만 싶어하는 이 모든 생각과 행동의 주체인 참된 내가 실재하는 것을 모르고 도깨비 같은 고기뭉치요, 흙덩이에 불과한 이 육신을 자꾸만 나만을 위하기 때문에 소망대로 성공해 놓고도 곧 환멸과 허무·번뇌와 비애의 얄궂음 속에서 생을 유지 하겠다고 헤매는 것이 우리인생입니다.

이제까지 배우고 체험한 중에서는 얻을 길 없이 "죽는 법이 있는 이상 죽지 않는 법도 있겠다"는 큰 지혜의 발로로써 싯달 태자는 구도의 첫 출발을 하였던 것입니다.

우리도 이런 첫 출발이 없다면 영영 못죽어서 산다는 한평생을 면할 길이 없게 됩니다.

진짜 자기가 있으리라는 것에 생각이 미치자 싯달 태자는 이것을 알아보기에 온갖 정력을 다했습니다.

이 문제가 선행되지 않고 내 뜻 남의 생각 세상 물정에 따라서 무슨 과학을 하느니 철학을 하느니 종교를 믿느니 하는 것은 언어도단입니다. 제 정신도 차리지 못하고 제가 무엇인지도 모르고, 무턱대고 성인 교주라하여 따라만 간다는 것은 일대 망녕이며 자기상실입니다.

그러므로 싯달 태자께서도 만승 천자가 다 뭐냐 영웅호걸 쾌락영화가 다 무엇인가 하고 홀연 왕궁을 떠났습니다. 그리고 6년 동안이나 이 문제 하나만을 생각하시느라고 한번 앉은채 일어나실줄을 몰랐습니다. 그러다가 마침내 하루 앞침에 동쪽의 샛별을 보시고는 드디어 참된 나를 찾았으니 이로써 인류의 광명은 찾아진 것입니다.

그때까지 긴 세월을 두고 아무리 연구해 보아야 인생이란 언제나 불만이고 공포·번뇌·비애뿐이었습니다.

술이 잔뜩 취하여 천지를 분간 못하다가 술이 깨면 본 정신이 나타나 취했을 때 오해가 풀리듯 인간사에 얽키여 서로가 불평과 싸움으로 옥신각신 하다가 길게 갈 날이 다가오면 취한대로 가야하니 한심한 일입니다. 아무리 인문이 발전했다해도 인생 문제를 해결하는 데 있어 현대과학이나 철학 종교로서는 보탬이되지 않습니다.

팔만 대장경까지도 문자밖의 뜻을 살피지 못하여 인생 문제를 해결 못할 것입니다. 모든 경험과 지식·불교를 안다는 것까지도 다를 바가 없습니다. "나"라는 본마음자리의 참된 면목, 이것을 하나님이라 해도 되고 부처님이라 해도 무방합니다.

여러분, 무엇이 말을 듣고 앉았습니까. 생각의 이 본체가 듣는 것이 아니고 그것밖의 나——생각의 주체가 여러분 자신이 듣고 앉았습니다. 생각하는 우리의 본마음 이것만은 죽일 수도 자살할 수도 없습니다.

감할 수도 없고 부를 수도 없으며 깨끗한 것도 아니고 더러운 것도 아닙니다. 바로 여기서부터 시간이 흘러가고 공간이 벌어지고 천지 만물이 생깁니다. 하나님도 여기서 나오고 부처님도 여기서 나오고 일체 중생도 여기서 나옵니다. 궁극에 가서는 시간에도 자유하고 공간에도 자유하고 만물에도 자유하며 불 가운데서도 자유롭고 물 가운데서도 자유롭습니다. 또한 만법이 여기서 흘러나갔기 때문에 모든 것이 자유자재할 수 있습니다. 그러나 이 마음 하나 깨치면 생사에도 자유롭고 선악에도 자유로운 것——이 마음을 모르면 중생이고 깨달으면 부처인 것입니다.

일단 어둠에서 해탈하면 아무것도 무서운 것이 없습니다. 시간도 현대에 위치하고 있으나 그 현재는 과거와 미래의 일치가 됩니다. 이 경지에 가면 부귀 영화가 탐나지 않을 것입니다. 인간으로서 구할 것은 다 구한 셈입니다.

이 산승은 지금 말한대로 되지 않으리라는 작은 의심이 라도 생긴다면 이 즉석으로부터 불교를 믿지 않겠습니다. 이런 불법 가운데서도 발광체인 한국 불교를 바로 잡는다는 것은 그대로가 불법을 살리는 길이며 부처의 큰 광명을 동방에서부터 밝히는 결과가 될 것임을 인식해야겠습니다. 표면상으로는 불교가 발전했다고 보아지는 일본의 지성들도 일찍부터 불교의 진짜 얼을 성장시킬 고장은 한국밖에 없다고 말해 왔습니다. 또한 교리를 제대로 설명하는 곳도 한국밖에는 없다는 것입니다. 해방후에도 몇번이나 이 산승은 일본에 가서 직접 들었으므로 큰 자부와 사명감을 가지고 있습니다. 이렇듯 부처님의 정신을 그대로 계승시킬 한국 불교의 신성한 도량을 밥장사나 요릿집으로 만들어서 수도를 못하게 하여서야 되겠습니까.

  인류의 앞날을 걱정하며 수도를 하여 8만 대장을 구현하도록 도를 성취해서 하루 빨리 이 세상의 혼탁을 건져야 하겠습니다. 여러분! 이렇게 중대한 사명을 지닌 한국 불교를 똑바로 잡도록 협력해 주십시오!

  인생과 불교가 둘이 아니고 우주와 인생도 둘이 아니며 불교와 우리각자는 둘이 아닙니다. 또한 석가모니불이 깨친 진리와 우리가 자신의 본 바탕인 부처를 찾아 깨치려는 것도 매한가지입니다. 나무아미타불 관세음보살.

제3장 마음의 사상

마음은 곧 나

　일반이 보통 말하기를 불교의 교설은 깊고 높고 넓은 것이어서 대단히 알기 어려운 철학이며 과학이라고 한다. 그러나 내가 생각하기에는 불교가 어려운 것이 아니다. 왜냐하면 현재의 경전은 거의가 중국글인 한문으로 되어 있어서 어려운 글자를 익히고 다시 그 뜻을 알아야 만이 이해할 수 있고 또한 불교를 알게 되기 때문에 어렵다고 생각한다.
　그러나 사실에 있어 우리가 언어를 알지 못하므로 어려운 것이지 그 진리 자체는 어려운 것이 아니다. 예컨대 우리가 생명이다 영혼이다 귀신이다, 혹은 불성이다 보리다 열반이다 성품자리다 중도의 뜻이다, 또는 반야다 법화다 원각이다 화엄이다 하는 그 많은 소리가 팔만 대장경 속의 곳곳에 이름이 달리 나오고 그 어의를 좇아서 해석이 조금씩 다르다 보니 불교의 근본대의가 무엇인지 알 수 없도록 현혹하게 되어 있다. 그런데 그 많은 술어를 우리말로 번역하자면 한 마디로 밖에 말할 수 없다.
　그것은 곧 "마음"이다. 마음이란 이 소리에는 앞에서 말한 열반이나 반야·불성·생명·중도·영혼 등이 함축되어 표현된 것이다. 그러므로 나는 가장 쉬운 것이 불교라고 생각한다.
　현대학문 전체가 총결하여 생명이 무엇인지를 연구하고 있으나 아직 그 생명의 본질을 해결하지 못하고 있다. 그러나 가장 간단하며 평범하게 그 생명의 실질을 표현하는 말은 우리말로 마음이라고 하는 것으로 전부 표현되어 있다. 그래서 나는 처음 불교를 우연한 기회에 듣고 대강 불교를 안 뒤부터 팔만 대장경 전부가 이 "마음" 두 글자로 되어 있기 때문에 이 마음 두 글자로써 남에게 불교를 이해시킬 수 있고 가르쳐 줄 수 있다고 생각했다.

그래서 나는 근 50년 가까이 이 마음이라고 하는 것을 가지고 공부하는데 노력해 왔다.

우리말로 마음이라고 하는 것은 무엇을 생각할 수 있는 것을 말한다.

그리고 좀 바꾸어 말하면 "살아 있다"는 소리다. 즉 "생명이 있는 것"을 마음이라 한다. 한문경전에도 "심즉시불(心卽是佛)", 즉 "마음이 곧 부처"이며 선종도 그러하고 팔만 대장경도 중요 골자가 심즉시불을 말한다.

우리 말로써 제일 하기 쉬운 것이 마음이다. 나는 마음이 물질이냐 허공이냐 하고 항상 분간하려고 전심을 다 하였다. 이것은 한 해결을 보기 위함인데, 즉 이 마음이 물질이냐 물질이 아니냐 판가름만 나면 불교를 이해하기가 쉽게 된다. 왜냐하면 마음이란 외계에 있는 것도 아니고 진리도 아니며 밖에 있거나 높은 데 있는 것도 아니며, 마음이란 우리가 밥 먹고 옷 입고 하는 것이 아니라 배가 고프면 밥 먹을 것을 생각하고 또 우리가 일이 있어서 어디를 가려고 생각만 하면 이 몸뚱이는 자연 따라간다. 그러니 천지의 근본이 마음이고 만사의 주체가 이 마음이다.

이와 같은 원리는 아무도 반대할 수 없을 것이다. 그래서 우주라고 하는 것을 가만히 헤쳐보면 무한대의 공간과 한량없는 변화를 부리고 있는 물질연상계를 일러 우리는 우주라고 부른다.

과학의 발달로 우주여행을 하게 되었다. 그러나 아무리 무한대의 공간을 관찰 규명하여도 거기에는 생명이 없다. 아무리 무한대가 크다고 하여도 생명이 없는 것이다. 그러기 때문에 허공이 변하여 생명이 되는 수도 없으며, 만약에 허공이 변하여 생명이 될 수 있다면 그 동안 수억만년 세월에 많은 생명이 뛰쳐 나왔을 것이다. 그러나 우리가 알고 있는 생명은 어디서부터 시작하여 왔다는 것을 알고 있다. 아무데서나 생명이 생기지 않는다.

태초에 가령 아메바가 생겼다든지 혹은 그 계통에서 시작하여 동식물이 발생 번식하였다는 것을 우리가 알고 있다. 허공이 제 아무리 커도 그 놈은 생명이 없는 무정물 즉 무기체이다. 그래서 허공은 무엇을 생각할 수 없다.

또 물질계의 현상이 천태 만상으로 변화 무상하지만 그것 역시 근본 자체가 무기체다. 즉 무생명체(無生命體)다. 그러다 보니 그것들이 태양이 되고 지구가 되고 돌이나 나무 등 온갖 것이 되었다 하여도 결국 생명 없는 물질이 모였다 흩어졌다 할 뿐이다.

그러면 그것들이 어떤 원리에서 집산하느냐 하면 현대의 쉬운 말로 물리학적 또는 화학적인 원리 때문이다. 예컨대, 흘러가는 물이 경사졌기 때문에 흐르는 것이지 물 자체가 흐르고 싶어서 흐르는 것이 아니다. 동시에 억만겁을 흐르는 한강물은 제가 흐르는 줄을 모르고 있다. 왜냐하면 생명이 없기 때문이다.

그래서 무생명 물질이 서로 모였다 흩어지는 것은 그것들의 자주적이고 자유스런 행동이 아니고, 물은 땅이 경사졌기 때문에 할 수 없이 흐르는 것과 같이 또 땅이 평면이 되니 부득이 괴는 것이지 물이 스스로 괴지 아니하면 안 될 이유를 가지고 있지 않는 것이다. 그러므로 물은 괴어 있으면서도 괴어 있는 줄을 모른다.
 괴어 있는 거나 흐르는 것이 물의 자유가 아니다. 평면이 되어 있기 때문에 괴는 것이고 경사가 졌기 때문에 흐를 뿐이다. 그러면서도 모른다. 그러니 물질계의 변화도 이와 같다.
 지방이나 환경에 따라 돌도 다르고 물도 다 다르다. 물질 자체는 생각이 없어 다 다르게 만들지는 않는다. 그것들은 생명이 없기 때문에 생각할 수도 없는 무정물이다. 다만 그렇게 되게만 돼 있을 뿐이다.
 우리가 글을 쓰고 글을 보자는 생각이 허공에서 나온 것도 아니고 우리가 산에 가자는 생각 역시 물질에서 나온 것이 아니다. 나올 수가 없는 것이다.
 다시 말하면 육체가 물질이다. 물질인 육체에서 배고프다 하는 생각이 나올 수 없는 것이다.
 육체 가운데 어느 부분에서도 그런 생각이 나올 데가 없다. 왜냐 하면 근본적으로 생명이 없는 것이기 때문이다.
 생명이 없는 그것들이 어떻게 하여 구조가 결정이 된다 해서 생명화한다면 그것은 비 과학적이요, 무식한 억측인 것이다. "물질의 결정체가 그 생명이다"라고 하여 요사이 노오벨상을 받고 하는데 나는 이와 같은 사실이 언제인가는 번복되리라고 확신한다.
 왜냐하면 허공, 그것이 깨끗하고 맑고 환해서 아무런 구애가 없고 만물, 즉 물체와 같이 있을 수 있는 것은 허공, 즉 진공뿐이다. 진공은 바윗돌 속에도 들어있다. 왜냐하면 없는 것과 있는 것은 함께 할 수 있기 때문이다.
 그와 같이 허공은 모든 것이 통해져 있다. 이와같이 하여 있는 허공도 생명이 없는 무기체이기 때문에 무슨 생각을 내거나 어떻게 하여 생명으로 변화한다는 것도 인정할 수 없는 것이다. 그런데 더군다나 꽉 막혀 있는 물질이라고 하는 것,

즉 전자(電子)와 양자(陽子)라고 한다면 전자는 양자가 아니고 양자는 전자가 아니다.

공기가 한번 더 변해서, 가령 원소가 되어서 일백 수십 가지의 원소들은, 산소는 수소가 아니고 수소는 탄소가 아니고 탄소는 질소가 아니듯이 그것들은 전부가 아니다. 서로가 꽉 막혀 용납이 되지 않는 것들이 어떻게 기묘한 연결을 가지고 작용한다 해도 그것은 생명화될 수 없는 것이다. 허공도 될 수 없는 것이며 하물며 물질이야 말할 수 있겠는가?

그러면 다시 말해서 요즈음 세포가 생명이라고 생물학계에서 말하는 가령 "핵산", 그것이 유전성을 지니고 있다. 즉 유전의 법칙을 발견했다고 미국의 세 박사가 공동 연구로 노오벨상을 수상한 그것이 얼핏 보면 그렇게도 생각할 수 있겠지만 그것은 완전한 착각이다. 우리가 여기에 앉아 있다가 나가 버린 10년 후에 사진을 찍어도 우리의 형태는 그대로 사진으로 나타날 수 있다.

그것이 왜 그러나 하면 내가 점령해 앉아있는 그곳 진공에 형태가 남아 있기 때문이다. 그렇지 않으면 그놈이 그렇게 남아있을 수가 없는 것이다.

이 공간에만 찍혀있는 것이 아니고 주위의 모든 삶도, 즉 책상에도 그리고 물병이나 촛불에도 나의 형태가 이대로 남아 있는 것이다. 심지어 이 방안에 가득찬 조그마한 먼지에도 분명히 찍혀 있다. 그와 같이 한 세포가 핵산을 중심해서 뜀박질해 포위를 하면 그것이 한 생명체가 된다고 보고 있다.

그런데 핵산, 그것이 거기서 유전을 시킨다고 유전학자들은 말하고 있다. 이들이 어떤 근거를 가지고 이렇게 말하느냐 하면 예컨대 한 핵산이 네 가지 물질로 구성이 돼 있다고 한다. 이쪽 핵산의 내용이 저쪽 핵산으로 완전히 사진이 찍힐 수 있다고 본다.

핵산 뿐만 아니라 모든 물체가 조직된 핵산이 동시에 운동하고 생명체와 같이 움직인다. 또한 핵산이 운동하여서 일으키는 소리가 서로 녹음이 될 수 있고 영사가 될 수 있는 것이다. 그러면 저쪽에는 그림자가 된다.

가령 원숭이는 원숭이의 새끼를 낳고 개는 개의 새끼를 낳고, 사람은 어린애를 낳아 모양과 성질까지도 닮는다. 우리가 필름에다 사진을 찍는다 또는 영화사에서 굉장한 영화를 만든다 해도 그것은 하나의 그림자요, 환상이지 어떤 생명이 있어 말하거나 움직이지 못한다.

또한 녹음기가 녹음을 했다고 해서 그것이 생명이 있는 것도 아니다. 그것은 조작된 녹음 테이프에 불과한 것이다. 왜냐하면 그것은 자기의 자유 의사로 할 수 없는 것이며 오직 사람의 마음 조작에 따라 기계가 움직이는 것에 불과하기 때문이다. 녹음기 제 혼자로는 억만년이 지나도록 아무 소리도 낼 수 없다.

이와같이 물질은 전부가 생명이 없다. 서로가 서로의 힘으로 피동할 뿐이다.

생명이라고 하는 것은 완전히 자유행동을 하는 것이다. 우리말로 생명을 마음이라고 한다.

이것만이 그저 남이 오라고 하면 "가 볼까"하고 생각할 수 있고 오라고 하든지 말든지 안가겠다고 생각할 수 있다. 절대 자유 행동을 할 수 있는 것이 생명이고 마음이다.

앞에서도 말했지만 물질이나 허공에서는 절대 생각할 수 없고 오직 마음에서 만이 이런 생각을 낼 수 밖에 없는 것이다. 그런데 마음 그것이 곧 나다.

마음 그놈을 빼놓고는 나라고 할 수 없는 것이다. 왜냐하면 우리가 아무 것도 모르면서 어떤 문제가 일어나 그것을 골똘히 생각을 했을 때 도대체 어떤 것이 그렇게 생각하느냐고 반문할 때는 내가 생각한다고 대답한다.
 또 "누가 그런 것을 했느냐"하고 물으면 "내가 그렇게 행동했다"고 대답한다. 그러면서도 그 행동이나 생각이 내가 아니다. 그러나 나는 그렇게 행동할 수 있고 생각할 수도 있는 것이다.
 또한 행동하다가도 버릴 수 있고 생각하다가도 그 행동을 중지할 수도 있다.
 생각을 다 할 수도 있고 반만 할 수도 있고 시작하다 그 시작을 포기할 수도 있다. 그러나 절대 행동과 생각을 할 수 있는 자유의지가 마음이라고 하나 우리는 아직 모르고 있는 것이다.
 우리가 객관계는 다 현미경이나 다른 것을 통하여 볼 수 있는데 이 마음은 볼 수가 없다.
 마치 눈이 자기의 눈을 볼 수 없듯이……
 그런데 그 마음으로 생각하는 그것을 "내가 생각했다." 그러니 생각할 수 있는 모든 생각의 주체가 곧 나라는 소리다. 우리가 그렇게 표현하고 있다. 그러므로 나라고 하는 주체는 육체가 아니다. 행동하고 생각할 수 있는 그 주체가 나라고 할 수 있으니 곧 마음이다. 그러니 우리가 "마음이다"하는 이 마음도 마음이요, 남을 죽이려고 하는 것도 마음이다. 이렇게 섞어 놓아서 문제다. 그런 까닭으로 마음과 생각을 분리하여야 한다.
 그 마음은 모든 생각의 주체가 되어서 모든 행동이나 생각의 주체는 될 수 있어도 미리 이것의 생각은 없다. 그때 그때 그 사건에 따라 오관(五官)에 미치는 바에 의하여 그때 마음대로 부정도 긍정도 할 수 있다. 그러므로 부정이나 긍정 이것은 내가 아니다. 한 개의 생각에 불과한 것이다. 행동이나 생각의 주체가 나인 것이다. 주체 그것을 우리는 마음이라 표현하고 있다.

　그것은 물질도 허공도 아니다. 그런 그놈이 자기 마음대로 부정도 긍정도 하고 있다. 똑같은 사건을 가지고도 긍정했다가도 부정하고, 부정했다가도 다시 긍정할 수도 있는 것이다. 그러니 그런 주체는 미리 긍정 부정이 아니다. 자기 자유로 한다. 마음의 자유다. 이것은 나의 자유다. 그러니 나란 나는 지식도 아니요, 사상도 아니요, 신앙도 아닌 아무 것도 아니다. 다만 "나"일 뿐이다.

　지식도 해볼 수 있고 사상이나 신앙을 해 볼 수도 있는 것이다. 그리고 이것이 과학이나 종교나 철학을 만들어 스스로 신앙도 해보고 또는 제가 만들었으면서도 믿지 않기도 한다. 그러니 마음은 모든 것의 주체인 것이다. 이 마음에는 아무 것에도 걸림이 없는 것이다. 하나님에게도 구속이 되어 있지 않고 부처님이나 진리에도 걸려 있지 않기 때문에 이놈이 자유 행동을 할 수 있는 것이다.

　어느 때나 이놈이 자유로이 어떤 행동이나 생각을 일으킬 수 있다. 그리하여 걷어 치우면 아무 것도 없다. 또 그 생각이나 사건을 기억하려고 하면 몇 억겁을 지난 후에도 그대로 기억할 수 있다. 마음은 깨끗한 종이와 같아서 그림도 그릴 수 있고 글씨도 쓸 수 있으며 가지각색의 설계를 할 수 있는 것이다. 본래 이놈은 아무 것도 아니기 때문에 우리가 "생명은 자유다"하는 것을 어렴풋이 나마 알고 있다. 그러니 내가 보기에는 자신을 가지고 분명하게 생명이 자유라는 것을 말하고 아는 사람이 없는 것 같다.

　어째서 생명이 자유냐 하는 것을 알아야 한다. 우리는 흔히 나 자신은 가기 싫은데 왜 자꾸 가자고 하느냐 하고 고집하는데 가기 싫어하는 놈이 자기의 생명인 줄 알고 있다. 그것이 아니고 가자고 하면 갈 수도 있고 가지 않을 수도 있는 놈이 생명인 것이다. 절대로 안 간다는 것은 아니다.

 생각 그놈이 그 생각까지는 "절대" 같지만 그 놈이 임시로 그렇게 생각해 본 것 뿐이다. 그러므로 이런 것을 공산주의자가 알면 참으로 생명이란 것은 물질도 허공도 아니구나 하고 공산주의를 다 버릴 수도 있다. 인생이 숨지면 완전히 끝난다고 하니까 유물론자들이 어쨌든 살아 있는 동안 제가 미칠 때까지 힘껏 해 보자는 것이다. 그래 보아야 별 수도 없는 줄 알면서도 그래도 자살하기는 너무 억울하고 이왕 죽을 바에야 마음대로 힘이나 써 보자고 발버둥 친다.

 그래서 그들은 "힘이 진리다"라고 말하고 힘 앞에는 윤리나 도덕 또는 종교는 아무 기력이 없는 것이라고 주장한다. 인생이 죽으면 그만이라고 하니 유물주의인 공산당을 하기도 하고 자본주의를 하고 싶은 사람은 하여 제 멋대로 힘을 길러 싸워보자는 것이다. 이 두 사상의 싸움의 결과가 아무 것도 없는 줄 알면서도 싸우고 있는 것이다. 설사 싸움에 이겨도 백년 안에 죽고 자신도 죽는 것이다. 이들이 아무 이익 없는 싸움을 계속하고 있는 것은 보잘 것 없는 자만심과 부질없는 욕심 때문인 것이다.

 불교에서 말하는 이 마음은 우리가 생기기 이전부터 있었고 태초 이전부터 있던 것이다.

 이것은 만들어질 수도 없고 없는 것조차도 없으며 진공조차도 아니며 사상도 아닌 까닭에 그 마음의 실체라는 것은 변화가 있을 수 없는 것, 누가 만들 수도 없고 제가 스스로 만들어질 수도 없다. 그래서 이런 것을 가지고 도인 노릇도 하고 정치인 노릇도 하며 살인강도나 불량한 사람 노릇도 하고 있는 것이다.

 그러면 마음을 깨치면 무엇이 되느냐 하는 것도 궁금한 것이다. 우리가 그런 줄 알면 깨쳐야 하는데 이렇게 이야기하면서도 모르고 있다. 그러나 확실히 모르는 "내"가 "나"다. 모르는 이것이 법문을 하고 있는 것이다. 그러니 우리가 보고 듣고 인식하는 알 수 없는 가운데 자기는 없고 그건 다 아니다.

　나 대신 한 개의 객관이거나 동시에 물질이나 혹은 생명이지 아무 것도 아니다. 산 것이 있다고 하면 이 우주를 다 더듬어 보아도 없고 오직 내가 법문을 하고 여러분이 듣고 있는 주체인 마음뿐이다. 이것을 내놓고는 다른 생명이 있을 수 없고 있어질 수도 없는 것이다.

　그러므로 우주생명이 곧 나다. 반면에 "나는 곧 우주 생명인 것이다"라고 우리가 인정을 할 수도 있다. 이것은 다행히도 3천년 전 인도에 "싯달타(悉達多)"라고 하는 분이 그 진리에 대해서 깊이 생각하였다. 그리고 깨달으셨다.

　그는 인생의 죽음과 병들음과 늙음과 탄생함을 원통하고 슬프게 생각하였고 왜 내가 영원토록 행복되게 살 수 없느냐 하고 발버둥 친 것이다. 싯달타 태자는 인생의 무상함에 순응할 수 없다고 반기를 들었다. 인생이 병들고 늙어 죽는 법이 있다면 반대로 영원히 병들지 않고 늙지도 않으며 살 수 있는 법도 있지 않을까 하고 생각하였다. 이것이야말로 인류 5천년 역사에 어느 누구도 감히 생각하여 보지못한 위대한 생각이었다. 다시 말해서 우리에게 가장 슬프고 무서운 것은 무엇보다도 죽음인 것이다.

　싯달타는 이렇게도 두려운 죽음의 원리가 있는 거와 같이 영원하고 불멸하는 삶의 원리도 반드시 있으리라고 생각했다. 이것은 싯달타 태자만의 냉철한 판단력이요, 그야말로 무서운 고집인 것이다. 과거 수많은 성인들이 있었으나 싯달타 태자와 같이 위대한 뜻은 가져 본 일도 없거니와 해결한 분이 없었다.

　지구가 둥글다고 고집하고 지구가 태양계를 중심해서 돈다고 했을 때 모든 사람들이 미쳤다고 했듯이 싯달타 태자가 죽지 않은 원리를 발견한다고 했을 때 모든 사람들은 그의 정신을 의심했던 것이다. 싯달타 태자는 설산에서 공부할 때 처음에는 진리를 객관적인 데서 찾으려고 했으나 그것이 잘못인 줄 깨닫고 주관적인 자기 안에서 자기의 참 모습을 발견하였다.

 죽지 않으려고 발버둥치는 이놈이 무엇이냐 하고 생각해 보았더니 바로 싯달타 자신인 것을 알았다. 물론 자신의 육체가 아닌 마음이라는 것을 알았지만 마음을 마음이라고 이름지어 부를 수 있는 놈이 무엇인가를 찾기에 노력하였다. 그는 마침내 주체성을 찾았다. 죽기를 싫어하고 살기를 좋아하는 이놈 역시 부정과 긍정이다.

 부정 긍정을 주체하는 것이 무엇이냐 할 때는 막연하더니, 누가 하는 것이냐 할 때는 틀림없이 싯달타 태자 자신이었다. 내가 바로 부정 긍정이었다.

 그러니 부정 긍정하는 놈이 무엇이냐 할 때는 이 육체가 아니었다.

 무엇인가 육신 말고 다른 하나가 있었다.

 도대체 이 몸뚱이는 어제 다르고 오늘 다른데 살기를 원하고 죽기를 싫어하는 그 분명한 생각은 고금을 통해 변함이 없는 것이다. 우리가 보통 5천년 문화를 형성하였다. 하지만 항상 이 육체를 나라고 착각하고 있다.

 불교에서는 이 착각을 무명이라고 하는데 이는 밝지 못하다는 뜻이다. 우리는 육체를 나라고 하는 착각 속에 빠져 있다. 그러나 그 육체가 나라고 생각할 수 있고 판단할 수 있는 마음이 확실히 나 자신인데 그 있는 곳을 모르고 눈으로 보고 귀로 들으니 육체 이것이 나 자신이다 하고 생각하고 있다.

 그래도 이 생사에 대한 것을 생각할 때는 역시 육체는 죽지 않을 수 없는 것이다. 남이 죽으니 나도 죽는가 보다 하고 중생들은 자포자기하고 사는 날까지 막연히 살아가는
것이다. 그러나 싯달타 태자야 말로 정말 역사상 가장 천재요, 너무도 밝은 분이었다. 참으로 진리를 구현하려는 대욕심자이다. 영원히 안 죽으려고 자기를 발견한 것이다. 일찍이 예수님이나 공자님에게 이런 것을 가르쳐 주어도 감히 듣지 않을 소리였다.

  싯달타 태자는 보리수 밑에 앉아서 부정과 긍정을 자유로이 주재하는, 즉 내가 무엇이냐? 다른 것은 모르더라도 이것은 확실히 알아야 하겠다고 결심했다. 제 정신을 못차리고 제가 무엇인지 모르면서 남을 따라 다니는 것은 바지 껍데기나 다름 없는 것이다. 다시 말해서 미친 사람인 것이다. 남의 말에 따라 다니고 남의 행동에 끌려 다니기 때문이다.

  자기 자신을 모르고 가령 예수님을 믿는 사람이 있다면 예수님의 진실한 그 뜻을 따를 수 있겠는가? 또 부처님을 믿는다 하더라도 부처님의 참 모습을 찾아야 부처님을 따르는 것이며 그렇지 못하면 올바른 깨달음을 얻을 수 없는 것이다. 그러므로 나 자신부터 우선 알고 남을 찾아 보아야 하는 것이 순서가 옳을 것이다.

  그리하여 싯달타 태자는 6년 동안 한 자리에 앉아서 가만히 살펴 보니 일체 망상의 잡념이 즉 장사하고 농사짓고 시집가고 장가들고 아들 딸 낳고 정치를 하고 사는 것이 완전히 허무하고 헛된 일이라는 결론이 나서 미련없이 만사를 깨끗이 던져 버렸다. 아무 죄악도 아니고 그렇다고 선한 것도 아니고 복도 아니고 무슨 종교나 철학도 아니고 과학도 아니었다. 그것은 다 쓸데 없는 헛된 일이었다. 죽기 싫어하는 인간에게는 아무 계산이 안 되는 일이어서 싯달타 태자는 다. 던져 버리고 6년 동안 앉아 있었던 것이다.

그래서 우리가 보기에는 6년 동안에 허공이 다 녹아 없어지고 물질인 에너지와 에테르까지 모두 녹아 없어졌다고 보고 있다. 그러다 보니 결국 남는 것은 인생의 본래 면목밖에 남지 않았던 것이다. 주체성만 그렇게 발견하여 보니 참 이상한 것이다. 참으로 놀랠 정도로 이상했다.

그 순간 무릎을 탁 치면서 하는 소리가 즉 수도 6년의 피나는 고행 끝에 섣달 초파일 새벽에 동방의 샛별이 밝아지는 것을 보면서 그 순간에 자기 자신의 깊은 의미를 각성한 것이다. 그 주체성을 통틀어 알고 보니 이것은 알았다고 해도 말이 안 되고 깨달았다고 해도 안되고 얻었다고 해도 안 되고 모든 언어나 무엇으로도 표현할 수가 없었다.

왜냐하면 역시 지금까지 인생이 무상하다 왜 죽게 되었느냐고 원통히 생각하면서 좇아 다니던 그 마음이 이 순간 내 마음과 조금도 달라진 게 없었다. 그러니 깨친 것도 아니고 못 깨친 것도 아니었다. 그렇다면 어떻게 표현할 방법이 없다. 생각으로도 안되고 말로도 글로도 형용으로도 안되게 되어 있다.

그리하여 그때 처음으로 말씀하시기를 나 자신을 "깨달았다!"는 소리가 나온 것이다. 그래서 "쾌활쾌활" 참 기특하고 기특하다, 어찌 미처 이럴 줄 내가 알았으랴. 이제 일체 중생을 보니, 전부 부처님과 똑 같은 일체 공덕을 모두 갖추어 가지고 있었다.

아! 그것이 그러하건대 개가 되어 가지고 서로 먹으려고 머리가 깨어지도록 저희들끼리 물고 싸우는가 하면 개미가 되어 가지고 저희끼리 싸우고 일체 중생이 이와 똑 같은 형식으로 싸우며 헤매이고 있다. 이러고 보니 참으로 부처님 말씀대로 가련하고 슬픈 것이다. 어리석음에 의한 슬픔이 얼마나 슬픔의 존재가 되겠는가. 예수님이나 공자님은 박애(博愛)니 인

(仁)이라고 그렇게만 말했지 우리 부처님과 같이 가련함을 말씀하지 않았다. 부처님은 자비(慈悲)를 말씀하시었다.

박애나 인은 부처님의 자비의 설법인 사랑의 자심(慈心)에 해당하고 슬프고 가련하게 여기시는 비심(非心)의 설법은 오직 부처님만이 말씀하시었다.

똑 같은 부처자리를 가지고 어찌 저렇게 딱하게도 개나 소가 되어 가지고 저 중생이 언제 마음을 깨쳐 가지고 생사를 자유 자재하는 본래 인간이 되겠느냐 하는 근본적인 존재를 밝혀야만 하였다. 이것은 과거 현재 미래의 삼세일유법체항유(三世一有法體恒有)란 논리가 성립되지 아니하면 안된다. 즉 전생이 있었다는 것이다. 금생(今生)에 싯달타 태자가 이렇게 확실히 있듯이 그런 원리가 있으니까 전생에도 또 다른 몸뚱이를 가지고 있었다. 가령 개가 되거나 소가 되거나 남자가 되거나 여자가 되거나 하는 것은 무진연기(無盡緣起)의 인연에 좇아 이룩되는 것이다. 이것은 무진장으로 끝이 없는 과거로부터 훈습된 만물의 현상인 것이다.

즉 모든 것이 인연을 따라 그 과행을 지어 아니되어 본 것이 없었다. 눈에 보이지 않는 미물까지 그것도 한 개의 생명체이니까. 그리고 심지어 풀도 되고 초목도 되어 온갖 것이 아니되어 본 것이 없었다. 거기다가 더 기적은 바윗돌이 된 적도 있었고 허공이 된 적도 있었을 것이다.

그랬던 싯달타 태자가 지금은 마음을 깨친 부처가 된, 조금도 소식이 없는 바윗돌이었다. 우리가 보기에는 바위는 무생물인데 그래도 깨친 부처님께서는 그것은 보였다. 그런 것은 우리가 짐작도 할 수 없는 일이다. 그러니 우리가 깨달은 연후에 긍정하게 되는 것이고 보여지는 것이다. 우리가 깨치기 이전에는 "그렇다더라"하고 말만 내어 놓는 것이다. 자칫 잘못 생각하면 크나 큰 죄를 짓는 것이다.

왜냐하면 자기가 실지로 경험하지 못하고 깨닫지 못한 사람이 이런 것일건가 저런 것일건가 하면 굉장한 오산을 가진 착각이다. 이와같이 미래를 내다보니 이 마음을 못 깨친 사람은 당장 싯달타 태자가 죽으면 내내 무엇이 될 것이다. 되어 가지고 한 없이 죽고 또 태어나고 또 무엇이든 태어난다.
　짐승이나 사람이나 죽을 때는 아주 죽는 줄 안다. 심지어 공자님도 죽으면 영원히 죽는 줄 알고 죽었지만 아직까지도 죽지않고 있는 것이다.
　살아 생전의 모습과 같은 존재로 또 뭐가 되어 가지고 돌아다니고 있다. 이 마음 못 깨달았으니 천당이나 지옥이나 개나 소가 되어 가지고 지금 돌아다니고 있다. 그것이 그렇게 되어 있다. 왜냐하면 제 마음대로 만들기 때문이다. 조화의 힘이란 이 마음 밖에 없다.
　물질도 조화를 못하는 것이고 허공도 조화를 할 수 없는 것이다.
　살아있는 이 마음 밖에는 조화를 부릴 수 없는 것이다. 그런데 확실히 이 우주의 주체인 진리의 "핵"이 된다면 산 것이다. 허공은 진리가 될 수 없다. 또 허공이 우주의 "핵"이 될 수도 없다. 또 물질이 될 수도 없다.
　그러니 하는 수 없이 이 마음 우주의 핵이 되기 싫어도 되는 수 밖에 없다.
　우주의 생명이 곧 나 자신이고 내가 또한 전 우주의 생명이고 진리고 핵심이고 이것이 깨친 부처님이고 하나님도 될 수 있는 것이다. 완전히 깨친 것을 부처라고 한다면 그 다음에 하나님이다, 진리다, 신이다, 또 옥황상제다 해 봤자 불교식으로 말하면 하나의 마음 못 깨친 중생인 것이다. 즉 범속한 생명인 것이다. 왜냐면 예수도 공자도 전생 후생을 몰랐고 오직 싯달타 태자만 안 까닭이다. 그런데 요즘 심리학계에서 어린애나 어른이나 최면술을 걸어서 실험을 해본 결과 전생이 있다는 것을 확실히 알았다.

전생 이야기를 분명히 한다. 가령 어떤 사람에게 최면을 걸어 40세를 먹었다 20세를 먹었다, 10세가 되었다. 5세가 되었다 하고 자꾸 나이를 소급해 올라가 보면 그때의 연령에 따라 과거의 기억을 되찾아 말한다. 또 한 살이 되었다. 하면 우리는 기억할 수도 없고 추측 할 수도 없는 일을 자세히 말한다. 최면술이라는 것이 별 것이 아니다. 나 자신도 그전에 사람의 정신을 혼미하게 만드는 마술인 줄 알았는데 자세히 보니 그것이 아니었다. 최면술이라 하는 것은 다른 것이 아니고 바로 정신을 통일 시켜주는 한 방편의 집중법인 것이다. 잠을 재우는 것이 아니고 모든 잡념을 다 제거해 주는 것이다. 마음을 안정 시켜 가지고 잡념 망상을 가만히 제거해 준다. 잡념을 없애고 나면 정신이 가장 분명해진다. 그렇게 되면 과거나 미래를 다 통하게 된다.

마음은 아무 생각도 아니고 지식도 아니며 사상도 아니고 밝고 어두운 것도 아니며 둥글고 모난 것도 또한 아니며 남성도 여성도 아니며 선한 것도 악한 것도 아니다. 이와같이 일체의 것을 초월하다 보니 만사를 다 통해 가지고 있다. 그러니 이것을 내 놓고 우주의 주체가 있을 수 없고 진리가 있을 수 없다. 그런 까닭으로 마음을 깨친 이 말고는 참 지도자라고 할 수 없는 것이다. 마음이 우주의 "핵"인 때문이다. 그러니 우주의 핵인 이 마음을 깨치기 전에는 누가 이 옳은 지도자가 되겠는가? 하기야 있기는 있겠지만 모두가 다 다른 소리를 하니까.

기도를 하거나 무슨 수를 해서 보통 사람과는 좀 다르지만 확실히 자기 생명을 깨쳤을 때가 참 우주의 주체로 복귀되어서 전지전능할 수 있겠다 하는 그것밖에는 우리가──긍정이

갈데가—— 없다. 그리고 본래 하나님은 있고 인간은 인간이 다 하면 그것은 우리가 바라는 거와는 완전히 틀린 것이다. 왜냐하면 천당에 가 보아야 나는 이 모양 이 꼴이라면 천당에 가나마나 한 것이다. 설사 좀 편안히 산다고 하지만 좋을 것이 무엇이겠는가?

항상 거기의 부속품이 되어 가지고 언제 또 하나님이 나를 죽일는지 알수 없는 일이다. 자기 마음대로 하는 하나님이라 하지 않는가. 더군다나 요즈음은 인공위성이 나와 우주를 돌고 도는데 천당이 어느 곳에 존재한다고 말할는지 모르겠다. 그러니 일반 다른 종교라고 하는 것은 어떤 절대신을 하나 내세워서 거기에 무조건 절대 복종을 하도록 한 것이다. 그러나 불교는 이들 다른 종교와 정의를 달리하므로 일반 서양 사람들은 불교를 종교라고 부르지 않는다. 불교는 깨침을 위주로 한다 하니 절대 복종하는 자기들 신앙과 다르므로 배타하는 것이다.

그러나 절대로 순종한다는 것은 인간의 노예 근성만 조장할 뿐이며 하나님의 울타리에 꼭 끼어 넣고 하나님 뜻대로 행하면 모든 것을 이루어 주고 하나님의 뜻 속에 살지 않으면 옳고 그름을 논하는 것은 말이 안된다고 한다.

하나님의 뜻이면 그만이라는 것이다. 모든 것이 하나님의 뜻으로 된다손 치더라도 천당이라는 것이 실재하지 않는 것이니 하나님이 있다고 하더라도 있을 데가 없게 되었다. 즉 하나님의 거주지는 주소 불명이며 근본적인 주체가 될 것이 없다. 그러므로 인간도 아니다. 하나님이 우리 인간을 꼭 자기와 같이 만들었다고 하니 인격신이라고 한다.

인격신이라고 한다면 역시 모양이 있나 없나 하는 것이 문제이다. 모양이 없다고 한다면 인격신이라고 할 수 없고 모양이 있다면 그것은 우리 인간과 같이 눈은 가로 놓이고 코는 그 밑에 우뚝 서 있을 것이다.

그렇다면 하나님도 우리와 같이 하나의 물질적인 성격을 지닌 육체냐 하는 문제다. 만약 물질이라고 한다면 우리가 비행기나 인공위성을 타고 우주를 돌아다니다 보면 그 하나님을 만나 볼 수가 있을 것이다.

그리고 하나님도 만약 육체를 가지고 있다면 우리와 같이 늙고 병들고 죽는 일이 있을 것이다. 그리고 육체가 아니고 하나의 "환상"이라 한다면 그것은 하나의 도깨비다. 그것이 눈에 보인다 안 보인다 할 수 있다면 물질이 아닌 하나의 환상일 것이다. 그러니 도깨비라는 소리밖에 안 된다. 요즘 신학자들도 여기에 대해서는 별로 이야기를 못한다.

결국 그 사람들도 신이 없다고 말한다. 성직을 직업으로 삼는 신부나 목사들은 성서(聖書) 그대로 참말이라고 말을 하지만 지금 신학자들은 공중에 신이 없다고 말한다. 과거에 잘못 생각 했었다고 이야기한다. 그러니 신을 새로 창조하여야 한다. 신을 우리가 창조한 것이지 결국 신이 있어서 우리를 지배한 것이 아니라는 것이다. 신을 새로 창조하려고 하므로 기성종교는 다 깨졌다는 것이다. 그러므로 앞으로 현대인의 종교는 불교 뿐이라고 세계의 많은 지성인은 생각하고 있다.

불교는 두 길이 있는데 곧 대승과 소승이다. 대승 불교는 한국과 중국 그리고 일본 뿐인데 어디서 그러면 대승사상을 배울 수 있느냐 하는 것이 문제다. 중공은 공산국가라서 들어가 배울 길이 없고 그리고 일본은 확실히 문자로는 불교가 발달해 있어도 알맹이가 없다. 그러므로 일본에는 불교가 없다고 할 수 있다. 세계의 많은 학자들이 마음에 대한 논란을 많이 하고 있으나 거의 다 부처님이 말씀하신 것과는 거리가 멀다. 심지어 어떤 일본 학자는 요새 과학에서 말하는 "에너지 그것이 불성이다"라고 말해도 일본 불교계에서는 아무 말도 없다. 그러니 그것은 아니라고 말하자니 다른 자료가 없고 시인하려 하자니 너무 막연한 실정이다. 그러니 "에너지가 불성이다"하는 것은 유물사상이다. 이런식으로 일본 불교가 텅 비어 있다.

그리고 한국 불교를 내가 배워 보니 부서지기는 했어도 배울 것이 있었다. 가령 내가 승려가 되어 가지고 이 산문 저 산문으로 돌아 다니면서 나이 많은 스님들 한테 언제 승려가 되었느냐 무엇을 배웠느냐 하고 자꾸 물어 보니 그대로 하나씩 배울 것이 있었다. 백 명을 만나면 백 가지가 배워지고 열 가지를 물어서 한가지가 배워지기도 하고 백 가지를 물어서 한가지를 배우기도 하였다. 그리고 가령 사판스님들 한테 살림하는 것을 물어도 배워지고 배운 경을 가지고도 이리저리 물으면 새로운 것을 얻기도 하였다. 또 선방에 나와서 여러 선지식을 찾아가 참선하는 방법도 묻고 그리고 공부를 해서 나도 조금은 맛을 본 것이다. 지난날 공부해 온 경로를 가만히 생각해 보니 내가 이렇게 공부한 것을 말할 수 있는 것도 한국에 태어나 공부한 덕이다.

내가 50년 전 출가할 때는 우리 민족은 일제치하의 가혹한 곤혹을 당하고 있었다.

나는 어찌하든지 침략의 근성과 압박 정치의 씨를 남기지 않고 뽑아버려야 하겠다고 강한 결심을 품었었는데 마침 금강산에 계시던 훌륭한 박포만 스님께 발심하여서 그것이 아니라는 것을 알았다. 마음을 깨치는 이 길이 오직 하나 있는 걸 모르고 남을 원수로 삼고 자꾸 죽이려고만 해서 잘못 했으면 세세생생에 원수를 맺을 뻔 했었다. 전 세계 인류들에게 이 대자비의 불교를 가르쳐 주어야겠다. 즉 불교를 가르쳐 준다는 소리가 인생의 근본이 무엇인가를 가르쳐 준다는 소리다.

인간이 무엇인가를 가르쳐 주면 자연적으로 대자비의 불세계가 되고 약소민족은 자연 해방이 된다는 것을 깨달았다. 그래서 불교 이것을 깨달아 전 세계의 통일을 해야겠다고 생각했다.

세계는 본래부터 하나였다. 그러나 불교를 몰라서 오늘의 세계가 쪼각 쪼각 분열되었다. 나는 어디를 가나 남녀 노소를 불문하고 자기 마음을 밝히고 편협된 집착심을 떠나야 하며 무애 자재한 자비가 원수의 경계가 없는 것이라고 항상 말하였다.

그리고 나는 누구를 보던지 가령 우리가 무엇을 보는 것이 눈이 보느냐 마음이 보느냐 하고 질문한다. 이것은 대학생이나 유치원 어린애나 다 정확한 해답을 할 수 있는 소리다. 그러나 마음이 본다 눈이 본다 또는 마음과 눈이 어울려 본다고 대개들 말한다. 사실은 그것이 그렇지 않다.

요즈음 우리가 영혼을 부인하는 사람을 본다면 "눈이 보고 눈에 그림자가 들어오니까 카메라처럼 신경이 전달하면 뇌수가 판단한다"라고 되어 있다. 건전한 사람으로서 눈을 뜨고 사물을 보지 못할 사람은 없을 것이다. 마치 거울을 깨끗이 닦아 놓으면 자연히 거울에 사물이 비치 듯이 건전한 사람이 눈을 뜨고 앉아서 안 볼 수가 없을 것이다. 사실 여기에는 다 긍정한다.

그런데도 뜻밖의 문제가 있다. 우리가 하루에도 여러번 경험하고 있는 사실이다.

마음이라고 하는 것은 그 작용함과 상상함에 따라 이 마음이 무엇을 보고 싶어하는 생각이 있을 때에는 크고 작은 것의 모두가 다 보인다. 안 보이면 안 보이는 것까지도 알고 있다. 그러하지만 마음이 볼 생각을 안하고 딴 것을 생각하고 있을 때에는 가령 슬픔이라든지 기쁨이라든지 운명이라든지 또는 무엇을 깊이 연구하고 있다든지 그럴 때에는 눈을 아무리 뜨고 있어도 도대체 아무것도 보이지 않는다. 이와같은 경우 눈이 썩은 것도 아니고 신경이 상한 것도 아니고 뇌수가 달라진 것도 아니다.

그럼에도 불구하고 심상의 작용 없이는 보이지 않는다.

그러니 마음이 보고 싶어할 때 보이고 보기 싫어할 때는 보이지 않으므로 이것은 마음이 보는 것이지 눈이 보는 것이 아니다. 눈은 거기에 대한 인연이란 관계를 가지고 있다. 가령 귀로도 안보이고 코나 입으로도 보이지 않기 때문이다.

눈은 보이니 그것은 볼 수 있는 기관에 불과하다. 이것은 마치 무엇과 같은가 하면, 가령 밖에서 폭탄이 터지는 소기가 들릴 때 혹은 사람이 죽는다고 아우성치는 소리가 들렸다고 한다면 밖에 나가 보아야 할텐데 문이 걸려 빨리 나갈 수는 없고 해서 문구멍을 뚫어 볼 수 있을 것이다. 문구멍을 뚫어야 보이지 뚫지 않고는 볼 수 없는 것이다.

그렇다 문구멍으로 보았다고 해서 문구멍 그것이 무엇을 보았다고 할 수는 없는 것이다. 문구멍이 아닌 안에서 사람이 본 것이다. 문구멍 그것은 본다 안 본다가 없는 것이다. 한 개의 구멍이다. 그와 마찬가지로 이것도 똑 같은 눈동자 즉 구멍이다.

새까만 눈동자라고 하는 것이 하나의 구멍이다. 구멍이 막혀 있기 때문에 그안에 맑은 액체가 괴어 있는 것이다. 실지는 그 구멍에다 증류수 보다 더 맑은 액체를 꽉 채워 가지고 그 구멍으로 내다 보는 것이다. 눈동자로 보는 것이다. 귀로서는 우주에 편재하여 있는 모든 소리를 듣는 것이다. 모든 구멍을 만들어 놓고 그 기계 구조를 달리 해 놓았다.

그러니 마음이 그 무엇을 들으려고 하면 개미 발자국 소리인 그 조용함도 다 들리고 마음이 듣지 않으려고 할 때에는 아무리 옆에서 큰 소리로 욕을 하거나 칭찬을 하여도 들리지 않는다.

 심한 경우에는 옆에서 벼락이 떨어져도 안 들린다. 마음이 객관적인 사물에 대한 소리를 들으려고만 하면 개미 움직이는 소리도 들을 수 있는 좋은 기계인 것이다. 그러므로 마음의 미세함은 불가사의한 것이다. 이런 것을 보아도 확실히 마음이 보고 듣는 것이지 구멍이 보는 것도 아니고 뇌수가 듣는 것도 아니다. 코도 냄새를 맡으려고 하면 온갖 것을 다 맡는데 생각이 없을 때는 코에다 똥을 한 덩어리를 발라도 냄새를 모른다.

 구린내가 콧구멍으로 꽉 차게 들어갈 텐데도 모르고 있다. 그리고 입도 맛을 알려고 할 때는 온갖 음식을 다 먹어도 낱낱이 그 맛을 다 알지만 맛을 알려고 하는 생각이 없을 때는 종일 씹고 있어도 그 맛을 모른다. 입이 아는 것이 아니고 마음이 안다. 그러므로 사람의 이 5관은 아무 것도 아닌 하나의 고무 주머니에 불과하다.

 하나의 눈구멍이나 귓구멍이나 입구멍이나 목구멍은 구멍이다. 그리고 우리가 덥다 춥다 또는 부드럽다 껄끄럽다, 이것은 사람 몸이다 이것은 가마니다 하는 이런 것을 아는 것도 마음이 알려고 들 때 아는 것이지 그렇지 않으면 아무리 육체, 즉 피부에 강한 자극을 주어도 모른다.

 그러니 확실히 이 육체 전체가 무정물이다. 그렇다고 한다면 눈은 하나의 텔레비전이고 입은 방송국이고 귀는 라디오고 몸은 아주 성능 좋은 안테나이고 머리는 배터리며 육체의 신경은 가는 줄로 배터리에 연결된 머리카락 같은 전선이다. 이와같이 좋은 기계를 만들어 놓고 마음이라는 조종사가 앉아서 보고 싶을 때는 텔레비전을 보고 듣고 싶으면 라디오를 듣고 방송이나 무전을 치고 싶으면 방송도 하고 무전을 치며 배터리가 약해졌을 때는 충전한다고 해서 밥이나 김치 또는 된장

국을 맛있게 먹는다.

 그래도 이것들을 하나도 안 쓰려면 안 쓸 수도 있다. 육체 이놈을 아무 데다 내버리고 앉았으면 육체가 있으나 마나 아무 것도 없다. 이런 것을 보면 확실히 정신, 즉 마음과 육체가 둘이 있는 줄 알 수 있다. 그것을 가지고 정밀한 기계를 만든 것이다. 그러니 이것도 요사이 우리가 생물학을 배울 때 이런 것이다 저런 것이다 해서 현실 그대로를 배우면 다 되는 것 같이 알았지만 불교를 배우고 가만히 생각해 보니 다시 재검토를 해야겠다 싶은 생각이 났다.

 가령 우리가 생명의 비유를 들어 보자. 한 개의 달걀이 병아리가 되는 것을 살펴 보면 달걀이 노른자와 흰자가 있고 노른자 위에 밥알만한 씨눈이 있는 것을 본다. 그러면 달걀을 하나의 물질로 볼 때에는 맑은 액체에다 여러 가지 요소를 섞었다고 본다.

 그 "요소는 혼합물이다"라고 보면 된다. 생명없는 무정물이니까 혼합물이라 본다. 혼합물인데도 먹으면 이익이 되는 혼합물이다.

 병아리가 되는 것을 보면, 암탉이 달걀을 품고 있는 것을 사흘 후 깨어보면 노른자 위에 있는 씨눈 즉 배자에 붉은 핏줄이 있는 것을 볼 수 있다.

 하루 하루 지날수록 그 핏줄이 돋아나오는데 어느 정도 지나면 그 계란이 핏덩어리 같이 된다. 열흘 후에는 밥알 같은 배자 그것이 주둥이 된다. 돌이라도 쪼갤 수 있는 단단한 주둥이가 된다. 그와 동시에 달걀 내부에는 생명을 발아하는 구조가 생긴다. 발톱이나 털 오장육부가 동시에 생긴다. 3주일 후에는 하얀 털을 가진 예쁜 병아리가 탄생한다. 그 혼합물인 달걀 자신이 아무리 생명을 일으키려 하여도 제가 그렇게 될 수는 없는 것이다. 그러면 어디서 이런 신비한 조화가 나오느냐 하고 가만히 보니 실지로 그 안에 있는 배자에서 나온다. 모든 것이 그 안에 들어 있다.

그렇다면 그 배자만이 전체가 아니다. 더 자세히 들여다 보니 좁쌀만한 아주 작은 데서 나온다. 그러나 자꾸 그 핵심을 찾으니 좁쌀 눈만한 것이 있는데 거기서 그런 조화가 나온다. 다시 정밀히 들여다 보니 바늘 끝으로도 찌를 수 없는 데서 그 무궁무진한 조화가 나온다는 것을 알았다. 그래도 자꾸 자꾸 더 조사를 해 보니까 나중에는 바늘로 찌를 틈도 없다.

그러니 수학상으로 말하면 무한소 즉 점 이전이다. 점 이전이라고 하면 진공도 아니다. 없는 무도 아니다. 없는 것 조차도 없는 그 것이다. 점 이전 그것이 조화를 부리는 것이다.

그 혼합물만 가지고 병아리를 한 마리 만들고 혼합물과 같은 혼합물을 가지고 뼈도 만들고 털도 만든다. 그러니 신비가 아닐 수 없다.

요즘 생물학자들이 "물질의 결정 그것이 생명이다"하고 말하면서도 신비라고 감탄한다.

그러니 "이것이 생명이다"하고 결정을 짓지 못한다. 그러므로 마음은 물질도 허공도 아니다. 바늘로도 찌를 수 없는 점 이전으로 돌아갔다 하면 그것은 적을대로 적은 무한소이다. 무한대가 있는 것 같이 무한소이다. 무한소라고 하는 것 역시 한계가 없다. 적디 적어서 적은 것까지도 없으니 한계가 없다. 한계가 없으니 도로 그것이 무한대다. 즉 무한소는 무한대로 통한다.

끝으로 간추려 다시 말하자면 신만이 우주의 주제자란 유신사상이나 오늘날과 같은 물질 만능의 유물사상으로는 자꾸 허덕이는 인류에게 암흑의 구렁만이 주어 질 뿐이지 참된 인생의 밝고 영원하며 행복한 길을 찾을수 없게 되는 것이다.

오직 내 마음이 우주를 주재하는 유일한 주인공이라는 불타의 유심사상만이 참혹한 암흑에서 허덕이는 인류를 구원하는 참된 길인 것이다. 그러기에 우리가 인생이 무엇인가를 올바르게 알기 전에는 이 지구상에 평화와 자유가 영원히 있을 수 없음은 너무나 자명한 사실이다. 그러나 다행이도 우리에게는 점차 서광이 비치고 있다.

그것은 우리가 인생의 근본적인 문제를 완전히 해결할 수 있는 인류의 등불인 부처님의 정법의 새싹이 이 땅에서 싹트고 자랄 수 있는 모든 여건이 충분히 마련되어 있기 때문이다.

그러니 이 땅에 다행이 태어났을 때 이 기회를 놓치지 말고 이 육신과 이 마음을 가지고 부지런히 용맹·정진·참회하여야겠다.

이 마음을 여의고는 만법이 존재하지 않으니 오직 이 마음을 밝히고 이 마음을 의지하여 만사를 자재할 수 있는 영원무궁한 대자유인이 되어서 만중생의 구세주가 되어야겠다.

그리고 높고 큰 원력을 굳게 다짐하여야 할 것이다.

어디서 와 어디로 가나

　우리 인간이란 본래 어디에서 왔다가 어디로 가는 것인지? 또 무엇 때문에 사는 것이며 그저 막연히 생겨났으니 살때까지는 죽지 못해서 살아가고 있는 것인지? 고달픈 삶에 쫓기우다 보면 이런 문제들을 생각하기 이전에 벌써 살고 있는 것이며 그러하기 때문에 여기서 나는 잘 사는 문제를 가지고 말하려 한다. 농사짓는 사람이나 장사하는 사람이나 고기잡는 사람이나 공장직공 정치인 학자 종교인 심지어는 석가 공자 예수에 이르기까지 물어 볼지라도 잘 살려는 마음 즉, 이 한 생각만은 똑같이 가지고 있으리라. 이 글을 쓰는 나도 그렇고 이 글을 읽는 여러분도 그러할 것이다.
　그러면 어떻게 사는 것을 잘 산다고 할 수 있는가. 인간은 누구나 다 잘 살려는 이 한 마음을 가졌을진대 잘 살 수 있는 어떤 법칙이 필요할 것은 틀림없는 사실이다. 그런데 나는 잘 사는 법을 말하기 전에 먼저 어떤 것을 잘 사는 것이라고 하는 가를 우리 인간 모두에게 묻고 싶다. 세계의 경제를 한 손에 넣고 주무르는 재벌이나 천하를 다스릴 수 있는 제왕이 되거나 또 사자후의 웅변을 토하며 듣는 이로 하여금 가슴이 서늘하게 만드는 웅변가가 되거나 천하의 독자를 붓 하나로 놀라게 하는 큰 문호가 된다면 이것을 일러 잘 사는 것이라고 할 것인가?

부귀와 명예를 헌 신짝같이 던져버리고 뜬 구름, 흐르는 물로 살림을 삼아 천상천하 유아독존인양 하는 사람들이 있다면 이 사람을 일러 잘 사는 사람이라 할 것인가? 아니다. 이 모두가 겉치레의 잘 사는 방법이 되는지는 몰라도 참된 의미에서 말하는 잘 사는 방법은 되지 못하리라. 그러면 어떤 것이 잘사는 것인가? 부족이 없는 것이 잘 사는 것이요, 구할 것이 없는 것이 잘 사는 것이요, 원망이 없는 것이 잘 사는 것이요, 성냄이 없는 것이 잘 사는 것이요, 미움과 질투가 없는 것이 잘 사는 것이요, 공포와 불안이 없는 것이 잘 사는 것이요, 강제와 속박이 없는 것이 잘 사는 것이요, 해탈과 자유가 있는 것이 잘 사는 것이요, 늙지 않고 병들지 않고 죽지 않고 영원히 사는 것이 잘 사는 것이요, 보다 위 없는 것이 잘 사는 것이요, 마음에 흡족한 것이 잘 사는 것이다.

　인간의 일평생을 100년이라 한다면 이 일평생을 흔히들 살아 간다고 한다. 이 귀중한 한 평생을 무엇을 위해서 살아야 하고 또 누구를 위해서 살고있단 말인가? 우리는 흔히 이런 문제들을 전혀 생각하지 못한 사이에 머리엔 흰 머리카락이 얹어있고 얼굴엔 주름살이 잡히는 수가 있다. 만일 인간들이 이런 이유를 모르고 그저 먹고 자고 성생활만을 지탱해 나간다면 이는 저 금수들의 생활과 다를 것이 무엇인가. 사람들은 흔히들 살아간다고 한다.

　그러나 살아간다는 말은 아무런 내용이 없는 말이다. 가령 인간이 ○○년의 삶의 권리를 가지고 와서 하루 살았다는 말은 하루 죽었다는 말 이외에 또 무슨 다른 뜻이 있다는 말인가. 그러니까 일년을 살았다는 것은 곧 일년을 죽었다는 말이다. 그렇다면 살아간다는 말은 죽어간다는 말이 옳을 것이다. 우리가 농사짓고, 장사하고, 정치하고, 경제하고, 종교를 믿는다는 것은 죽지 않으려는 것인데 그래도 죽어야만 하는 것이 우리 인생이 아닌가. 이는 참으로 비참한 사실이다. 또 권력·재력 그 무엇으로도 해결할 수 없는 일이다.

인간의 일생을 따지고 보면 죽음이라고 하는 큰 구렁이한테 뒷다리를 물려들어가는 개구리의 운명과 다를 것이 없다.

그런 인간들이 살려고 발버둥 치는 것을 볼 때는 정말 안타까운 생각이 든다. 구렁이한테 물린 개구리는 구렁이 뱃속에 완전히 들어가기까지엔 오직 구렁이 자신이 결정할 것이지 개구리에겐 아무런 자유도 없다. 마찬가지로 우리 인간의 죽음도 인간의 자유의사에 의해서 결정되는 것이 아니고 오직 죽음 그 자체에 의해서만이 결정된다. 천하의 영웅과 만고의 호걸도 이 죽음 앞에선 아무런 반항도 못하고 그저 순종해야 하는 것이다. 우리는 이런 현실에 직면해 있으면서도 마치 남의 일처럼 새까맣게 잊고 살아가는, 아니 죽음이라는 구렁이 앞에 다가서고 있는 것이 아닌가?

이 세계에서 잘난 사람, 못난 사람, 과학자, 종교가, 철학자 등 일체 중생이 누구나 다 업보 중생임은 틀림없는 사실이다. 그러므로 보는 견해도 역시 업안(業眼)으로 밖에는 보지를 못함이 또 사실이다. 우리 일체 중생이 이 업안을 해탈하여 진리의 눈(心眼)으로 세상을 보고 살도록 노력하여야 한다. 그런 진리의 눈(法眼)을 만들려면 어떻게 하여야 하느냐. 심성수양(心性修養) 곧 어두운 마음을 밝게 함이니 견성(見性)이다.

견성이란 자기성품(바탕)자리 일체만유(一切萬有)의 본성(本性)자리 곧 진리이니 이 진리인 본심(本心)자리를 맑고 청정히 가져 만사만리(萬事萬里)를 통찰할 줄 아는 지혜(慧眼)의 눈을 얻는 것이다.

중생의 육안(肉眼)으로는 아니 보이나 이상하고 묘하게도 성품(性品)은 각자가 모두 지니고 있으면서도 못보고 못찾는 것이 묘한 이치라 할 수 있겠다. 그럼 어떻게 하여야 각자가 지니고 있는 성품을 보고 이 고해에서 헤어날 수 있는가. 범부 중생은 탐내는 마음, 성내는 마음, 어리석은 마음과 재물에 대한 욕심·색에 대한 욕심, 음식에 대한 욕심, 오래 살고자 하는 욕심, 명예에 대한 욕심 등 다섯 가지 즐거움을 누려 보고자 하는 병에 걸린 환자들이다. 그러니 이 탐·진·치 삼독과 5욕병을 고치지 아니하고는 자기성품을 볼 수 없나니 먼저 삼독과 5욕락을 버리고 6바라밀을 행해 나가게 한다.

　그러므로 해서 죽음에 직면해 있는 우리 일체중생이 불안과 공포에서 헤어나서 영원한 절대자유를 얻을 수 있게 될 것이다. 흔히 우리가 살고있는 이 현실 세계를 사바 세계라 한다. 모든 생명들이 살아감에 서로 빼앗고 서로 죽이고 잡아먹는 약육강식(弱肉强食)하는 하나의 수라장(修羅場)이라 함이 무리가 아닐 것이니 이 현실 세상은 과거 무량겁을 내려오며 서로가 지어놓은 죄악의 업력(業力)으로 만들어진 인과응보(因果應報)의 보복의 결산장(決算場)이라 서로가 지은 바 업력과 업보로 괴로운 재난이 눈앞에 전개됨은 피할수 없는 필연적인 인과응보의 법칙이라는 것을 깊이 깨달아 자기 성품을 바로 보아야 할 것이다.

　성품을 보라 함은 나의 실체(實體) 존재성(存在性)을 알라 함이요, 나의 실체를 알라함은 나의 영원히 삶을 터득함이다. 우리 인간이 이것 이외에 또 무슨 할 일이 있단 말인가?

사람은 왜 살고 있는가

自我의 發見

인생은 왜 살아야 하는지 그 원인을 모르고 삽니다. 그것은 자아(自我)를 모르기 때문입니다.

우리들이 자랑하는 5천년 인류의 문화는 인생을 불안과 공포에 몰아넣고 있습니다. 끝내 절망(絶望)에서 헤매이게 합니다.

여기에 끌려 자아는 물론이지만 삶의 의의조차 모르고 살아오게 했습니다.

앞으로도 또한 모르고 살아 갈 것입니다.

왜냐하면 길을 바로들지 못하고 엇 들었기 때문입니다.

인생이 인생을 자기에서 찾으려 하지 않고, 신원미지의 조물주를 구상해 놓고 거기에 끌려 자기를 생각하거나 찾으려 하지않고 넓은 우주에서 막연이 헤매이기 때문입니다. 그러기에 영원히 헤매일 것입니다. 이것은 마치 공산주의가 인간을 올가매 놓고 밀봉 교육을 시키는 것과 같이 여러 가지 사상과 학문들이 다 자기 주의를 고집하고 있습니다. 과학·철학·종교·정치·경제·문화·예술들이 다 그러합니다.

그러나 싯달타는 이 모든 것을 떠나서 인생을 자기자아에서 찾으려고 했습니다. 자아를 자아에서 석가모니는 발견했습니다.

그러므로 인생을 억울한 미결수 즉 신원미상의 존재에 끌려 헤매이고 있는 미결수에서 완전 무죄수로 석방한 것입니다.

아! 인생이여 똑바로 생각하자. 이 똑바른 길도 바르게 가며 이 똑바른 길도 각자 자기에 있는 것입니다. 나는 나입니다. 나는 오직 나로서만 나입니다. 나 이외는 아무 것도 아닙니다. 나는 또한 너만이 아닌 내가 아니라 저 모든 것들입니다. 나는 아닙니다. 하늘도 땅도 부처님도 하느님도 진리도 다 내가 아닙니다. 그 넘어서 발견된 이 나는 곧 진리며 조물주며 우주의 본체로서 영원한 자유의 생명입니다. 아! 다행한 일입니다. 행복한 일입니다. 춤추고 노래 부르며 경축합시다. 등불을 밝히고 행진 합시다. 석가세존이 4십 9년간 설법 한 것이 바로 이 말이외다.

석존께서는 신원미상의 조물주와 인간의 육신이 마지막 길인 줄만 알고 절망과 무명에 헤매이고 있는 인생을 우주의 주인공으로 영원불멸의 자아인 마음의 진여(眞如)를 밝히고, 둘째로 영겁으로 생사윤회하는 고를 깨우쳐 그 해탈의 길을 밝혀주고, 셋째로 인생의 빈부귀천과 선악과 지혜와 어리석음이 다 전생의 인과원임을 밝히고 다 "나" 자신이 스스로 어두운 길을 헤매일 뿐이고 다른 힘의 지배로 되는 것이 아니고 오직 "인생"으로 하여금 인생 스스로가 우주의 주인공이고 조물주임을 깨달아 자기를 알게 하고 인간 스스로가 영원의 행복을 개척하도록 했습니다.

植物性王國의 깃발

우리들에게서 가장 소중한 것이 무엇이냐고 할 때, 그것은 곧 "목숨"이라고 들합니다. 그것은 모든 생물이 살아가는 원동력임을 우리는 너무나 잘 알고 있습니다.

그런데, 흔히 세상에서는 자기 목숨은 소중히 여기면서도,

남의 목숨은 무시 해버리거나 혹은 무자비하게 죽이는 수가 일쑤입니다. 그러면서도 그것을 당연한 일 처럼 여기고 있는 슬픈 현실입니다. 나를 살찌게 하기 위해서 남의 소중한 목숨을 앗아야 하다니——. 힘센 놈이 약한이를 짓밟고도 버젓할 수 있는 잘못된, 너무나 잘못된 이 풍습!

  우리들이 갇혀 있다가 혹은 죽음의 절망에서 풀려났을 때의 그 홀가분한 자유로움. 그것은 환희(歡喜)입니다. 그것은 푸른 하늘입니다. 이 환희와 푸른 하늘을 우리와 모양을 달리한 생물에게 베푸는 일을 불교에서는 방생(放生)이라고 합니다. 산 목숨을 죽이지 않을 뿐더러 한걸음 나아가 그것을 살리는 자비! 짐승이나 물고기들이 비록 겉모양은 우리와 다르더라도, 그목숨에 있어서는 조금도 다를 수가 없습니다. 모성애의 숭고함이 우리 인간 사회의 전유물만은 아닙니다. 동물들의 모성애를 보고 눈시울을 뜨겁게 한 일을 우리는 가끔 경험하고 있으므로——.

  자비가 메말라가는 이 살벌한 오늘의 현실에, 이 나직한 목소리들이, 우리들 이웃에 두루 번지어 메마른 가슴들을 울려줄 때, 우리들의 눈매는 살기 대신 따뜻한 사랑으로 빛날 것이며 가슴마다 이웃에 대한 포근한 자비로 철철 넘칠 것입니다. 해가 기울어도 문단속할 수고조차 없어질 것이며, 담장 위에는 철조망이나 유리병의 시퍼런 서슬 대신에 부드럽고 환한 꽃을 올려놓게 될 것입니다. 나르던 새들도 우리 팔에 내려와 마음 놓고 쉬어갈 것이고, 물론, 살아있는 생명의 푸른 나무가지에서 처럼——.

  그날 우리는 슬기로운 식물성 왕국의 푸른 깃발을 하늘 높이 올리면서 환희를 합창해도 좋을 것입니다. 그때 우리는 비로소 인간일 수 있습니다. 의젓한 인간일 수 있습니다.

새 삶의 길

사람은 죽습니다. 그러나 죽기 전에 우리는 먼저 살기부터 해야 합니다. 산다는 것, 이것은 우리 인생이 태어날 때부터 걸머지고 있는 명예요 권리인 것입니다.

그리고 이 "삶"을 위해 우리는 평생토록 일을 하고 싸우고 또는 휴식을 하곤 하는 것입니다. 가령 새까만 연탄을 지고 승가사(僧伽寺) 꼭대기까지 오르내리는 짐꾼의 경우를 들어 봅시다. 밝기 전에 일어나 어둡도록 일을 하는 농사꾼을 생각해 보십시오. 기타 교단에서 강의를 하는 이, 정치를 하는 사람, 노동자 인테리……. 어느 경우를 보든지 그들은 모두 살기 위해 활동을 하는 것이 아니겠습니까. 그러나 이러한 활동이 모두 진정한 "삶"을 위해서 움직이는 것이라고는 볼 수가 없는 것입니다. 그것은 그저 몸뚱이를 살찌게 하기 위해 움직이는 것일 뿐, 시시각각으로 달라져가는, 그리하여 언젠가는 죽고 말 이 육신을 편안케 하기 위해 움직이는 활동에 불과한 것입니다. 아무 때든지 죽어 없어질 이 육신만을 위해 사는 것이 과연 진정한 의미의 "삶"이라 할 수 있을까요? 이런 문제를 생각할 때 나는 불가불 싯달타 태자를 연상하지 않을 수가 없게 되는 것입니다. 싯달타 태자는 실로 이렇게 죽어 없어지는 몸뚱이 이외에 우리에게는 또 하나의 "삶"이 있다는 사실을 깨달은 분입니다.

"또 하나의 삶"이란 무엇일까요. 그것은 불성(佛性)이라 해도 좋고 "하느님"이라 해도 좋습니다. 어쨋던 영원히 살아있는 "나", 물질 아닌 "나", 다시 말해서 진여(眞如)라 여래(如來)라 하는 것이 바로 이 "또 하나의 삶"인 것입니다. 이것은 온갖 움직임과 생각과의 주체가 되는 존재이기도 합니다.

人間의 自己管理

　나를 찾자! 나를 알자! 내가 살자! 인류의 지난 역사는 인간의 자기 관리와 경영을 위한 예비 과정이었다. 인간의 자기 관리와 경영이 무엇을 뜻하기에 그 많은 시련과 희생을 제공하여야만 했었는가? 인간의 자기 완성은 우주의 완성이며 인간의 자기 관리와 경영이란 인간에 의한 우주의 관리권과 경영권을 설정함을 말하는 것이다. 우주의 관리 및 경영권자로서의 인간은 어떠한 인간을 정립하여야 하는 것이기에 지나간 인류사를 그 예비 과정이라 해야만 하는 것인가?
　우주를 창조하신 하느님께서 내 품안에 계시고 내가 하느님 품안에서 영육이 쌍전(雙全)한 완전한 생명을 비로소 "인간"이라 명명할 수 있을 것이다. 마찬가지로 하느님도 내 품에 계시므로 해서 전지 전능의 하느님이 될 수 있는 것이다. 그러므로 나는 하늘에 올라가면 무상지존의 하느님이 되는 것이며 인간 세상에 내려오면 관리권자인 절대 인간이 되는 것이다. 그래서 하느님과 나와는 일체라는 것이다. 일체이면서 또한 엄연히 2체로도 될 수 있음은 곧 나의 절대자유 권한의 행세인 것이다. 그 뿐만 아니라 불이일체(不二一體)인 나는 유시호(有時乎)에는 우주를 창조하고 만유를 섭리하기도 하며, 유시호에 단 하나의 인간으로써 인류사를 이끌기도 한다. 그러므로 하느님과 나와 우주는 삼위 일체가 되는 것이다. 그러므로 생명과 진리와 신과 불과 우주 만유와 그리고 인간은 자유한 것이며 평등한 것이다. 누구든지 다시 한번 생각해 봐야할 일인 줄로 믿는 바이다. 인간은 영혼과 육신의 합일이기에 영혼만의 구원이나 구제만으로는 인간의 완성이 안되는 것이다. 인류의 조상인 1남 1녀는 영육의 완성체였기에 우리의 완성도 영육 합일의 겸전한 구제여야 하는 것이다. 지난 역사를 돌이켜 볼 때 인간이 영육을 온전히 한 도원경에서 벗어난 후 오랫동안을 우리는 영성(靈性)만에 일변도 되었던 신명 주권(神明主權) 시대에 살아 왔고, 그에 잇따라 내성만에 일변도 되었던 물질주권 시대에 살아 왔던 것이다. 여기에 영이 육을 치고, 육이 영을 치는 인간의 부조리가 세기를 소용돌이쳐 지배하는 한 마당 가운데 우리들이 오늘날을 살게 되어진 것이 아니라 하겠는가? 이 시대를 우리는 불안의 시대라하고 상극의 시대라하고 이를 또한 심판을 받아야 할 말세라고 서슴지 않고 부르고 있다. 고해라 화댁(火宅)이라고도 한다. 현대는 인간의 지표를 상실한 시대다.

　인간의 가치체계가 무너지고 만 것이다. 그렇다면 어떻게 하여야 하는 것이겠는가! 완전한 삶을 가능하게 하는 가치를 찾아 세워야겠다는 데에 우리의 문제가 있는 것이다. 여기 새로운 인간 문화권을 형성해야 하는 일대 전환기에 서서 모든 종교는 화해 일치해야 할 것이며, 또한 정신계와 물질계를 담당 했던 종교인과 경제인이 일체의 양면으로서 상부상조하는 협화(協和)를 이룩하는 것은 대세가 요구하는 당연한 길이라 여겨지는 것이다. 인간 스스로를 관리하고, 스스로를 경영할 줄 아는 인간 주권시대에 이제 당도한 것이다. 생산을 관리하고 경영할 줄 알고, 우주를 관리하고 경영하려는 듯한 기술 과학이 발달되어 새시대를 준비하고 있지마는 "인간의 자기관리"를 못하는 데에서 새 차원의 세계는 그 문을 열어제치지를 못하고 있는 것이다. 인간이 자기의 관리권을 신명에게 위탁

하는 한, 또는 물질에게 의뢰하는 한 신의 노예로서 천진(天眞)의 인권을 스스로 행사하지 못하고 또는 물질의 노예로서 제약되는 것이다. 이것은 바로 "하느님의 완전함과 같이 완전하라" "심즉불"이니라 "인내천"이니라 "물각구태극(物各具太極)"이니라 "루호(神人合一)"이니라 "범시아(梵是我)"이니라는 모든 성인들의 가르침에 대하여도 정면서 위배하고 있는 것이라 여겨진다.

따라서 오늘의 세계 가치의 혼란은 바로 인간의 정당한 자기 관리권을 세우지 못한 부작용이라고 규정할 수 있기에, 세계 가치의 혼란과 그의 집약된 초점과도 같은 한국 사회의 주체적 가치성도 바로 이 인간을 정확히 포착하고 바로 세우는 "인간 정립운동"에서 우리를 광명되게 하며 세계에 영광을 갖게 해야 할 것이다. 세계의 모든 종교는 인간 정립을 가능하게 하는 준비기를 거치는 방법에 불과하다 하겠다. 어느 성자도 죽음이 선이라고 한 일은 없다. 도리어 "죄의 값이 죽음이니라" "죄업으로 생사에 윤회하느니라"하였던 것이다. 모든 종교는 진정 우리가 사는 이 땅을 복지의 천국으로 보고 우리가 가진 이 생명을 우리 몸과 더불어 숨쉬며 영생함을 가르쳤던 것이었지, 결코 산 것을 버리고 죽음을 택하는 방법을 가르쳤던 것은 아니었다. 그런데 사람들은 흔히 종교를 사후의 영혼만을 위한 예행 연습으로 잘못 이해되기 일쑤였다. 아마도 이는 성자들은 "삶"을 가르쳤지 마는 그 분들은 죽었으니까 대중이 보기에는 성자들의 삶이란 죽음이고 "죽음"이 참된 삶으로 암시되었던 탓이리라 여겨진다. 그러나 이러한 잘못된 이해가 생명의 본능에 위배되고 논리에 모순됨을 우리는 정직하게 인정해야 할 것이다. 하느님 곧 나 삼위일체인 나는 지식도 아니며 사상도 신앙도 아닌 초절대적인 신성 불가침의 나이므로 모든 생각들의 그 주체성일 뿐이다. 그러므로 나는 곧 생명이며 마음인 것이다.

이 마음 곧 생명은 물질도 아니요 허공도 아닌 것이다. 그러므로 나는 생 이전에도 사 이후에도, 또한 생과 사의 중간의 생활 시절에도 나는 항상 ∴ 이러하다. 순청절점(純淸絶點)하는 청정무구로 일어불변하여 선악도 죄복도 아닌 것이지마는 그러나 또한 나는 산 것이기에 모든 것을 저지를 수도 있으며 청산할 수도 있다 이것이다. 생명과 마음, 곧 나의 자유자재의 권한이기에 천당을 지옥으로도 지옥을 천당으로 바꿔질 수가 있는 것이다. 우리는 유아(唯我)의 아집에만 사로잡히지 말고 두루 이해의 노력에 부지런하여 하느님이 되며 전능자가 되어야 할 것이다.

오늘의 우주 과학은 국경과 민족을 무너뜨리고 있다. 그러므로 한 민족만이 잘 살 수 있는 주체의식은 이미 전근대적인 것이다. 온 인류가 다 잘 살 수 있는, 전 인류 곧 인생의 주체의식이 무엇인가에 우리는 시급히 눈떠야 할 것이다. 다시 말해서 전 우주의 주체성이란 무엇일까에 눈떠야 할 것이다. "나" 곧 생명 또한 영혼인 이 마음 앞에는 진리도 우주도 신도 불도 없는 것이다. 우리는 이 영혼 문제를 전적으로 다루며 또한 직업화한 우리 종교인들은 책임을 지고 이생명 곧 영혼 이 마음 문제를 해결지어서 꼭 막힌 인류의 길, 앞길을 열어 주어야 할 것이다. 진리는 곧 산 것이다.

생명 없는 허공이 "에너지" 또는 물질은 무정의 죽은 것들이다. 그 중에서는 진리를 찾을 수 없는 것이다. 빨리 우리는 이 마음에서 영혼을 발견하여야 할 것이다. 그러나 이 마음 밖에서는 불변의 영혼은 찾을 수 없으리라 믿는다. 또한 이 마음인 이 나! 이 생명인 이 나! 이 초점을 떠나서 영혼이 따로 있는 것이라면 그것은 생명이 없는 저 허공이거나 무정의 물질일 것이다. 찾은들 내가 아닐 것인데 무엇하랴. 그러므로 살아 있는 생명인 이 나는 엄연히 유무(有無)로 형성되어 있는 저 우주 밖의 것이다. 생명은 자유한 것이기에 말이다. 그러므로 여기에 갑·을 두 사람이 대화를 한다면 그것은 곧 영과 영 끼리가 육체의 통신기를 통하여 우주 밖에서 통신대화가 되는 셈인 것이다.

　진리! 생명! 곧 이 마음인 나는 신비다. 영원히 불사의(不思議)한 미궁의 것이다. 그러나 가장 신비한 것은 또한 가장 평범한 데 있다. 그러므로 이 마음을 깨치면 신비는 없어지고 해방의 세계, 자유의 세계, 영원의 세계가 되는 것이다.

　세계의 거의 모든 종교 사상이 수용되어져 있고 세계의 상극하는 세력들이 우겨 우리 겨레 안에서 여러모로 작용하고 있어 수많은 문제들이 우리에게 안겨져 있는 것을 우리는 어떻게 해결할 것인가? 이 문제는 우리 모두에게의 과제이기에 경제인이, 문화인이, 또는 종교인이, 정치인이 이것을 회피하려고 할 때에는 역사는 그들에게 철추를 내리게 될 것이며 가장 큰 죄의 값인 사멸이 올 것이다. 인간을 올바르게 깨닫고 올바로 관리하여 인간을 바르게 세우는 데는 30여억의 인간가족이 하나의 가치를 공유할 수 있는 지표가 세워져야 할 것이라 여긴다.

　신성 자체의 결실인 인간, 우주의 제요소를 본질적으로 내포하고 있는 능동자로서의 인간으로 정립 될 때에, 모든 인간은 따라서 정립될 수 있을 것이며 사회와 국가와 세계는 순서적으로 정립될 것이라 여기는 것이다. 오늘 30수억의 사람이 인간 자체로서 정립된 이가 그 누구누구가 있겠는가? 모두 아집의 장(章)만을 높이고 있는 것이 아닌가!

　어떻게 하여서라도 우리는 먼저 인간부터 되어야겠다. 하늘을 향해 "당신이 나여이다"라 할수 있고, "내가 당신 안에 있도다"로 느낄 수 있고, 인류를 향해 "여러분은 내 몸이며 내

몸은 여러분이오니 바라는 것을 말합시다" 할 수 있다. 우주를 향해 "네가 내 그림자이며 내가 네 그림자이니 우리는 서로 하나일세" 하며 확 핀 심경의 즐거움을 스스로 누릴 때 미처 못 알아들어 미쳤다고 하던 인간들도 비로소 정립된 그 인간은 인류의 숙원이었던 인간 천국이나 극락사바를 세울 수 있는 인류 진심의 본래 고향을 찾아 안정된 바탕과 지표에 자리잡았음이 틀림없는 것이라 믿는다. 이리하여 인간 혁명이 완수될 때에 민족의 중흥이, 체질의 개선이, 세대의 교체가 이루어지는 것이며, 신불의 진정한 축복을 같이 하는 인간의 승리가 땅 위를 하나로 메아리쳐 기쁘게 할 수 있을 새로운 아시아의 빛으로 되어질 것이다. 진정한 경제는 경륜제세(經綸濟世)나 경세제민이어야지 부의 축적이나 재의 생산만을 의미하는 것이어서는 모순된다고 아니 할 수 없는 것이다. 먼저 인간을 완성하고 경제를 할 때 사회 복지의 창조자가 될 것이며, 인간을 완성하고 정치를 할 때 민중이 함께 울고 웃는 지표가 될 것이며, 인간을 완성하고 교육을 할 때 자애로운 생기를 우리 마음에 부어 주는 사표가 될 것이다.

　나는 나를 바로 안다하고 관리 정립하는 데에서 인간을 세계 앞에, 우주 앞에 세우게 되고 이 인간의 자기 관리 운동이 조국과 세계 정신의 분열을 초극하는 길이고, 부조리한 현대에 안전과 협화를 달성하는 길이고, 승자 승공, 통일에로 국민 정신을 일류 정신으로 일치 단합시키는 길이고, 적극적인 원자력의 산업 건설에의 건강 체질을 이룩하는 길이고, 인류 평화 달성의 길로도 되는 첩경이라 믿는 터이다.

　그러므로 진리가 즉 마음이요 마음이 부처요 불이 즉 신(神)이요 신이 즉 마음이요 마음이 즉 우주요 우주가 즉 심이요 심이 즉 진리로 돌고 돌아가는 것이다.

　나를 찾자! 나를 알자! 내가 살자.

내 生命은 宇宙의 모든 것

　사람은 오직 살고만싶어 할지언정 죽고싶어 하지는 아니한다. 왜? 살고싶어 할 줄 아는 이 생명은 산 것이기 때문이다. 태초 이전부터 그렇고 차원 이전부터 이렇듯 멀쩡하게 살아있는 것이다. 저 영원히 죽어있는 허공이나 물질과는 정말로 좋은 대조적인 것이다.
　저 허공이 영원토록 물질이 될 수 없듯이 물질 또한 허공이 될 수 없는 것이다. 이것이 바꾸어질 수 없는 영원불변의 원리이 듯이 저 언제인가 당초부터 죽어서 있는 무기물질이나 허공이 이렇게 생생하게 생명으로 변화할 수 없는 것이다. 여하한 상태에 있어서라도 그럴 것이다. 산 것은 본래부터 산 것이기에 지금까지 살아 있는 것이요, 또한 미래가 다 할지라도 이 산 것은 영원히 살아있을 것이다.
　그러므로 이 마음 이 생명에는 시간도 공간도 없는 것이다. 그렇다면 이 생명은 이 마음은 곧 우주의 핵심이며 만물의 생명인 것이다. 따라서 이 산 생명이 산 마음을 떠나서 진리가 따로 있을 수 없는 것이요, 또한 대 자연의 섭리와 천지음양조화가 생겨날 곳이 있을 수 없는 것이 틀림없는 사실인 것이다.
　그러므로 이 혼으로 된 이 나인 이 마음은 곧 전 우주의 핵심적인 진리이며 대자연의 성립이며 천지개벽과 음향조화의 원동력인 것이다. 이렇듯 영원한 실재인 이 생명 이 마음을 떠나서 어느 것에 인생이 있을 수 있으며 또한 그 무엇이나 있을 수 있겠는가 말이다. 너도 그렇고 나도 그렇다. 인생이여, 5천년의 과거를 다시 깨끗이 정리한 다음에 한번 고요히 생각해 보자꾸나. 과연 그 무엇을 남겨둘 것이 있는가. 또한 남아 있을 수 있는 것이 그 무엇인가? 공무에서 생겨났다가 도로 공무로 돌아가곤 하는 것들 뿐이 아닌가. 바로 말하자면 그것들은 오직 이 자기 자심의 환각으로 환생 환멸하는 것들인 것이다.

그러므로 나의 이 생명은 곧 진리며 신이며 불타이며 유정이며 무정이며 선이며 악이며 남성이며 여성인 것이다.

따라서 온 우주인 것이다.

그러나 또한 무서운 사실이 한가지 있다는 것을 짐작이라도 해놓아야만 할 것이다. 그것은 다른 사건이 아니고 이 생명이며 이 마음인 나 자신의 내용에 관한 것이다. 사실로 이 나라는 나는 내가 아닌 것이며 생명이라는 생명은 생명이 아니며 이 마음이라는 마음은 사실상 마음이 아닌 것이다.

동시에 하느님도 부처님도 유정도 무정도 남자도 여자도 선악도 성인도 범부도 기타 아무 것도 다 아니다. 그것들은 다 이름 뿐이며 말 뿐인 것이다.

그 사실과는 너무도 거리가 멀다. 아무런 내용도 의미도 없는 음성에 불과한 바람소리 물소리 같은 헛소리인 것이다.

그렇다면 말하고 보고 듣고 생각하다가도 버릴줄 아는 이 나는 과연 무엇일까? 모든 것들이 다 이기도 하며 아니기도 하니 말이다. 말로나 생각으로나 글로서는 맞추어 낼 수가 없다. 입만 벌리면 틀린다.

아니 입을 벌리기 전에 이미 틀렸다.

인생이며 문자 그대로 신비이며 무사의 한 이 생명을 이 마음을 이 나를 바로만 깨닫고 보면 인생의 모든 문제는 모조리 해결된다.
  나는 영원하며 자유로우며 평등하다.
  우주의 모든 것이 다 완전하다.
  있는 것이 있는 그대로가 없는 것이고 없는 것이 없는 그대로가 있는 것이다.
  부처가 중생이요, 중생이 부처니 말이다.
  만물이 다 제자리에서 완전하다.
  이 행복도 아닌 행복이야말로 영원한 행복이다.
  온 우주는 자유의 분위기에 소용돌이 친다.
  인생이여! 이 영원과 자유 평등의 완전한 자아완성과 아울러 인류 평화의 영원한 길을 일러 주시기 위하여 우리의 대성 석가세존께서는 이번에 자그만치 이 사바세계에 8천번째나 오셨던 걸음 이시다.
  세존께서 4십 9년간이나 어두운 중생들을 위하사 일러주신 진리의 불법을 자세히 듣고 철저히 배우자. 그리고 또한 깊이 생각하며 밝게 따져서 할 일과 하지 못할 일을 철저히 분간한 다음에 버릴 것은 버리고 고칠 것은 고치고 개척할 것은 개척하여 하루 빨리 중생을 구제하며 대도를 성취하여 부처님의 은혜를 갚아야 하겠다.

永遠한 眞理를 찾아서

禪心의 摸索

　불교는 신비 속에 숨어 있는 객관성(客觀性)의 진리가 아닌 것이다. 왜냐하면 나의 이 마음이 곧 불교이기 때문이다. 왜? 이 마음은 모든 생각과 행동의 주체이기 때문이다.
　이 마음! 마음! 마음! 과연 알기 어렵다. 모든 일에 주체성일 뿐이다.
　이 마음! 아예 마음 깨달음을 말라. 이 마음! 알고자 하면 벌써 둘이 된다. 둘이면서 또한 하나이며 하나이면서 둘이니 말이다. 어렵다, 어렵지만 신비는 아니다. 먼 데 있는 것이 아니다. 이렇게 생각을 하는 이 마음 바로 이놈이다. 살펴보자. 무엇인고? 주체성! 이 주체성 무엇을 보고 생각하다가 안 보고 안생각 하면 된다. 곧 이놈이다. 이 마음이다. 아무 것도 섞이지 아니한 이 마음! 이 놈! 물질도 아니요, 허공도 아니다. 유무를 초월 했다.
　무엇인고! 알고자 하면 이 마음은 생각으로 변한다. 그러나 변한 것으로 변한 것은 아니다. 살피자. 곧, 그것이다. 이놈이다. 어렵다, 어려워! 그러나 어렵게 되어서 어렵게 된 것은 결코 아니다. 쉬울 것도 없이 쉬운 것이다. 왜? 곧 너고 나다.
　주인공이여! 주체성이여! 살펴라 챙겨라 너다, 나다. 이러고 보니 쉽지도 어렵지도 않다. 무사태평이다. 뛰고 놀아라.

춤추고 노래 부르자. 천지의 근원이요 만물의 바탕이다. 제발 이 주인공님아!

善惡과 因果應報

사람은 자기마음이 청정하게 밝지 못하면 만사를 원망과 질투에서 벗어나지 못하고 남에게 의지하는 미신이 생기는 법이다.

부처님께서 "내 마음이 청정하면 일체 중생이 다 청정하고 내 마음이 청정하지 못하면 일체 중생이 다 나쁘게 보인다"고 하였다. 내 마음에 때가 있으면 남도 때가 있게 되고 때가 있어 보이니 내 마음이 깨끗하면 남도 깨끗한 것이다.

그러므로 내 마음을 청정하게 밝혀 자신을 계몽해야 한다. 자신이 밝지 못하기 때문에 모든 불만과 자신의 힘을 모르고 남에게 의지하는 미신이 생기는 것이다. 인류가 물질문명으로는 발전하면서도 정신문명에 있어서는 아직도 개화되지 못하고 신(神)의 가호나 신의 구원을 기다리는 미신의 사상이 있어 정신개발에 암흑을 초래하고 있다. 다신(多神)에 의지하거나 유일신(唯一神)에 의지하거나, 혹은 작은 신을 믿거나 큰 신을 믿거나 간에 신의 존재를 생각하고 신의 가호를 비는 사상이 세계적인 풍조로 남아있는 것은 인간이 자기를 모르고 방황하고 있기 때문이다. 인간 자신이 이 우주에 창생(創生)의 근본으로서, 즉 진리의 주체로서 모든 불만이나 만족이나 자작자수(自作自受)에 있는 것이다. 그러므로 인간은 인간의 힘으로 역사를 창조해 나가는 최고 최대 절대의 주인이다. 인간 자신이 종교적인 신앙의 대상이 될 수도 있는 무한의 진리를 가지고 있는 것이다. 그러므로 종교적인 신앙의 대상도 마음이 밝지 못하고 미(迷)했을 때 신앙의 대상이 있는 것이고, 마음이 청정하게 밝아 다 같이 부처가 되었을 때는 신앙의 대상이 따로 없이 평등한 것이다.

　그러므로 인류는 누구든지 간에 진리를 깨달아야 한다. 사회나 인류의 행복이 신의 가호에 있는 것이 아니고 오직 인간 자신의 노력과 자비스러운 자기 행위에 있는 것이다. 남을 도와주는 자비는 곧 자작자수의 인과(因果)로서 자기가 받을 마음의 농사인 것이다.

　부처님의 가르침을 바로 알면 자비행은 자연히 실행하게 되는 것이다.

　남을 도와주는 마음은 스스로의 기쁨을 갖는 생명이다. 생은 곧 스스로의 진리인 것이다. 남을 위하는 마음이 있으면 그 가정과 그 사회는 행복이 이루어 지는 것이다. 모든 행복과 불행은 인간의 행위에 따라 있는 것이다. 신의 가호로 이루어지는 것이 아니다. 우리는 이러한 미신을 계몽하고 자기를 찾아야 한다. 자기 마음을 밝혀 인간 자신은 영원한 진리의 주체(主體)임을 깨달아 자신의 업장을 자신이 소멸하는 자신의 길을 개척해야 한다.

　인간의 모든 선악은 자신의 인과 응보에 있는 것이다.

　선악의 과보로 얽혀있는 업장은 자신의 참회로 자기 업장을 소멸하고 새로운 인과를 닦아 새로운 신앙의 힘을 찾아야 한다. 사람의 본성은 곧 무한한 우주의 진리이므로 자기 인과로 자신을 얽어맨 자신의 업장을 소멸하면 자신의 신앙에 따라 무한한 힘을 이룰 수 있는 것이다. 다만 속세로부터 얽혀있는 업장이 자기 몸을 구속하고 있는 것이다. 자기 마음을 밝혀 마음이 곧 천지(天地)의 근본(根本)이고 자신은 영원한 생명(生命)으로 생사(生死) 윤회를 하는 진리이고 선악의 과보가 다 자신에 있는 줄말 알면 인간은 새로운 발전을 할 수 있는 것이다.

理想도 現實도 모두 꿈이다

　우리가 꿈에서는 그것이 꿈인 줄 모르듯이, 우리가 경험하는 소위 현실이라는 것도 그대로 꿈이라고는 누구도 생각하지 못합니다. 지금 살고 있는 생시가 바로 꿈이라고 하면 펄쩍뛰면서 아니라고 대들 것입니다.
　그러면 어찌하여 이 꿈(생시)이 영원한 꿈인데도 꿈인 줄을 모르느냐 하는 것입니다. 그것은 너무도 똑 같기 때문입니다. 꿈에서도 연애해 가지고 아들 딸 낳아서 대학까지 공부시키고, 또 장가 들이고 시집 보내서 손자를 보고 하여 잘 삽니다. 이처럼 우리가 꿈 속에서 겪는 세계나 생시의 일들이 너무도 같기 때문에 그 꿈을 깨기 전까지는 그게 꿈인 줄 모르는 것입니다. 꿈속에서도 태양이 있고 지구가 있고, 산소・수소가 있으며, 온 우주가 다 거기 있습니다. 꿈에서도 설탕은 달고 소금은 짜고 춘하추동 사시절이 있어서 날씨가 차고 더우며 어린애를 낳아서 키워 보면 어려서부터 점점 자라서 커 갑니다. 그러니 이러한 것을 어떻게 꿈인 줄로 알 수 있느냐는 말입니다. 그렇게 하다가 꿈을 깨어 볼라치면 시간은 불과 몇 분도 채 안됐습니다. 그런데 꿈은 누가 창조했느냐 하면, 우리의 마음이 그런 현상들을 만들어낸 것입니다. 내가 그 모든 것을 기억해 가지고 있다가 그 기억들이 지구도 되고, 태양도 되고, 시집가고 장가 가는 것입니다. 거기도 춘하추동 시간이 흐르고 있고, 전자양자・에너지가 흐르고 있습니다.

이렇게 꿈속의 세계는 이 현실과 조금도 다를 것이 없어서 이 현실보다 부족한 것이 없습니다. 그러므로 현실이라는 이 꿈도 깨기 전까지는 그것이 꿈인 줄 알 도리가 없다는 것입니다. 이러한 모든 것의 창조주인 우리의 마음은 제 몸뚱이도 만들고 제 아버지 어머니 조부모 등 모든 것을 다 만들어 내는 것인데, 인류의 5천년 문화도 이 마음에서 나온 한 개의 꿈의 소산인 것입니다. 꿈속에서 설탕이 달고 소금이 짠 것은 한 개의 활동 사진입니다. 그런데 달고 짠 맛이 활동사진에서 생겼다고 해도 말이 안됩니다. 그렇다고 허공에서 그 맛이 나왔다고 해도 안되며, 입에서 저절로 생겼다고 해도 말이 안됩니다. 그러면 달고 짠맛이 어디서 나왔느냐? 침에서 생겼느냐? 침에서 생겼다고 해도 말이 안됩니다. 꿈 속에 있는 입에서 어떻게 단 맛이 나올 수 있으며, 꿈 속의 입에서 나온 침이 어떻게 달고 짠 맛을 낼 수 있겠습니까? 꿈이라는 것은 잠재의식으로부터 나온 하나의 환각에 불과한 것이기 때문입니다. 그러므로 꿈 속의 소금이 짠 것은 확실히 그것을 먹으면 짤 것이라는 생각 그것이 짠 것이고 설탕이 달 것이라는 생각 그것이 단 것입니다. 즉 우리의 관념이 짜고 단 것입니다.

 이렇게 꿈과 현실이 똑같은 것은 다 한 마음이 만든 세계이기 때문입니다. 꿈을 꿀 때에도 이 몸뚱이·처자·재산을 다 그대로 놓아두고 마음만 나아가서 꿈 세계를 창조해 놓습니다. 꿈을 깰 때에도 꿈속에 있던 몸뚱이·처자·재산을 다 그대로 놓아두고 마음만 생시에 나옵니다. 그래서 우주를 만들고 몸뚱이·재산, 처자를 만들어서 꿈하고 똑 같은 세계를 만듭니다. 거기는 본래 살던 곳이어서 아버지 어머니가 나보다 먼저 있고 내가 공부하던 학교가 있습니다. 그러다가 또 다시 꿈 속에 들어가서도 생시와 똑 같은 굉장한 현실을 생시와 똑

같이 창조해 냅니다. 이렇게 우리는 낮 꿈 밤 꿈을 반복합니다.. 우리가 꿈의 위치에서 볼 때 마음이 온갖 능력을 다 갖추어 가지고 있음을 알 수 있는데, 다만 이제까지 비판하지 않고 그냥 살아왔기 때문에 확실히 모르는 것 뿐입니다. 옛날부터 진리는 아주 높고 높은 데 있는 줄만 아는 분이 많은데 그러나 요새 와서는 평범 가운데 진리가 있다는 것을 많은 사람들이 깨치고 있습니다. 그러나 더욱 더 깨쳐야 할 일은 진리 가운데 참 진리는 평범 이하의 평범 가운데 있다는 사실입니다. 평범 이하의 평범은 꿈 밖에 없습니다. 우리 중들은 꿈이 없다는 소리를 합니다. 거짓말이 아닙니다. 중노릇을 제대로 하는 수자들은 꿈이 없게 됩니다. 또 대인들, 수양이 되어 있는 사람들도 확실히 꿈이 적습니다. 수양이 되면 마음이 비어서 범뇌 망상이 적으므로 꿈이 적어지는 것입니다. 그런데 낮 꿈은 평생 살아봐도 70년 80년 밖에 안됩니다. 그것도 잠자고 병 앓는 시간을 다 빼고 나면 몇 십년에 불과한 것입니다. 그렇지만 밤 꿈은 몇 백년 몇 천년을 삽니다. 따라서 생시는 얼마 안되는 시간을 산 것이고 밤 꿈은 낮 꿈의 몇 배 몇 십배를 더 사는 결과가 되므로 정말 꿈은 밤 꿈이 아니라 생시라고 해야 할 것입니다. 그러나 이 가운데 변하지 않는 것이 하나 있습니다. 그것은 "마음", "나" 입니다. 이 "마음"이 들어서 낮 꿈 밤 꿈을 만들어 놓았습니다. 이 "마음"을 내 놓고는 현실이 없고 다른 것은 다 거짓 말이고 없는 것입니다. 과거는 지나갔으니 현실이 될 수 없고 미래는 닥쳐오지 않았으니 현실이 아니며, 현재라고 하는 시간도 없는 것이니, 현실이 있을 수 없습니다. 이 "마음", "나"로부터 부처도 나오고 중생도 나옵니다. 지구도 태양도 나옵니다. "나" 이것 밖에는 현실이 있을 수 없습니다. 이것을 착각해 가지고 육체가 내라는 망상의 생각이 앞서기 때문에 "마음"의 정신을 못차리고 아침

먹고 나면 점심 먹기 위해서 뼈가 빠지도록 노동을 하고 점심을 먹고나면 저녁먹기 위해 뼈가 빠지도록 노동합니다. 이 일을 하느라고 정신을 못차리고 결국은 육체의 노예가 되고 낮 꿈 밤 꿈의 노예가 됩니다. 그래서 탐심·진심·치심 덩어리의 업을 지어 가지고 세세생생 고생을 하는 업에 끄을려 다닙니다. 이 "마음"을 바로 깨달으면 몸뚱이를 위한 그런 생활이 아니라 중생을 위하고 남을 위한 자기의 생활을 하게 되는 것입니다. 이 때에야 비로소 안심이 있고 극락이 있을 것입니다.

因果應報와 輪廻의 實證

　이 마음은 생각도 아니고 지식도 아니지만, 마음을 빼어 놓으면 아무 것도 없습니다. 그러므로 죄나 복이나 착한 일이나 악한 일을 다 마음이 하고, 지옥에서 하는 고생도, 천당에서 받는 호강도, 마음을 깨치지 못하는 것도, 마음을 깨쳐서 번뇌망상을 없애버리는 것도 다 이 마음이 하는 일입니다.
　마음의 원리를 깨치지 못하는 것도, 마음을 깨쳐서 번뇌망상을 없애버리는 것도 다 이 마음이 하는 일입니다.
　마음의 원리를 깨치지 못하는 생사윤회(生死輪廻)를 벗어나지 못하게 되는데, 중생들은 항상 몸뚱이를 나라고 착각하고 의식주를 위해 생존경쟁을 하다가 죄를 짓고 온갖 고업(苦業)을 받고 맙니다.
　불교에는 인과응보(因果應報)란 말과 육도윤회(六途輪廻)란 술어가 있습니다. 이 두 가지에 대한 확실한 태도가 서 있지 않은 이상 올바른 불교도는 될 수 없습니다.
　인과응보라는 말은 전생에 죄를 지어 놓으면 금생에 고생을 하게 되고, 전생에 복을 지어 놓으면 금생에 잘 살게 되는 인과법칙을 말합니다.
　자연계의 법칙으로 말하더라도 배 나무를 심어 가지고 감을 못 따먹고, 호두 나무를 심어서 호박을 딸 수 없습니다. 팥 심으면 팥이 나고 콩 심으면 콩이 나옵니다. 이 원칙은 우주 전체의 힘으로도 어떻게 해 볼 수 없습니다. 이것을 인과응보라고 합니다.
 현대의 학문은 주로 물질계의 인과법칙을 밝혀내는 학문입니다. 철학도 어떤 원인을 캐들어 가는 학문이고 종교도 선악과 고락의 인과를 설명한 것입니다. 정신적 인과나 물질적 인과를 남김 없이 마지막까지 완전히 밝혀 놓은 것이 불교입니다.
 광대하고 심오한 불교의 원리 가운데 한 조각씩 떼어서 과학이 성립되었고 또 한 부분의 원리가 철학이 되고 경제가 된 것과 같은 사실을 우리는 발견할 수 있습니다.
 결과는 반드시 어떤 원인에서 오는 것이지 결코 원인 없는 결과는 생길 수 없습니다.
 같은 마음을 가지고 같은 사람으로 나왔으면 팔자가 다 같아야 할텐데, 오래 사는 사람, 일찍 죽는 사람, 잘 사는 사람, 가난한 사람, 또 재주가 있는 사람, 미련한 사람, 착한 사람, 악한 사람이 있게 되는 것은 다 꼭 그럴 만한 원인이 있다는 것입니다.
 높은 학식을 가지고 있고 정확한 비판을 할 줄 알고 활동력이나 사교술도 능한 사람이 거지 신세가 되다시피 돼 가지고, 농사를 지어도 안 되고, 장사를 해도 안 되고, 정치를 해도 안 되고, 하는 일은 자꾸 실패만 해서 존재 없이 사는 사람이 아주 많습니다.
 반대로 무식하고 불량하고, 남의 말도 안 듣는 고집쟁이고, 거지가 되어야 할 그런 사람이 돈 많고, 호강하고 권리도 많고, 농사를 지어도 잘 되고, 장사를 해도 잘 되고 그런 사람이 많습니다.
 그러므로 천지의 이치가 불공평하고 우리 인간으로서 생각해서는 도저히 해결이 안 될 문제가 많아집니다.
 이와 같은 현상에 대해서 다른 종교에서는 이 세상의 모든 것을 하느님이 만들었다고 합니다. 그렇다면 "왜 나쁜 사람을 잘 되게 하고 착한 사람을 고생시키느냐?" 하면서 하느님한테 불평을 하고 데모를 해야 할 것이 아닙니까?

또 유교에서는 운수를 그렇게 타고나서 그렇다고 하기도 합니다. 천지 운수가 그렇다, 손금 보고 사주 보고 관상을 봐서 타고난 팔자가 그러니 할 수 있습니까? 이런 식의 해결책입니다.

그러나 불교에서는 그렇게 모호한 태도로 설명을 하는 것은 마음을 깨치지 못한 이들의 소견으로 봅니다.

앞에서 말한 것처럼 우주의 생명체인 마음자리는 물질도 아니고 허공도 아닌 질량 이전이기 때문에 이것은 불에 탈 수도 없고 물에 젖을 수도 없으며, 자살도 할 수 없고 타살도 할 수 없는 존재입니다.

그러므로 불멸의 생명인 영혼이 온갖 인과를 저지르게 되는데 봄에 심어서 봄에 당장 추수할 수 없는 것처럼 우리 인간사회의 인과 과정도 원인을 짓는 시절이 있고 그 결과를 받는 과보기(果報期)가 있다는 것입니다.

그러므로 전생에 죄를 지어 가지고는 금생에 아무리 대학자가 되고 재주가 아무리 많다 하더라도 전생에 남을 많이 해롭게 한 죄 때문에 아무 것도 안 된다는 이야기입니다. 이렇게 그럴 만한 무슨 이유가 설명되어야 우리의 의문이 풀리게 됩니다. 이와 같은 불교의 인과론이 아니고서는 인생 문제는 영원히 설명될 방법이 없습니다.

조물주의 창조론은 앞에서 말한 것처럼 논리에 안맞고, 우연히 그렇게 된 것이라는 우연론(偶然論)은 비과학적인 억지 이론에 불과하며, 사주 팔자설은 역시 날 때 그렇게 타고 났다는 이론인데 왜 그렇게 타고났느냐는 원인을 추구해 들어가면 역시, 창조론이나 우연론으로 떨어질 수밖에 없기 때문입니다.

이 문제를 풀어주는 설명이 곧 불교의 윤회설입니다. 전생에 선을 하면 금생에 복과 낙을 받고, 전생에 죄를 행하면 에고를 받는다는 인과론이 곧 불교의 윤회설입니다.
 이 윤회설을 실증적으로 풀어 주는 연구가 요사이 상당히 진행되고 있습니다.
 우리의 일거일동이 마음의 녹음으로 기록이 되고, 사진으로 찍혀서 사진필름과 녹음테이프로 마음속에 보관되고 있다는 사실이 증명되었습니다. 그러므로 우리 마음은 한 개의 살아있는 필름도 되고 테이프도 되어서, 온갖 증빙자료가 다 수집되고 전자계산기 이상으로 정확해서 꼼짝 못한다는 것입니다.
 부처님은 남을 도와주는 것, 배고픈 사람 밥 주고, 헐벗은 사람 옷 주고, 병든 사람 구원해 주고, 이렇게 남을 돕는 것을 선이라고 하셨는데, 이런 선은 곧 복을 받는다고 하셨습니다. 또 악은 남을 해롭게 하고, 남을 죽이고 하는 행위인데, 이것은 죄이기 때문에 괴로움을 받게 되고, 죄를 받게 된다는 것입니다.
 요사이 심령학자들이 최면술을 통해서 이런 사실을 증명해 주고 있습니다.
 최면술로 전생을 회상시켜 보면 한국 말 하는 사람, 인도 말 하는 사람, 개 소리하는 사람, 닭소리 하는 사람, 여러 가지로 나옵니다. 그것은 마음속에 잠재해 있던 전생의 기억을 살려내는 것으로 전생의 녹음 테이프를 풀어내는 것과 같은 것입니다.
 즉, 인도 사람으로 태어났다. 한국 사람으로 태어났다, 개로 태어났다, 하는 사실을 입증(立證)하는 작업입니다. 이 지구상에서는 사용하지 않는 말도 나오는데 이것은 생에 다른 세계에서 살다 왔다는 것을 뜻하며, 다른 세계에도 사람이 살고 있고, 말을 사용하고 있다는 것을 뜻합니다.

이 최면술에 관한 실험을 소개한 학자 가운데 케논 박박사의 그것을 권위 있는 것으로 쳐 주는데, 우리 나라에는 《사자(死者)와의 대화》라는 것이 번역돼 나온 것이 있습니다.

서울 대학교의 모 교수가 미국에 갔다가 호기심에 끌려 읽어 보고 느낀 바가 있어서 번역한 책입니다.

최면은 혼을 빼는 것도 아니고 잠을 재우는 것도 아닙니다. 온갖 잡념을 다 여읜 정신통일 상태입니다.

최면술을 시술할 때, 최면에 대한 수양이 높으면 어른에게도 시술할 수 있지만, 맨 처음에 하는 초보자는 어린애로부터 해야 합니다. 또 마음이 부드러운 사람에게는 잘 되고 불행한 사람 아집(我執)이 많고 성질이 포악한 사람은 잘 안됩니다. 또 마음으로 안 받아들여도 안됩니다.

최면을 시술하면 잠이 들 듯이 차차 최면상태에 들어가는데, 마음이 차차 가라앉고 몸이 부드럽게 되고 정신이 안정이 되면서 모든 잡념이 없어집니다. 그러면서도 인식작용은 합니다. 말도 하고 생각도 하고 그럽니다.

최면에도 초기(初期), 2기, 3기의 깊이가 있습니다. 3기에 들어가야 전생의 일을 알게 됩니다. 말하자면 선경에 깊이 들어간 셈입니다.

또 최면술은 깊이 들어가면 힘 센 장사라도 그 사람의 팔을 마음대로 움직이지 못합니다. 무한대의 힘과 연결이 되어 있기 때문입니다.

케논 박사의 예에서와 같은 큰 힘과 능력이 생기는 것입니다.

다음은 어떤 권위 있는 최면사가 호주 여인에게 최면을 시술하여 얻은 기록 중 한 가지 줄거리를 소개하고자 합니다.

그 여인에게 150년 전을 회상하도록 시술했습니다.

그 여인은 캐나다의 어느 도시에서 자라나서 그곳 국민학교를 다녔는데, 어떤 학과는 성적이 어떻고 몇 학년 때는 몇 등을 하고 품행이 어떠했다, 친구의 이름은 누구누구였고 형 동생은 어떠했다. 아버지는 어느 회사 중역인데 미남이었고, 어머니는 피아니스트로 소질이 우수했다.

또 학교가는 도중에 작은 나무 다리가 있었는데, 이웃집 친구 아무개가 그 다리에서 떨어져서 다리 병신이 된 일도 있었다. 등등의 구체적 생활상을 이야기합니다.

그러면 최면사는 이 모든 대화를 녹음 테이프에 실어 가지고 현지 답사를 합니다. 학교에 가 보고 동회나 구청에 가서 조사해 보면 150년전 학적부에 호주 여인이 최면 중에 말한 그대로 실려져 있고, 동회나 구청의 지적도에는 최면 중에 말한 그 번지에 그런 사람들이 살고 있었으며 지금은 20층 빌딩이 올라갔지만 150년 전에는 그 자리에 작은 나무 다리가 놓여져 있었다는 것입니다.

《사자와의 대화》라는 책을 보면 이와 같은 이야기가 있습니다. 시몬(루스 밀스 시몬)이라는 여자를 최면한 이야기입니다. 시몬이라는 여자가 1923년에 출생한 여자인데 이 여자가 전생에는 1864년에 사망한 이야기입니다. 최면을 처음 걸 때 보면 이렇게 이야기합니다.

"우리는 이제 옛날로 돌아가고 있습니다. 시간과 공간을 통하여 옛날로 소급하고 있습니다. 마치 책 페이지를 거꾸로 들추는 것과 같이……자, 당신은 일곱 살입니다. 학교에 다닙니까?"

"네."

"어느 학교에 다닙니까?"

"아델프 학원입니다."

"당신 앞에 누가 앉아 있습니까?"

"재클린입니다."

"뒤에는 누가 앉아 있습니까?"
"베르나 마에예요."
"당신이 좋아하는 과목은 무엇입니까?"
"읽는 것입니다."
"잘 읽습니까?"
"잘 읽습니다."
"좋습니다. 그럼 그때 일은 다 잊으세요. 그리고 쭉 올라가서 당신의 임종 때를 생각해 보세요. 우리가 알고 싶어 하는 것은 당신이 몇 년에 사망했는가 하는 것입니다. 자, 장례식 때 당신을 매장하는 것을 보았다고 말하셨죠?"
"네."
"그것을 보았다면 당신이 사망한 햇수도 알 수 있을 거예요. 아마 무덤의 비석에 새겨져 있거나 다른 곳에 기록되어 있겠지요. 아마 보셨을 거예요. 몇 년입니까?"
"그게……천팔백……육……음……1——8——6——4년요? 비석에 1864라고 써 있었다고 생각해요."
"지금 비석을 보고 계십니까?"
"네."
"그럼 숫자만 아니라 모두 읽어 보세요."
"브라이짓트……캐더린……음……엠(M)……멕카시……"
"아마 당신의 출생한 해가 처음에 써 있을 것입니다."
"1…7…9…8."
"훌륭합니다. 자, 다른 숫자는 없나요."
여기서 그녀는,
"줄이 있어요. 줄이 하나 그어 있고……그리고 1864라고 써 있었어요."
라고 손짓을 해 가며 말했다.
"이제 다시 시간을 따라 당신이 저승에 있던 영의 세계로

갑니다. 다음 당신은 미국 아이오와주에 다시 태어났습니다. 그리고 이제 현실로 돌아왔습니다."

또 이《사자와의 대화》에는 다음 최면실기가 있습니다. 전생의 최면술에 관한 기록입니다.

"당신이 태어나기 전으로 돌아가기 바랍니다. 이 세상에 태어나기 오래 전으로 거슬러 올라 갑니다. 당신이 브라이디 머피로서 아일란드에 살던 때로 되돌아 가십시오. 브라이디 머피였던 아일란드의 시절이 생각나십니까."

"네."

"좋습니다. 그럼 결혼 당시로 돌아가십시오. 당신은 결혼 당시의 일을 기억할 수 있습니까?"

"네."

"신랑의 이름은 무엇이었나요?"

"브리안."

"브리안이 이름입니까 성(姓)입니까?"

"사람들이 그를 브리안이라 불렀어요……"

"결혼은 코크에서 하셨나요 벨파스트에서 하셨나요?"

"코크에서 결혼했어요."

"코크에서요?"

"네, 저는 코크에서 결혼식을 올렸어요. 그렇지만 벨파스트에서 다시 결혼식을 올렸다는 것을 집안식구들에게 알리지 않았어요."

"알겠습니다. 코크에서 결혼식을 올렸어요. 그렇지만 벨파스트에서 다시 결혼식을 올렸다는 것을 집안식구들에게 알리지 않았어요"

"그렇게 반복하지 말아 주세요. 당신은 아무거나 되풀이해서 물으시는군요."

"일부러 그러는 것은 아닙니다. 그러니까 코크에서 먼저 식을 하고 다음에 벨파스트에서 식을 했군요."

"친척들에게 알리기 위해서 그렇게 한 거예요? 그들은 이 결혼에 대해서 별로 좋아하지 않았어요. 제가 알기엔 그들은 나를 잃어버린다고 생각했어요. 아버지는 퍽 상심했죠."

"그러면 마지막으로 결혼한 것은 언제였나요? 그때 가톨릭 신자가 됐었나요?"

"아니예요. 저는 그렇지 않았다고 말씀드렸죠. 그러고 싶지 않았어요. 우리는 성당에서 식을 올리지 않았어요. 존 신부님의 방에서 결혼했어요."

"알겠습니다."

"그분은 기꺼이 그 일을 해 주셨으니까요. 하지만 그것은 다만……성당에 기록해 두기 위해서죠. 아이들을 위해서……"

"그러면 당신은 전에 편지를 쓴 적이 있으세요? 혹은 어떤 사람에게서 편지를 받은 기억이 없습니까?"

"음…저는…집으로부터 편지를 받았어요."

"코크로부터 말씀인가요?"

"그래요."

"그런 편지들 가운데 보관하고 있는 것이 있나요?"

"네, 보관하고 있었어요."

"우리가 찾을 수 있도록 보관한 장소를 말해 주실 수 있을까요?"

"상자 속에 넣어 두었어요."

"어떤 특별한 곳에 두었나요?"

"네, 저는……아시겠지만……그렇죠. 당신도 알 거예요…… 거기에는……백랍으로 만든 접시도 있어요. 그것은 갈색의 아름다운 접시예요."

"두번째 선반 위라고요?"

"네, 작은 손가방도 그 위에 있고 또……몇 개의 리본과 편지도 몇 통 있어요. 또……음……작은 쌀자루며 바느질하던것, 그리고 어머니가 주신 고무줄로 된 양말, 대님 그것들이었어요."

　이와 같은 최면 실례가 이 밖에도 수 없이 많습니다. 하여튼 이렇게 해서 전생과 내생의 윤회를 부정해 오던 서양 사람들은 불교의 육도윤회설(六道輪回說)을 믿지 않을 수 없게 되었고, 생사윤회가 있고, 인과 응보가 있음이 증명된 것입니다.
　그러므로 금생은 전생의 연속이며 무무한 내생의 연결이며 금생에 주어진 후경이나 운명은 전생에 지은 원인으로부터 맺어진 결과이며, 금생에서 선악간에 하고 있는 우리의 일거일동은 다 내생에서 받을 결과에 대한 원인이 됩니다.
　이 육체를 가지고는 천년 만년 살 수 없으므로, 육체가 다 부서지면 다시 소가 되고 개가 되고 사람이 되고 합니다.
　그런데 이렇게 태어나는 것도 다 제가 태어나고 싶은 대로 되지 않습니다. 왜 그러냐 하면 전생에 자기가 지은 인연대로 끌려가기 때문입니다.
　불교의 인연이란 말은 묘한 뜻을 가지고 있습니다. 우리가 언제든지 무엇을 해도 친한 사람하고만 같이 안합니까? 사람이 수 천명이 모여서 이야기 하고, 구경하다가도 헤어져 나갈 때는 친한 사람끼리 짝지어 가지고 나갑니다.
　죽어 가는 길도 자기가 친한 길로 인연 지은 곳으로 따라갑니다.
　전에 내가 한번 울진 쪽에서 설악산을 올라가게 됐습니다. 날이 저물어서 마을 집에서 자고 아침 점심을 싸가지고 떠났습니다. 점심 때가 되어서 우물 있는 집을 찾아 점심을 먹는데, 그 집에 개가 하도 따르기에 밥 한 숟갈 떠주면서 귀여워 했더니 그 놈이 자꾸 따라옵니다. 아무리 쫓아도 돌아가지 않고 30리 이상을 따라옵니다. 마침 동네 나무꾼들을 만났는데,

나무꾼들이 처음에는 남의 개를 데리고 간다고 막 욕을 하더니, 내가 사실을 이야기하니까 그 사람들도 참 이상하다고 하면서 갔습니다. 내가 앉으면 저도 같이 앉고, 오면 또 같이 따라오고 좋아서 맴을 돌고 야단을 한 일이 있습니다.

　이 개는 전생에 나와 스승 상좌(師弟)간이었거나, 형제간이었거나, 부자간이었거나 그랬을 것이라고 나는 생각했었습니다.

　초면에 아무런 이유도 없이 마음이 끌리는 사람이 있습니다. 재미나고 항상 얼굴이 보고 싶고, 내 마음속에 상대방의 얼굴이 후히 드러나는 그런 사람이 있습니다.

　반대로 처음부터 미운 사람이 있습니다. 얼굴이 아무리 미남자고 미녀이고, 부자고 큰 학자고 아주 위해한 자선 사업가라도 싫어집니다. 첫 눈에 당장 보기 싫어서 주는 것도 받기 싫고 돈을 주어도 받기 싫습니다. 그러나 그 이유는 모릅니다. 적어도 금생에서는 그 이유를 찾을 수 없습니다.

　전생에 인(因)을 지어가지고 금생에 과(果)를 받는 것이기 때문입니다. 금생에 복을 지어 가지고 금생에 그 과를 받을 수도 있지만, 이 경우에는 전생에 복을 지은 밑천이 많은 사람이어야 합니다.

　가령 전생에 5백만원 밖에 저금을 못한 사람을 금생에 억대 부자가 될 수 없지만, 전생에 9천 5백만원을 저금한 사람이라면 금생에 억대의 부자가 될 수 있다는 것입니다. 죄를 많이 지은 사람이 금생에 조금 잘 했다 해서 금생에 큰 복을 받을 수 없는 것은 당연합니다.

　공자나 예수가 한 말이나 생각이 선이고, 그 행동이 선이었습니다. 그러나 뜻 대로 못하고 간 것이 예수, 공자입니다. 공자 자신도 말하기를 초상난 집 개처럼 푸대접을 당했다고 말했습니다. 예수도 자기 제자에게 배반을 당했고 처참한 마지막을 마쳤습니다. 이것은 다 전생에 죄만 많이 짓다가 금생에 왔기 때문에 그럴 수 밖에 없습니다.

그러므로 한참 씨 뿌리고 가꿀 때 술만 먹고 바람이나 피우고, 싸움이나 하고 돌아다니다가는 가을에 가서는 추수할 것 없는 것과 같습니다. 이와 같이 인과응보라는 것은 벗어날 수 없는 것입니다. 우리가 기도를 하고 참회를 한다는 것은 전생이나 금생에 이미 저지른 과오를 씻어내고 갚아버리는 수행입니다. 인과의 과보(果報)를 다른 방법으로는 벗어날 수 없으므로 오직 마음의 힘을 다해서 지극히 참회하고 마음을 깨쳐서 큰 능력을 갖추신 불보살님께 발원하여 가피(加被=구원)을 구하는 수 밖에 없습니다. 그런데 금생에 아무리 기도를 해도 성취되지 않는 사람이 있습니다. 이것은 전생에 죄가 원체 많아서 그렇습니다. 이런 사람은 더욱 더 참회하고 기도를 해야 합니다.

"금생에는 날마다 기도를 하다가 죽으리라. 그래서 후생에는 팔자를 고치리라. 내생에도 안되면 내생에는 기도나 할 수 있는 인간으로 태어나서 기도만 자꾸 하리라."

이렇게 결심을 해야 합니다. 그래서 참다운 기도를 해가지고 죄를 참회한 뒤에야 복을 받을 수 있습니다. 이것은 하느님 명령에 복종하지 않았기 때문에 하느님이 지옥에 보낸다는 죄벌론이 아니고, 내가 내 마음을 잘못 써 가지고 내가 만들어 논 과보를 타고나서 불행해 진다는 것입니다. 그러므로 나를 위해서 내가 불행해 질 짓을 내가 저지르지 않겠다는 태도입니다.

불교를 잘 믿으면 내생에 극락간다 하지만, 아주 잘 하면 금생에서부터 복을 받고 잘 살게 됩니다. 욕심만 버리고 살면 됩니다. 우리는 5욕락이 필요없으므로 모든 것을 다 포기해 버리자는 것입니다. 그러면 무엇 때문에 일을 하느냐? 하고 물을 것입니다. 없는 사람, 배고픈 사람 먹여주고, 헐벗은 사람 입혀 주고, 병든 사람 구해 주기 위해서 농사하고 장사하자는 것입니다. 내 마음에게는 아무 것도 필요없기 때문입니다.

이렇게 살면 나는 은연중 큰 복을 지키는 것이 되고, 온 천하에 나를 싫다고 할 사람은 없을 것입니다. 미친 사람까지도 나를 좋다고 할 것입니다. 죄만 짓고서 자꾸 복달라고 비는 기복불교는 낮잠자고 하는 것과 마찬가지로 빈 통장 가지고 은행에 가서 돈 내놓으라는 것과 마찬가지입니다.

우리가 부처님에게 불공하고 기도하는 것도 가만히 보면 빈 통장 가지고 가서 조르는 것과 같은 식이 많습니다. 24시간 하는 짓은 모두 죄 뿐이면서 복을 달라고 하니 그것이 됩니까?

"전생에 내가 남의 밥을 빼앗아 먹고 착한 일을 하지 못해서 이렇게 됐으니, 나도 남을 먹여 주고 입혀 줄 수 있게끔 복 좀 주십시오."

이렇게 참회 발원하고 기도하면 거지도 복을 받을 수 있습니다. 깡통에 얻은 밥이라도 나누어 먹을 수 있습니다. 불쌍한 거지에게 나누어 먹여 주고 자기는 새로 얻어먹겠다는 태도라면 큰 복을 지어 갈 수 있습니다.

복 지을 길은 거지한테도 얼마든지 트여 있습니다. 복은 열려 가지고 있다 그 말입니다.

이런 인과응보를 믿으면 악은 죽어도 안 하고, 선은 죽어도 하겠다는 윤리관이 확립됩니다.

공자의 유교나 예수의 기독교는 절대 원리에 입각한 윤리관이 아니기 때문에 대부분 급한 환경에 부딪치면 그 윤리관이 깨어져 버립니다.

그러나 불교의 인과응보론에 입각한 윤리관이 확립되었다면 나를 죽이려 온 사람한테까지도 배가 고프면 먹여 주어야 할 것입니다. 그러면 원한이 풀립니다.

 자비한 나한테는 적이 없습니다. 자비는 선악을 초월하고 인연을 초월해서 남을 위하는 마음입니다. 선악을 안 보면 그게 참다운 행복이고 이렇게 불교를 바로 믿는 그 시간부터 극락입니다.

마음의 눈을 뜨고

　불교의 참 모습에 대한 안목을 차차 열어 주면 아무리 유물주의자고, 아무리 히피족이라도 불교에 대한 취미를 붙이게 됩니다. 불교에 대한 취미는 곧 자기에 대한 취미로 통하게 되기 때문입니다.
　"나[我]라고 하는 이 인생은 밥만 먹고 똥이나 싸고, 늙고 병들고 죽어서 썩어 없어지는 존재인 줄 알았더니, 참 나[眞我]는 그것이 아니구나! 나의 참 면목은 마음이로구나!"
　이렇게 깨우쳐집니다. 그런데 이 마음은 물질도 아니고, 허공도 아닌게 마음이라고 하면 어떻게 늙어 죽을 수가 있고, 불에 탈수가 있겠습니까? 이 몸뚱이나 현상계는 모두 다 자기 꿈인데, 그 꿈속에서 무엇을 구하고 무엇을 찾겠습니까?
　쇠망치로 두들겨도 부서질 것도 없고, 불에 넣어도 탈게 없습니다. 그런 것이 생명이고 이야기할 줄 알고 오고가고 할 줄 아는 마음입니다. 그래서 지금 이렇게 생각할 줄 아는 이 주인공은 물질도 아니고, 허공도 아니기 때문에 이 마음은 지식이나 사상이나 생각도 아닙니다.
　이런 줄을 알고 나면, "아! 이런 굉장한 내가 있는 줄을 모르고 육체를 내라고 고집하여 헤매었구나!" 하고 깨닫게 됩니다.
　육체 생활, 이것은 팔고(八苦＝여덟 가지 괴로움)밖에는 아무 것도 없습니다. 육체 생활, 이것은 고통의 생활이고, 자꾸 자꾸 죽어 들어가는 생활입니다.
 가령 백년의 명(命)을 타고 나온 사람이 1년을 살았다면 살날이 99년 밖에 남지 않은 것이고, 두 해를 살았다면 2년을 죽음 앞으로 다가선 것이 됩니다. 그러므로 우리가 커 간다든지 살아간다는 말은 죽어 간다는 말이 됩니다.
 이와 같이 인생은 어머니 뱃속에서 나오면서부터 죽어 들어가는 것입니다.
 농사짓고 장사도 하고 별 짓을 다 하지만, 결국은 백년 목숨을 타 가지고 나와서 첫날부터 하루씩 죽어 들어가는 것밖에 안됩니다. 삶이 무엇인지 어째서 이렇게 된 것인지 그것도 모르고, 현실에 시달려 생로병사(生老病死=나고 늙고 병들어 죽음)를 할 뿐입니다.
 병이 들면 괴롭고, 병을 나으려면 치료를 해야 하고, 그러니 벌어야 하겠고, 농사를 짓거나 장사를 해야 합니다. 그러다 보면 복잡한 고통이 끝없이 따라옵니다.
 세계의 약을 모두 다 구해놓고 세계 의사들을 다 동원시켜 옆에 앉혀 놓았댔자 자기 자신은 앓을 만큼 다 앓아야 하고 죽을 때가 되면 죽어야 합니다. 아무런 회계가 안 닿는 게 소위 우리 육신 인간의 한 평생입니다.
 세계 돈을 다 모아 봐도 나한테 소득될 건 하나도 없습니다. 오히려 돈 많은 사람은 돈 없는 사람보다 이 약 저 약 쓰느라고 고생만 하지, 그렇다고 해서 그 사람이 백년을 더 사는 것도 아니고, 몸이 더 건강한 것도 아닙니다.
 돈이 많으면 공연히 더 헤매게만 되고, 무엇을 할가하고 망상과 번민만 더 피우게 되고, 밤에 잠도 못 자고 음식도 제 때를 못 찾아 먹게 되어, 육체나 마음이 모두 지치고 시들어 나중에는 불안해지고 맙니다.
 권리가 많고 지위가 높은 사람도 마찬가지입니다. 지위가 높아지면 높아질수록 적들이 많아지고, 적이 많아지면 결국 자기는 고독한 신세가 됩니다. 돈이 많고 권리가 높으면 적이 많아져서 더욱 더 고독해집니다.

그러므로 우리의 참다운 행복은 육체나 물질적인 욕구를 충족시켰다고 해서 찾아오는 것이 아닙니다. 그것은 다 속아 사는 생활입니다. 마음을 깨치지 못해서 현실을 잘못 보고 미래를 잘못 진단해서 속이 어두운 협잡배에게 자기의 진귀한 보배를 사기 당한 생활입니다.

우리가 오직 구해야 될 것이 있다면 마음의 밝은 원리를 깨쳐야 하는 일이며, 육체와 현실은 다 꿈이고, 착각이고, 마음의 그림자임을 깨닫는 일입니다.

우리의 오관(五官)작용만 해도 그렇습니다. 가령 천지를 진동하는 대포소리가 울리더라도 우리 귀에 들리지 않을 때가 있습니다. 심각한 고민이 있거나 어떤 일에 열중하여 삼매(三昧)에 들어가 있을 때입니다.

종소리의 경우만 해도 일본 사람은 "강강강강" 난다고 하고, 우리 나라 사람들은 "땡땡땡땡"이라 그럽니다. 우리가 땡땡땡땡 하면 일본 사람은 웃습니다. 또 일본 사람은 큰 종소리를 "공공"이라고 하고, 우리는 "꽝꽝"이라고 합니다.

우리가 생각하기에도 큰 종소리가 공공한다는 것은 너무 무리이고 우스운 일입니다. 그러나 일본 사람은 꼭 공공으로만 들립니다. 그러므로 종소리는 공공도 아니고 땡땡도 아닙니다. 종소리의 실상음(實相音)이 어떤 것이냐고 물으면 우리는 대답할 수 없게 됩니다. 우리는 강강이나 땡땡이 귀에 젖어있기 때문에, 강강과 땡땡을 빼고 종소리를 들어보려고 하면 들을 수 없습니다. 그리하여 각국마다 다르게 됩니다.

우리는 참되고 순수한 소리를 듣는 것이 아니고 자기 기분대로 듣고 조작과 습관으로 듣게 됩니다.

종소리를 바로 듣는 것은 갓난아기가 처음 귀가 트여서 강강인지 공공인지 모르고 듣는 그때 또 입니다. 또 도인은 제대로 듣습니다.

도인은 아무 생각이 없기 때문입니다. 이것은 철학이 아니라 과학입니다. 이것은 청각작용(聽覺作用)만 그런 것이 아니라, 눈으로 무엇을 보고 크다 작다 하는 시각작용(視覺作用)도 한 가지입니다. 크다 작다 하는 절대 기준을 모르는 것이 인생입니다.

가령 손바닥만 한 거울을 가지고 춘천 뒷산에 올라가서 비쳐 보면 춘천이 그 거울 안에 다 들어옵니다. 손바닥만 한 거울 안에 꼭 춘천하고 똑 같은 질량이 나타납니다.

실제로 십리 밖에 있는 것은 거울 안에 십리로 보이고, 오리 거리에 있는 실물은 거울 안에서도 오리로 보이지만, 이것이 거울 밖으로 십리나 오리를 뚫고 나아갈 수는 없는 것입니다. 이 거울 안에 춘천만 한 그림이 나타나자면 춘천만 한 면적에 그림을 그려야만 할 것 아닙니까? 손바닥만 한 곳에 춘천을 그리려면 큰 빌딩이 깨알만하게 나타나야 할 것인데 그대로 나타나 보이니 하나의 착각 아닙니까?

우리 눈에는 확실히 거울 속의 천연색 그대로 입체적으로 나타나 보이고 또 십리밖에 있는 것은 십리 밖의 것으로 백리 밖의 것은 백리가 되어 보입니다. 또 손바닥만 한 거울에는 그렇게 된다 하고 손바닥 반만 한 거울에도 역시 춘천이 똑 같이 다 나타나고, 나중에는 손톱만 한 거울에도 춘천만하게 나타납니다. 이것이 착각이 아니고 무엇입니까?

이것은 우리가 큰 것을 크다고 본 것이 아니라 작은 것을 크다고 보는 결과가 됨을 말합니다. 화가가 아무리 묘사를 잘한다고 해도 이렇게 그리기가 힘들 것입니다. 확실히 말하자면 마음이 거울에 직접 나타난 것입니다.

이 마음의 거울은 작다고 하면 바늘끝 보다도 작고, 크다고 하면 우주에 가득할 것이니, 크다 작다 하는 말은 어디에다가 기준을 두고 하는 말인지 알 수 없습니다.
　기분에 따라서 작은 것이 대단히 크게 보일 때도 있고, 큰 것이 아주 작게 보일 때도 있습니다. 이와 같이 맛(味)도 기분에 따라서 설탕이 쓰고, 소태가 달 때도 있습니다. 또 추운 날이 더웁게도, 더운 날이 춥게도 느낄 때가 있습니다.
　이와 같은 사실은 다 우리의 오관이 정확하지 못하다는 것을 뜻하며, 우리의 오관작용이 심한 착각을 일으키고 있다는 증거입니다.
　앞에서도 말한 것처럼 마음에서 부처가 나오고 하느님이 나오고, 우주가 생겨 나오고, 꿈속 세계도 나옵니다.
　우리는 밤 꿈에만 우주를 창조해 내는 것이 아니라, 꿈을 깬 낮 꿈에도 우주를 창조해 냅니다.
　그러므로 꿈이라고 하면 낮 꿈 밤 꿈이 다 꿈입니다. 밤, 낮, 금생, 내생이 다 꿈인데 이 꿈 가운데 꿈이 아닌 것은 꿈을 꾸고 우주를 창조해 내는 우리 마음뿐입니다. 밤 꿈에도 이 마음 이대로이고, 낮 꿈에도 이 마음 이대로입니다.
　그런데 생각은 그때 그때 환경에 따라서 추우면 춥다 더우면 덥다고 느낍니다.
　생각은 이렇게 달라질 수 있지만, 추우면 추운지 알고, 더우면 더운 줄 아는 이 마음은 불변의 나입니다.
　생사의 변천이 없고 질량의 변화가 있을 수 없는 이 나는 모든 지식의 주체인데, 이 마음의 시간과 공간을 만들어 가지고 큰 것은 크다, 작은 것은 작다고 하는 것입니다.
　육신도 마음이 만든 피조물(被造物)인데 중생들이 육신을 주인으로 마음을 육신의 종으로 삼아서 주객을 뒤엎고 있습니다. 그래서 부처님께서는,

"이 육신이 죽는 것은 내가 죽는 것이 아니다. 나는 죽을 방법이 없다."

이렇게 갈파하셨습니다.

상전인 마음이 육체의 종노릇하는 것을 우리는 억울하게 생각하고, 불교신앙으로 마음의 혁명을 일으켜야 합니다. 그래서 마음이 나라는 것을 확실히 인식하고 그 마음과 자세를 본래의 원상에 복귀하도록 해야 합니다.

이런 목표를 달성하기 위해서 수도를 해야 하는데, 수도하는 데는 지혜를 닦고 복을 짓는 두 가지를 해야 합니다. 이렇게 하면 새 세상에서는 죄가 참회되었으므로 지혜와 복을 많이 타고 나오기 때문에 무엇이든지 마음대로 할 수 있게 됩니다.

예를 들면 책을 펴보기 전에 제목만 보아도 내용을 알 수 있게 되고 또, 돈복이나 인복이나 지위의 복을 다 타고 나왔으니 이것이 행복 아니겠습니까? 이렇게 복이 쌓이고 쌓여서 자꾸만 나아가면은 마침내 부처님의 지위까지 올라가는 것입니다.

이와 같은 신앙을 가지고 이 육신을 쟁기삼고 호미삼아 부지런히 일하여서 배고픈 사람, 헐벗은 사람, 병든 사람을 구제하여 주자는 것이 불교입니다.

자기부터 먼저 살고 남을 살리겠다는 인생관이라면 이 세상에 태어났을 그때부터 벌써 세계 35억 사람이 다 적이 됩니다.

부처님의 자비사상을 배우면 이 세상에 태어나자 35억을 위해 나온 것이니, 이것이 극락 세계가 아니고 무엇입니까?

우리 불자(佛子)들은 이와 같은 불법에 의지하여 남을 해롭게 하지 않도록 힘써야 복을 받습니다. 특히 남의 생명을 죽여서는 안됩니다. 살생을 많이 한 사람은 자비의 마음이 끊어지고 명이 단축됩니다. 이것이 바로 인과입니다.

미꾸라지로 추어탕을 하여 먹는다고, 안죽으려는 생명 수만 마리를 솥에 삶습니다. 미꾸라지가 물이 뜨거워 오면 참다 못하여 입을 쫑끗쫑끗 하는데 이것은 누가 불을 때느냐고 욕하고 저주하는 소리라고 합니다.

미꾸라지 한 마리 한 마리한테 수십번 죽고도 그 업이 남습니다.

살고만 싶은 것이 생명체이므로 미꾸라지가 죽을 때나 사람이 죽을 때나 짐승이 죽을 때나 원한을 품는 것은 다 마찬가지입니다.

돼지 목을 찌르면 피를 흘리면서 죽어가는 그 돼지가 원한을 품습니다. 돼지 살을 입에다 넣고 꾹꾹 씹으면 원한 맺힌 핏덩어리가 내 몸에 들어가 더러운 피가 되고 나쁜 살이 됩니다. 그러나 육식을 많이 하는 사람, 살생을 많이 하는 사람은 명이 짧은 부모를 만나고 명이 짧은 여자와 결혼하여 아들 딸 잔뜩 낳고는 상처하여 홀아비가 되고, 나도 오래 살지 못하게 됩니다.

또 도둑질을 많이 한 사람은 농사를 지어도, 장사를 하여도 안돼는 것 뿐 입니다. 잘 산다고 하는 사람도 내용을 알고 보면 내외간과 부자간에 마음이 맞지 아니하여 서로 불화하는 사람이 있습니다. 이런 사람은 전생에 도둑질한 사람과 살생한 사람입니다.

또 인덕 없는 것도 큰 고통입니다. 부부간에도 맞지 않고 부자간에도 맞지 않으며, 심지어는 식모하고도 맞지 않습니다. 밥을 먹어도 소화가 안되고 밤에 누워도 맘이 좋지 않아서 잠이 안 옵니다. 부모・형제・친구・동네 사람까지 모두 나를 욕하는 사람뿐입니다. 이런 사람은 전생의 내외간에 배신한 죄를 지은 사람입니다.

촌수를 말하면 부자간에는 1촌입니다. 형제지간에는 2촌이고 거기서 하나 건너 조카와는 3촌이고 다음은 4촌이고 이렇게 규칙적으로 나아갑니다.

그러나 내외간에는 사람은 둘이지만 촌수는 없습니다. 그러니 두 사람이면서 하나이고 서로 피를 섞어 가지고 아들 딸 자꾸만 낳으니 촌수를 댈 수 없이 완전히 하나입니다.

이렇게 살아가는 사이에 어질고 얌전한 부인을 속이고 다른 곳에 여자가 있으면 이것은 이 세상을, 아니 이 우주를 배신한 것과 같은 죄가 생긴다는 것입니다. 훌륭하고 착한 남편을 내버려 두고 아무도 모르게 다른 남자와 친하고 있다면 이 역시 이 세상을 배신한 것과 같은 죄가 생기는 것입니다.

이래서야 되겠습니까?

진시황·나폴레옹·히틀러·메이지천황·케네디·장개석 같은 사람도 다 그랬습니다. 그러니 이 세상이 정리가 될 도리가 없습니다. 서로 원수끼리 모였으니까 그런 것입니다.

부부간의 배신은 죄 중의 제일 큰 죄입니다. 재산 많고 지위 높은 것도 관계없이 인덕 없는 사람이 있습니다. 내가 먹여 살려 주고 내 신세를 가장 많이 진 부하들까지도 나를 욕합니다. 이 사람은 전생에 부부간에 배신을 많이 한 때문입니다.

이와 같이 살생을 하면 단명하고, 도둑질하면 박복(薄福)하고, 부부간이나 직장에서나 부정한 짓을 하면 인덕을 못타고 납니다.

거짓말을 잘하면 콩으로 메주를 쑨다 해도 남이 그 사람 말은 곧이 듣지 않습니다. 술 먹은 사람은 정신이 흐려져서 어리벙벙해지는 것을 좋아했으니 내생에는 바보가 되어 나온다는 것입니다.

또 산신·칠성·조왕·용왕 등이나 잡신을 믿는 미신 행위는 바보가 되고 삿되게 되고 천하게 되고 천하게 되어 태어납니다.

이런 사람들이 부처님한테 불공해 봐야 잘 안되니 칠성기도를 해봅니다. 부처·칠성·산신 중 어떤 것이 더 영특하고 영험한지 시험해 보려는 생각입니다.

이런 사람은 다 불교가 무엇인지 모르는 사람이고 어떻게 해야 복을 짓고 죄를 없애는 것인지를 모르는 사람입니다.

잡신이 없는 것은 아니지만 그러한 것은 섬기지 말아야 합니다. 모든 것의 근본은 죄와 복인데 자기가 복 못 짓고서 누가 어떻게 복을 줍니까? 더군다나 잡신이 무슨 복을 줍니까? 나쁜 잡신에게 빌면 도리어 죄와 화를 줄 것입니다.

부처님께 가서 기도를 하드라도 내가 도둑질한 물건이 다 내 것이 되게 해달라고 하는 식의 기도라면 하루 백 만원씩 갖다 놓고 기도를 해도 아무 효험이 없습니다. 도둑놈 만들어 달라고 하는 기도니 되겠습니까?

자기 욕심만 채우려고 하지 말고 곶감 하나라도 주어다가 깨끗이 씻어서 정성으로 올려놓고 이 공덕으로 온 시민이다 잘 살게 해 주십시오 이렇게 기도를 한다면 이 얼마나 가상한 일이고 복받을 마음씨입니까? 이런 사람이 복 안받고 누가 복을 받아야 합니까? 부처님이 복을 줄 수 있다면 이런 사람 복 안주고 누구를 주겠느냐는 말입니다.

요사이 불공이 모두 기복불공이고 복을 빈다고 하는 것이 거꾸로 입니다. 도둑놈처럼 욕심이 가득한 마음씨를 가지고 와서 복만 달라고 자꾸 빌고 있으니 마치 빈 통장 가지고 은행에 가서 돈 내어놓으라는 것과 한 가지입니다. 이런 식의 불교를 기복불교라고 합니다.

기복불교는 낮잠이나 자고, 놀음이나 하고 바람이나 피우고 돌아다니면서 배가 고프니 남의 집에 가서 해놓은 밥 달라고 하는 식의 불교입니다.

 날마다 누워 자던 사람이 남의 집에 가서 손을 벌리니 손바닥을 때려 주고 싶어질 것입니다.

 여러분이 불교를 잘 믿으면 그 시간부터 복을 받지만, 이렇게 거꾸로 믿으면 외상 불교가 됩니다.

 외상 불교는 저만 잘 되려고 부처님께 비는 불교입니다.

 여러분 신도들은 다 자기 잘 되려고 절에 가지, 부처님 위해서 절에 가는 것은 아닙니다. 정말 복을 받으려면 이런 식으로 해서는 안됩니다.

 불자는 마땅히 진실로 남을 위하는 일을 하라는 것입니다. 절에 다니는 사람이면 첫째로 남편이나 자식이 아무리 나쁘더라도,

 "그게 다 나 때문이다. 내가 전생에 죄가 많아서 남편이나 자식이 그렇구나. 어떻게 하든지 남편과 자식을 위해서 자꾸 기도해 주고 불공해 주고 착한 일을 많이 하고 적선을 많이 해야겠다."

 이렇게 생각하고 실천하도록 노력해야 합니다. 그러면 그 공덕으로 전생의 죄업이 소멸돼서 좋은 남편과 자식으로 될 수 있는 것입니다.

 심하게 말해서 며느리가 저녁마다 바람을 피우러 나가더라도 내 자식이 나쁘고 내가 나쁜 것이니, 며느리를 위해서 불공해 주고 좋게 달래 주고 나쁜 소리를 하지 말라는 것입니다.

 또 사위라고 하나 봐 놓았더니 날마다 바람이나 피워서 딸이 생과부가 되었더라도 사위를 위해서 자꾸 불공드리고 적선하여야 합니다.

 절에 온다고 불교를 믿는 것은 아닙니다. 불교가 무엇인 줄도 모르면서 절에 와서 불공하고 기도한다는 시간이 죄짓는

시간이 되는 경우도 많습니다.

　제일 큰 죄는 부처님 앞에 가서 남은 잘 안되고 자기 혼자만 잘 되게 해 달라고 욕심 채우는 일입니다. 일평생 절에 한 번 안 가도 됩니다. 배고픈 사람 병든 사람이 얼마나 많습니까? 이런 사람들을 서로 도우면서 살라는 것입니다. 부처님 경(經)에는 혹 불보살님과 도인들이나 스님께 공양하라는 말도 있지만 대부분은 어려운 사람들을 도와주라는 이야기입니다.

　비구승이라는 것은 마음의 원리를 깨쳐서 중생을 지도해 주면서 밥을 얻어먹는 거지이기 때문에 절사 즉, 빌어먹는 학자라고 합니다. 집도 절도 없는 게 중 신세 아닙니까? 그것도 거지니까 모든 것을 갖다가 주자는 것입니다. 이것을 먹고 편히 수도하여 도를 통해 가지고 우리를 이끌어 달라는 뜻입니다.

　물론 상거지도 먹여 주어야 하겠지요. 그렇지만 동네거지, 극빈자로 도와주라는 것입니다. 수해가 나고 화재가 나고 각종 무서운 전염병이 휩쓸어 난민이 많이 생겼을 때 모아 두었던 돈을 안 쓰고 언제 쓰자는 것입니까? 돈을 아무리 아껴 놓아봤자 몸뚱이는 흙이 되고 맙니다. 사람이 천년 만년 사는 것도 아니고 마지막에는 자기가 아끼고 아끼던 몸뚱이도 버리고 가야 합니다. 아무리 하루에 백만원을 벌어도 자기 몫은 밥 세 그릇 밖에 안됩니다.

　그렇게 지독하고 미련하게 욕심을 부리고 살아 봐야 소득될 것은 하나도 없습니다. 오직 우리는 마음을 바로 가져야 합니다. 어떻게 해야 바로 가지겠느냐 하면 육체가 나라는 사고방식을 없애고 남을 위해서 살라는 것입니다. 그러나 남을 위해서 사는 그것도 따지고 보면 나의 생사를 자유하기 위한 일이고 이 마음 깨쳐서 내가 부처 되자는 일에서입니다.

불교에서는 이것을 자기도 이롭고 남도 이롭게 사는 자리타리(自利他利)의 법이라고 합니다. 이와 같이 욕심 없이 일하며 농사를 지어도 잘 되고 장사를 해도 잘 됩니다.
　여관을 경영하는 경우에도 이런 마음으로 하면 우리 여관이 만원되기 전에는 다른 여관에는 안갑니다. 잡화상을 해도 폭리하지 말고 남을 위해서 좋은 물건 사다가 싸게 팔아 주면 그 사람은 마음이 편하고 복받습니다. 욕심이 도둑놈처럼 목구멍에 차 있으니까 마음이 불안하고 액난을 당하게 됩니다. 욕심을 부려서 하루 네 그릇씩 먹어 봐야 위장병이 생긴다는 것이 세상의 진리입니다. 자기 먹을 것만 내놓고는 이익을 전부 나누어주라는 것입니다.
　평소에 이렇게 하는 사람이 만약 무엇에 출마를 하였다면 온 시민이 다 그 사람한테 투표할 것입니다. 막걸리 사주지 않아도 됩니다. 나까지 잡아먹으려고 임시로 주는 미끼를 누가 달게 받아 먹겠습니까?
　불교의 인과를 철저히 실천하는 사람은 육신이 내가 아닌 줄을 알기 때문에 내 눈이 필요하다면 눈을 빼어 주고, 창자라도 꺼내 주고 심장도 도려내서 이식해 주고, 그래 가지고 그 사람 비위 맞춰주면서 불교 이야기 해 주고 영원하고 완전한 자유 해탈을 성취시켜 주려고 합니다.
　이것이 문자 그대로 정말 자비입니다. 불교의 원리를 가지고 세계를 다스리기 전에는 인류는 전쟁으로 자멸하고 맙니다. 공산주의 가지고도 자본주의 가지고도 안되고 다른 일반 종교로도 안됩니다. 대장경만 펴놓으면 8만 4천 외도가 다 나오고 기독교·유교, 온갖 진리가 다 나옵니다. 유교니, 기독교니 하는 말은 없지만 말하자면 똑 같은 원리가 다 설명되어 있습니다. 신선도에 관해서도 온갖 이야기가 다 있습니다.
　불교 이외의 다른 이론들은 다 완전무결하다고 할 수 없습니다. 예수교의 사랑만 해도 한계가 있는 사랑이고 자기한테 국한되어 있는 사랑이지 한계밖에는 한치도 못 나가는 사랑입니다.

예수 안 믿는 사람하고 믿는 사람하고 만나면 부자간에도 서로 38선이 생깁니다. 종교가 다르면 한 집안에 살면서도 며느리하고 시어머니하고 서로 원수가 되어서 불화가 생기는데 이것은 전적으로 기독교의 잘못입니다.

불교는 그래도 그렇게는 안 합니다.
"정 그렇거든 너는 예배당에 가거라."
이런 태도입니다.

예수 믿는 사람은 다른 것은 다 마귀(魔鬼)다. 그래 가지고 조금도 용서 없습니다. 그러므로 이것은 말이 박애(博愛)지 좁은 박애입니다. 공자의 인의(仁義)도 마찬가지입니다. 공자도 자기주의와 맞지 않는 사람하고는 상종하지 말아라 거래하지도 말아라 그랬습니다.

불교는 안 그렇습니다. 누구든 다 평등하게 상대하여 주라. 예수교 사람도 목사도 상대해 주고 신부도 상대하여 한계를 두지 말라는 태도가 불교입니다.

기독교를 믿고 착한 일 해도 천당 가고 유교를 믿고 착한 일 해도 천당 가고 아무 것도 안 믿고 착한 일 해도 천당 간다는 것이 불교의 인과설입니다. 동시에 불교는 아무 한계가 없는 개방된 진리입니다. 우주 전체의 유정(생명계)·무정(물질계) 그대로 설명한 것을 과학이라고 한다면 불교야말로 그대로 과학입니다. 그 설명하는 방법이 현대의 과학적 방법과 다를 뿐입니다.

불교는 이렇게 과학적이고 철학적이고 종교적인 인과응보를 믿고 자신과 남을 위해서 함께 하는 것이니까 이 육신이 죽어 가면서도 이차돈 모양으로 거짓말 안 하려고 목을 몇 번이나 내어놓았습니다. 그러므로 불교의 윤리가 서야 인류사회가 안정이 되고 평화가 오고 서로 싸움이 없이 잘 살게 됩니다. 불교를 모르는 이 인간 세상에는 평화가 올 수 없습니다. 두 사람 사이에도 평화가 올 수 없습니다. 자기 중심으로 모든 것을 배워 놓은 사고방식이기 때문입니다.

인도의 간디 같은 사람은 원래 힌두교였지만 생활 내용은 불교 그대로 수양한 사람입니다. 그 제자가 일본 동경대학에 와서 강연을 한 일이 있습니다. 간디는 27세 때에 부인과 단방을 하였으니 그 부인도 철인입니다.

간디는 처음에는 고기를 먹었는데 소화가 잘 안되고 체하기만 하니 나중에는 고기를 끊었습니다. 그래서 제자도 선생을 따라서 고기를 안 먹게 되었다는 이야기입니다.

간디옹의 나이 75세가 되어, 머리는 하얗게 세었지만 건강은 아주 좋았다고 합니다. 이것은 채식을 한 때문이라는 것입니다. 채식을 하면 할수록 몸이 건강해지고 정신이 좋아서 오래 살 수 있다는 것입니다. 반면에 고기는 흥분제입니다. 물고기나 소나 돼지나 어떤 짐승이고 죽을 적에는 얼마나 독한 마음을 먹고 죽겠습니까? 안 죽으려는 온갖 원한이 다 뭉쳐 있는 피와 고기를 먹는 것이기 때문에 고기먹은 사람의 성격이 악해질 수밖에 없습니다.

서양 사람들은 육식을 많이 한 민족이기 때문에 그 사람들은 전쟁을 해도 무도하고 무자비합니다. 운동하는 것을 봐도 싸움을 해도 포악한 행동으로 나옵니다. 우리 동양 사람은 그렇게 까지는 안 합니다. 항복하면 그만입니다.

서양 사람들이 이런 성격을 소유하게 된 것은 대개 오랜 선조 때부터 육식생활만을 주로 해온 수렵민족(狩獵民族)이었던 때문입니다. 또 육식을 하면 정욕(情慾)이 왕성하여 집니다. 그래서 부처님은 비구들에게 죽지 않을 정도의 건강만 유지해야 마음이 건강해지고 정신이 탁월하게 된다고 말씀하셨으며, 마음을 깨쳐 도를 얻기만 하면 일년 내내 물 한 모금 안 마셔도 살고 기운도 안 내리고 얼굴이 더욱 더 좋아지는 진리가 있다는 묘법을 가르쳐 주셨습니다.

이리하여 절에서는 아침에 죽을 먹습니다. 부처님 당시에 죽을 밥처럼 되게 쑤어서 먹는 제자가 있었는데 이것을 보신 부처님께서 그렇게 먹지 말라고 하셨습니다. 죽을 마당에 가지고 나가서 하늘의 별이 비치어 질 정도로 쑤라 하셨습니다.

그러니까 숭늉 정도에 불과합니다.

몸뚱이가 나라고 하는 착각을 버리고 참 나를 찾기 위해서 조금 요기나 하라는 것입니다. 또 낮에는 정오만 지나면 먹지 않도록 되어 있습니다. 그러니 저녁을 못 먹는 것은 물론이고 점심도 정오에 일 분만 넘어도 안됩니다. 입에 넣었던 밥이라도 토해 두었다가 내일 낮에 먹으라는 것입니다. 그러므로 기운이 없고 맥을 못 추면 저녁 굶은 중이라는 말이 있습니다.

도둑질도 대개 저녁에 하고, 또 온갖 음행도 저녁에 하게 되고 나쁜 짐승도 대개 저녁에 남을 해치는 극성을 부립니다. 이것은 다 저녁에는 좋지 않은 마음이 생기기 쉽기 때문에 저녁을 굶도록 되어 있습니다.

중의 얼굴에 살이 피둥피둥 찌고 기름이 주루루 흘러 가지고는 공부하는 중이라고 할 수 없습니다. 우리 신도로서는 거기까지는 못한다 해도 불법의 진리를 믿고 부인은 남편과 부모를 섬겨야 하고 자녀를 키워 교육시켜야 하며, 또 남편은 처자를 거두어야 하고 또 국민의 의무를 다 해야 합니다.

이렇게 되면 금생에는 온전한 수도를 하기 어려우니까 수도하는 스님이나 잘 받들어서 그 공덕으로 내생에 한번 중이 되어 가사장삼 메고 수도에 전념해야 하겠다는 발원을 해야 합니다.

어떤 보살은 금생에는 머리를 못 깎고 수도에 전념하지 못했으니 내생에 가서는 수도승이 되겠다는 생각으로 가사장삼을 해 가지고 있다가 죽을 때가 되어 자손들에게 유언을 합니다.
"내가 죽으면 이것을 입혀 가지고 머리 깎고 화장하여라."
그러니 완전히 발심을 한 신도라면, 이 사람의 생활은 농사를 지으나 장사를 하나 나를 위해 하는 것이 아니라 남을 위해서 농사를 짓고 장사를 하는 생활일 것입니다. 그러므로 이 사람은 생활이 곧 불교이고 일거일동이 곧 복을 닦는 것이 됩니다.
이런 사람들이 공무원도 하고 사업을 하다보면 이 나라는 세계 제일의 부국이 되고 강국이 될 것이며 행복한 인류 사회를 이룩할 것입니다.
이것이 한국 불교가 현대인에게 전해 줄 수 있는 지도이념이고 현대의 위기를 구제할 수 있는 유일무이한 진리입니다. 우주의 원리인 마음자리를 한국 불교에서 처럼 이렇게 확실하고 분명하게 설명하는 불교가 현재는 이 지구상에 없습니다.
정말 도인이 나올 수 있는 불교가 우리 한국에 있다는 것입니다.
오늘의 세계를 구하는 길은 다른 종파나 철학·과학 가지고는 불가능하고 불교를 빼놓고는 무엇을 가지고도 안됩니다. 특히 한국 불교가 아니고서는 안됩니다.
현재 한국 불교를 알아야 하겠다는 구미 제국의 열의가 대단합니다.
일본이나 중국에 가서 들어보아도 종파불교(宗派敎佛)가 돼서 각각 설명 방법과 수행양식이 다를 뿐 아니라 한국 불교에서와 같은 참다운 부처님의 정신은 들어 볼 수 없다는 것입니다. 동남아 소승불교도 각 종 각 파마다 그 주장이 다르고 한 조각 불교밖에는 말하지 못합니다. 살아있는 불교를 들어 볼 수 없고 부처님의 생생한 얼굴을 찾아볼 수 없다는 것입니다.

그러므로 우리는 하루바삐 한국 불교를 바로 세워서 도인이 많이 나오도록 하겠다는 것입니다. 이렇게 한국 불교의 정신이 온 세계에 널리 퍼졌을 때 인류의 평화는 비로소 올 것입니다.

우리는 오늘의 세계를 지도하고 이끌어갈 수 있는 진리의 보고(寶庫)가 한국 불교에 있다는 것을 확신합니다.

이렇게 좋은 곳에 태어나서 한국 불교를 믿게 된 여러분은 참으로 행복합니다.

여러분을 위하여 한국 불교를 말하고 있는 나 자신도 또한 행복하게 생각합니다.

여러분은 이 세계의 인류 지도자가 우리 한국에 있는 줄 알고 법사님에게 자주 묻고, 큰스님을 찾아서 창법해서 한국 불교의 대승발심을 해야 합니다. 그래서 한국 불교의 불자들이 들고 일어나야 합니다. 이런 원을 성취하기 위해서 우리는 이 생각 저 생각 다 버리고 선악의 주체인 마음자리에 복귀해야 됩니다.

참 나는 본래 아무러한 일도 안 저지르니까 선도 악도 안하고 또 내가 선악을 다 할 수 있지만, 선은 할지언정 악까지 할 것이 무엇인가 이렇게 깨우쳐야 합니다.

이렇게 깨우쳐서 육체가 내가 아닌 줄 알고 마음자리가 나인 줄 확실히 알아서 한국 불교를 실천해 나갈 때 이 힘은 원자탄이나 수소탄보다 몇 천만배 더 큰 기운이 나온 것입니다.

이리하여 육체의 노예가 되었던 우리의 마음 물질의 확대 속에 파묻혀 있던 우리의 마음을 드러내어 참다운 생의 환희와 진리의 희열 속에 영원 무궁하고 완전한 행복을 창조해야 합니다.

成佛의 길

　마음 마음 이 마음은 산(生)것이요 죽(死)은 것이 아니다.
　그러므로 이 마음은 생명없는 허공도 아니요. 또한 생명이 아닌 무기물질도 아닌 것이다. 물질도 허공도 아닌 이 마음은 우주의 생명이다. 또 이 마음은 물질도 허공도 아닐 뿐 아니라 지식도 사상도 신앙도 아니며 부처님도 하나님도 일체 중생도 아니다.
　그러나 아무 것도 아닌 것도 아니다.
　오직 살아만 있을 뿐이다. 그러므로 이것을 마음이라 하는 것조차 크게 그르치는 말이다. 그러므로 이 마음 이전엔 아무 것도 존재할 수가 없다. 그런데 이 마음을 성(性)이다, 도(道)다, 이(理)다, 영(靈)이다, 신(神)이다, 생명이다, 정신이다, 반야(般若)다, 열반이다, 보살이다, 진리다, 여여(如如)다, 원각이다, 법화다, 화엄이다 등의 여러 가지 망사로 규정짓고 유물, 유신, 유심, 과학, 철학, 종교를 논하면서 인생을 현혹하고 있다.
　이 마음은 영원불멸의 실재이며 절대자유의 생명이며 우주의 핵심이며 온 누리의 진리며 천지 조화의 본체이며 신의 섭리이며 문화창조의 원동력이다.
　그리고 인생도 인류 문화 창조도 모두 이 마음의 환각으로 꿈속의 꿈에 불과한 것이다. 이 엄청난 꿈 가운데서 정말로 꿈이 아닌 것은 오직 이 마음 아닌 마음인 이 "나" 뿐이다. 이러한 영원 불멸의 자기자신을 잃어버린 이유는 나라고 하는 이 육신이 지수화풍(地·水·火·風) 네 가지 요소로 이루어졌다가 흩어져 없어진다는 법리(法理)를 망각하고 이 육신만이 자기자신이라고 착각한 소치에, 이 결과로 영겁토록 생사의 고(苦)에서 헤어날 길이 없고 인과의 사슬을 끊지 못한다.

그러나 마음도 아닌 마음인 이 나(我), 허공도 물질도 아닌 이 실재의 나를 찾을 때 불안과 공포에서 헤어나는 인류 구제의 길은 있는 것이다. 오늘 인류는 정신 세계를 외면하고 물질 과학의 비약적 발전으로 인하여 극단한 유물 사상에 현혹되어 자아 상실(自我喪失)이나 자기 부재라는 불행한 현실에 직면하게 되었다.

그리하여 인류는 허탈과 실의에 사로잡혀 불안한 사회에서 방황하게 되었고 드디어는 자멸직전에까지 이르고야 말았다.

이와 같은 현실을 직시한 대한 불교 조계종은 비분을 참지 못하여 분연히 일어나 전 세계의 동원대덕(同願大德)들을 일당에 모시고 인류불행의 근원이 되는 암흑의 유물사상을 배제하고 인류평화와 행복에 기여하기 위하여 다음 세 가지 불사(佛事)를 작여(作與)하고자 한다.

첫째, 영원불멸의 진정한 자아를 발견하고 생사의 고통을 초극하여 안심입명처(安心立命處)를 얻음으로써 치열한 생존 경쟁이 빚어내는 전쟁을 지구상에서 영원히 조절하여 평화의 세계를 건설하고자 한다.

둘째, 생사윤리가 지속됨을 확신케 하여 중생으로 하여금 상구 보리 하화중생(上求菩提下化衆生)의 대서원력(大誓願力)을 발휘케 한다.

셋째, 인과응보는 우주만유가 흥망성쇠 하는 법리(法理)이며 진리임을 철저히 신해케 하여 인류로 하여금 윤리관 도덕관 사회관에 대한 확고한 신념을 가지게 함으로서 인류사회의 실서 유지에 만전을 기한다.

　이 인연공덕으로 일체 중생과 더불어 다 함께 성불의 길로 나아가길 바라는 바이다.

　만물 중에 하나인 사람으로서 능히 하늘·땅과 같이 쳐서 삼재(三才)라고 하는 것은 무슨 까닭인가?

　부처님께서는 제일에 산목숨을 죽이지 말라(第一不殺生) 하셨으며 예전 말씀에도 "천지의 대덕은 살리는 것(天德地之大曰生)이요 사람의 대덕은 어진 것(人類之至德曰仁)이라" 하였으니 사람으로서 어질지 않으면 사람의 가치가 없고 사람의 가치가 없으면 삼재에 참례하지 못할 것이니 어떻게 사람의 어진 마음을 보존하고 자라게 할까? 아마도 물건을 살리는 것이 가장 좋은 도리일 것은 두 말씀도 할 것 아닙니다.

　모든 동물들의 그 모양은 우리 사람과 다르지 마는 죽기를 싫어하고 살기를 좋아하는 마음만은 조금도 다르지 않는데 사람이 스스로 구별하여 천하게 보고 함부로 취급하는 것부터가 사람의 양심이 아닌데다가 남을 괴롭게 하고 내가 즐거우며 남을 죽이고 내가 살겠다는 것은 참으로 어진 마음이 한점도 없는 것입니다.

　우리가 원하는 여러 가지 즉 편하려거든 방생하고 즐거우려거든 방생하고 부귀하려거든 방생하고 무병 하려거든 생방하고 장수하려거든 방생하고 부귀영화 하려거든 방생하고 자손창성하려거든 생방하시오. 중생의 목숨을 살리는 것이 가장 어진 마음이고 어진 마음을 가진 사람에게는 여러 가지 원하는 바가 자연 성취되는 법이니 하늘을 순하면 창성하고 거르시면 망한다(順天者昌逆天者亡)는 원칙이 있는 까닭입니다.

　예전 조사의 말씀에 이런 것이 있습니다.

　네가 만일 살려거든 방생을 하여라(汝欲延生須放生)

　이것이 순환하는 참다운 도리니라(此是循環眞道理)

저것이 만일 죽을 때에 네가 구해 주게되면(他若死時救他)
네가 죽게되는 때에 그가 너를 구하리라(你若死時他救你)
장수하고 아들 낳기 별 방법이 없으니(延生生子無別方)
살생 말고 방생하면 그뿐이다(戒殺放生而已矣)

지금 시대에는 예전과 달라서 사람과 사람끼리도 서로서로 죽이고 죽고 하는 것은 구하지 못하면서 동물을 사랑하고 살리라는 것은 지나치는 일이 아니냐?고 하시는 분도 있겠지마는 사람보다 나쁘게 대우하는 동물을 먼저 사랑하고 살리기 시작하면 자연히 어진 마음이 점점 자라날 뿐 아니라 서로서로 권하여서 사람마다 그 마음을 가지게 된다면 벌써 인류는 서로 살리고 제도하게 되어서 전 세계가 인간극락으로 화(化)할 수 있습니다.

모름지기 마음이 깨끗하면 우리는 곧 불성에 도달하는 것입니다. 우리는 탐욕으로 인하여 분별 심을 내고 사랑과 미움을 갖습니다. 사랑은 우리로 하여금 아첨을 하게 하고 미움은 원수를 낳습니다. 탐욕이 있는 한 우리의 마음은 맑아질 수 없고 무명의 어두움에 싸여 윤회를 벗어나지 못합니다.

오늘 여기에 모이신 대중은 부처님의 법을 그려서 모였습니다. 그러므로 휘몰아오는 악법을 없애고 부처님께 돌아가 참 성품을 받고자 합니다. 그러나 여러분이 오늘 부처의 몸을 얻고자 한다면 나의 말에 귀를 기울이십시오. 오늘 우리가 봉축하는 석가모니부처가 부처인 줄을 누가 아는가. 아직도 석가세존이 부처인 줄을 모릅니다.

모를 밖에 없는 것입니다. 쉬임없이 변천하는 사바의 현상계에 올려있는 우리들의 가슴에 홀연히 떴다가 사라지곤하는 석가세존을 누가 감히 부처다 부처아니다 하겠습니까? 부처는 몰래 있는 것도 없는 것도 아닌 것을 사람은 흔히 부처를 보았다고 합니다.
 본래 있는 것도 없는 것도 아닌 부처, 그것은 "부처가 부처를 보지 못하거늘 하물며 무엇을 부처라고 하는고" 하는 옛 선사의 말을 알아두어야만 할 수 있다는 말이고 비로소 부처를 볼 수 있는 것입니다.
 아닙니다. 거듭 말하거니와 우리가 현상계에 머물러 있는 한 불멸의 부처를 찾아 볼 수는 없는 것입니다. 부처님의 성상은 우리의 눈을 멀게 하였고 사십 구년 설법은 우리의 귀를 멀게 하였은 즉 무엇으로 부처를 보고 듣겠습니까?
 눈이 멀고 귀가 먹는 것은 무념무상의 경지입니다. 참으로 눈이 멀고 귀먹은 자연현상계를 초월하면 적멸무위한 경지에 들고 그 경지에 들었다는 생각까지를 버려서 무아 무인이 되면 만물은 공한 것입니다. 공(空)한 속에서 부처는 어찌 있고 부처를 보고 듣는 자는 어찌 있을 수 있겠는가. 이 모두가 망상인 것을 알아야 합니다. 유무를 벗어나 반성해야 합니다.
 또 오늘 우리가 부처를 찾고자 이곳에 모였다고 하면 마땅히 다짐하여야 할 일이 있습니다. 이것은 모든 중생에게 불성이 있는데 굳이 부처는 찾아서 무엇을 하겠다는 것인지 그 까닭을 살피고 다짐하는 일입니다.
 부처를 찾아서 나 혼자만이 부처가 되고자 할진대는 모두가 틀렸습니다.
 모든 중생에게 불성이 있다고 함은 중생이 곧 부처라는 말입니다. 중생이 되지 않고 어떻게 그 불성을 내 것으로 할 수 있겠습니까? 없습니다. 석가세존께서 가섭에게 법을 전하실 때도 대중 가운데서 하셨습니다. "염화시중"이 그것입니다. 우리 속에서 꽃을 들어 보이신 것이야말로 법을 이어받고자 하는 우리들에게 교훈을 주고있습니다. 그것은 법이 법상위에 있는 것이 아니라 우리의 생활 속에 있음을 암시하는 것입니다.

　법을 구하고 부처를 이루고자 하는 자는 중생과 더불어 살아야함을 가르친 것입니다. 현대에 있어서 불자들이 법을 구하고자 한다면 대중과 함께 사는 길을 찾아나가야 합니다. 그것은 단 한 사람이라도 제도 받지 않은 중생이 있는 한은 성불하지 않겠다고 하는 서원으로 봉사하는 보살도입니다.
　둘을 가진 자는 하나를 나누어주고, 하나를 가진 자는 반을 나누어주고, 반도 없는 자는 내 몸을 바쳐서라도 봉사해야 합니다.
　남을 위하고 법을 위한다는 생각 없이 행하여야 합니다. 혼탁한 사회를 탓할 것이 아니라 종단의 사부 대중은 모두 다 같이 이 혼탁한 사회 속에 뛰어들어 비록 내 몸에 때가 묻는 한이 있더라도 주변을 정화하는 것이야말로 불자의 본연한 자세입니다.

제4장 歷史 앞에서

세련되고 우아한 백제양식의 특성이 강하게 나타나 있는 목조 百濟觀音像. 유출경로는 확인되지 않고 있으나 현재 일본국보로 지정돼 奈良 法隆寺에 소장되어 있다. 높이 2m 10

부처님의 큰 뜻

── **부처님 오신날에 부쳐**

석가세존이 천상천하에서 홀로 거룩한 구도자로 출현한 것은 인간이 본래의 목적을 실천하기 위한 우주법칙으로 오신 것이다.

세존의 출현과 열반은 진리 생활의 전부를 구현하는 자연법칙의 한 과정에 있는 것이다. 정말 오늘날 우리들이 살고있다지만 자기정신・자기역사・자기문명을 갖고 사는 것일까.

우리들 인간은 하나도 제 것으로 사는 것이 아니라 남의 것으로 살고 있는 것이다. 그러므로 모든 인류가 버릇이 될 의타적이고 의존적인 생각은 역사가 비롯한 그때부터 있는 것은 확실하다고 본다. 그러나 부처님은 자기 것으로 살려고 함이며 자기생명을 자유롭게 할 수 있는 주체성을 발견하려고 하였다. 그러므로 부처님은 인간이 원초적으로 가지고 있는 사견을 버리고 정견의 생활테두리를 완성하는데 진력한 것이 역력히 나타나 있다.

인간이 가지고 있는 마음은 형태가 없어도 이 마음에 집착하는 것은 만화경처럼 많은 것이다. 이 마음을 밝은 태양처럼 찬란하게 하는 것도 우리들이 집착하고 있는 마음을 해탈시키지 아니하면 안 된다.

오늘날처럼 정신적 빈곤・경제적 핍박을 받고 있는 것도 넋빠진 사회・혼잃은 문명 속에 살고있기 때문이다. 인류 문명을 창조하는 주체적인 마음을 바로 발견하지 아니하면 인생자체가 허망한 것이다. 부처님의 출생은 모든 인류가 자기주체성을 찾아 진리로운 생활을 하여 내일의 번영과 행복을 창조함을 신앙으로 하라고 강조함인 것이다.

부처님이 이 세상에 오심은 자비를 이룩함이요, 부처님이 이 세상에 오심은 구원을 성취하기 위함이다.

오늘 초파일 부처님의 2992년째의 불탄일을 맞이하여 지구상의 일체 중생은 부처님의 청정심에 귀의하여 평등·자비·보시 정신을 받들어 탐욕 없고 전쟁 없는 세계를 이룩하여야 한다.

부처님이 세상에 태어나심은 일체중생이 무명의 삼득으로 자기와 사회에 해독을 끼침에서 탈피하라고 하심이다. 그러므로 부처님의 육신이 오신 것이 아니라 부처님의 법신이 오신 것이 초파일이다. 이 경화스러운 부처님의 날을 맞이하여 우리들은 지혜의 행업을 닦아 가면서 참다운 불자로 태어나야 한다.

부처님은 모든 중생에게 부처될 성품이 있다고 하였다. 부처될 성품을 잊어버리고 한 세상을 사는 것은 어리석은 짓이다. 이 법계에 충만한 불성을 자기 속에 구현하는 발심이 참다운 세계를 창조하는 길이다. 우리들 한국의 승속은 모두가 과거 부처님에 집착하지 말고 오늘 부처에 매이지 말고 영원한 미래불이 자기심성에서 발현하도록 기도하고 참회하여야 할 것이다. 자비도 생인 부처님의 사상이 부처님 탄생일을 맞이하여 더욱 강렬히 빛나야 한다.

초파일은 부처님의 탄생일을 맞이하는 것이 아니라 불성에서 영원한 빛을 발하는 중생의 생일이 되어야 한다.

榮光에의 길

　우리 마음속의 본태평(本太平) 천진불(天眞佛)로써 가없이 일체중생(一切衆生)을 비추면 환몽(幻夢)이 곧 진여(眞如)며 중생어(衆生語)가 곧 여래어(如來語)며 중생심(衆生心)이 부처마음이다. 치산치업(治産治業)과 사농공상(士農工商)의 생업은 모두 본태평 천진불이 전의(轉依)하는 용상(用相)이라 도무지 이 진여의 본성을 떠나있는 것은 없다.

　다만 중중생생(衆衆生生)이 조업(造業)한 미집(迷執)으로 인하여 스스로 속아 스스로 얽매여 미(迷)와 오(悟), 범(凡)과 성(聖), 생(生)과 불(佛), 자(自)와 타(他), 인(因)과 과(果), 염(染)과 정(淨), 성(成)과 상(相) 등을 소유(所有)하여 분별하고 계박(繫縛)해서 해태하게 된 것이다. 그러나 본태평 천진불은 성성(惺惺)하여 요요일광(耀耀日光)이다.

　중인(衆人)들이여 항상 진신수수(眞信修修)하라. 스스로 조업한 미집을 절파(折破)하는 신심(信心)을 개오수수(開悟修修)케 하여라. 신심은 보리심(菩提心)을 발하는 시초이며 일체 제불(一切諸佛)의 근원이 됨이며 불과성취(佛果成就)의 인연이 되느니라. 신심을 이거(離去)한 중인은 사나(舍那)의 신심이 누습된 만채라(曼茶羅)이다.
　중인들이여, 오늘 우리들이 믿고 있는 것이 몽환인가 진여인가 살펴보자. 우리가 진여에 계합(契合)하여 진신(眞信)하고 있다면 중생을 보살피는 자비심을 더욱 현발(顯發)시키고 우리가 몽환에 편잠(偏潛)하였다면 이를 간파(看破)하여야 한다. 중인의 대병(大病)은 몽환인데 스스로 이 병에 빠져 병을 이롭게 하는 삼독치심(三毒痴心)을 가짐은 타삼악도(墮三惡途)할 보과(報果)일 것이다.

　오늘날 우리들 산문(山門)은 시정(市井)의 납일(臘日)처럼 소란하다. 이것은 공부(工夫)에 마음을 두어 운수(雲水)가 없다는 것이다. 하늘은 맑고 푸른데 백운일점(白雲一點)이 부유(浮流)하지 않는 하늘은 그저 무심할 뿐이다. 산문은 운수의 왕래와 담선(談禪)이 있어야 한다. 사미행자(沙彌行者)의 율의(律儀)가 장로비구(長老比丘)의 습행(習行)이 되어야 한다. 산문의 청규(淸規)는 백장(百丈)의 정맥(正脈)이요 승중(僧衆)의 생명이다. 이것이 조계산(曹溪山)을 푸르게 하는 총림(叢林)이다.

　총림(叢林)은 신행(信行)이 발원(發源)하고 행과(行果)가 만발(滿發)하며 성취가 증득(證得)하는 곳이다. 합나행(合那行)과 마나연(摩那衍)이 없는 총림은 한림(寒林)의 정골(頂骨)처럼 번뇌(煩惱)스럽기만 하다. 그러므로 총림은 계·정·혜 삼학(戒定慧三學)을 참수(參修)하고 이행(利行)을 구족(具足)하는 곳이다. 이것은 중생을 제도(齊度)하는 여래심의 본처(本處)이다. 산문처처와 총림 방방이 모두 보살의 보시장(布施場)이 되어 방생(放生)을 자재롭게 하여야 한다.

　우리들 조계산하의 승가(僧伽)는 일시(一時), 일법(一法), 일념(一念), 일행(一行)이 부처님이 유계(遺戒)한 정법(正法)에서 수습(修習)하여야 한다. 유계의 범주를 벗어남은 스스로 산문출송(山門出送)을 자인한 소업(所業)이리라. 사문(沙門)은 고행이 생명이다.

안위(安慰)한 해탈(解脫)을 소작(小作)함이란 도시 몽환 속의 공화(空華)를 견취(見取)함이다. 고행은 자기극복의 시초이다. 자기를 주장하는 자만(自慢)을 조복받기 위하여는 고행스러운 참회가 있어야 한다. 중노릇을 꿈같이 편하게 하려는 것은 이미 중노릇이 아닌 것이다. 중노릇은 중생활을 대신하여 사는 삶의 처음이다. 삶의 처음은 황무한 벌판에서 길을 만들어 나아감이다. 칡덩굴 가시밭 길을 탄탄 대로(大路)로 만드는 일이다. 중생을 앞질러 사는 중노릇이므로 여기는 각오와 결심이 있어야 한다. 항사(恒沙) 모래알보다 긴 겁수(劫數)로 중노릇을 하였다 하더라도 중생을 대신하고 중생을 앞질러 고행(苦行)하고 제행(濟行)을 일삼지 아니한 중노릇이라면 한 찰라(刹那) 희념(喜念)보다 못한 죄업 속에 살아온 것이다. 그러므로 우리들 중인승가(衆人僧家)는 중노릇의 큰마음을 지어 염념증진(念念證眞)하고 신신작불(新新作佛)의 결단이 있어야 한다.

중생들이여, 중생이 중생을 보살피고, 중생이 보살을 보살피고, 중생이 부처를 보살피고, 중생이 육도를 보살피고, 중생이 인다라망을 보살피고, 중생이 유정 무정 일체중생실유불성(一切衆生悉有佛性)을 보살피고, 또한 중생이 보살피는 그 중생을 보살피는 새 해가 되어야한다. 생불(生佛)이 호융(互融)하여 무별무이(無別無異)한데 생불을 어디서 찾을 건고? 중생이여! 사행(四行)하여 사과(四果)하는 열반을 증득하자. 그러면 범속(凡俗)과 유정(有情)과 정각유정(正覺有情)을 어떻게 분별할 것인가. 모두가 일생성불(一生成佛)의 우담발췌(優曇跋萃)를 개발할 것이다. 금시금일(今時今日)에 생불을 호융케하고 중생을 보살피게 할 것이다. 이것은 초발신심(初發信心)을 구경불과(究竟佛果)에 오르게 한 보현(普賢)과 수(文殊)의 공부다.

승가(僧伽)여! 조계산문(曹溪山門)이여! 안으로 계·정·혜를 수업하고 밖으로 방생보시(方生布施)하여 출가장부(出家丈夫)의 본지(本旨)를 살리자. 우리의 해태심이 삼아승지겁(三阿僧之劫)의 과보가 됨을 자각하여 중노릇에 매진해야 할 것이다. 그러므로 하여 도제양성, 포교사업, 역경불사를 잘 이끌어 나갈 것이다. 이 삼대본업(三大本業)의 처음도 진승(眞僧)의 행동에 있고 회향도 진승의 노력에 있는 것이다. 능엄의 대다라니(大茶羅尼) 백번 외워 참회 한다손 처도 중생을 보살피는 큰마음보다 못하다. 응무소주이생기심(應無所住而生其心)인데 보살 되는 마음이 보살이다. 사부대중(四部大衆), 비구(比丘)·비구니(比丘尼)·청신사(淸信士)·청신녀(淸信女)들이여 우리는 정계(淨戒)를 지키며 정법(正法)을 수호하여 스스로를 보살피며 구제하는 데 힘 쏟 지어다.

그리하여 나라 안팎과 십방세계(十方世界)가 부처님의 광명 받으사 평화롭고 풍요로운 열반깃들게 하여라.

歷史의 한 가운데서

佛命繼承의 使命을

　불교 전승의 역사는 국가의 흥망과 민족의 성쇠에 따라 기복(起伏)도 무상하였다. 그러나 순교의 정신이 생명에 심겨진 이차돈(異次頓)에 의하여 신라의 불교는 정화를 이루었고 현상 유지한 고려 불교와 박해된 압박에 시달리며 그 명(命)을 유지하기에 급급하였던 이조 불교를 보면 우리 불교가 오늘날에도 어떠한 위치에 놓여 있는지 자성하여 믿음과 이룸에 믿는 마음을 바쳐 이루는 일도 채찍질하여야 할 것이다.
　하나의 업(業)이 멸하지 않고는 하나의 밝음을 볼 수 없다. 그 하나의 업이 자기 것이나 사회, 국가, 민족, 세계 전체의 업이든 간에 주어진 세업(世業)을 멸하지 아니하고는 정의로운 평화를 이룩할 수 없다.
　이 하나의 업은 미망의 욕망과 어리석은 판단과 보잘 것 없는 분노로 자기와 자기 이외의 세계에 있어서 그릇된 역사판단을 가져오는 무명한 욕망인 것이다. 이를 멸하지 아니하고는 부처님이 우리에게 명하신 계율이 무의미하고 또한 부처님의 지상명령을 거역하는 것이 된다. 우리들 부처님 아들이 부처님의 적극하신 엄명을 거역한다면 세계로 펄럭이며 퍼져가는 부처님의 자비한 인도주의의 황색 깃발이 암흑할 것이다.
　우리는 이 성스럽고 부드러운 황색 빛깔의 깃발을 우리 한국의 촌가 누항만이 아니라 도시에도 참다히 펄럭이며 자비와 지혜로 생활하는 세계민족 속의 선민이되어야 할 것이다. 불교는 남[他]으로 인하여 믿어짐이 아니라 나로 인하여 깨달아지는 자각의 종교이다. 이 자각적인 종교는 자기 속에 있는 밀알을 썩히어 많은 밀알을 거두게 하여야 한다.

한 알이 썩어 희생되지 아니하고 많은 열매를 거두어들이는 영광이 있을 수 없다. 우리들 부처님의 제자된 모든 사람이 자기가 희생하여 이룩할 연업(緣業)이 무엇인지 믿어 깨달아야 할 것이다.

중된 本來의 모습으로 돌아가라

경허(鏡虛) 스님께서 계셨던들 우리들 후진을 경책(警策)하여 필시 진사미거(辰事未去)에 기사내도(己事來到)라—너희들은 차의속도(且意速道)하라 하셨을 것이다.

돌이켜 보건대 정화불사(淨化佛事)가 일어나서 어언 십여세(十余歲)를 지냈는데 역시 쟁의(爭議)가 미식(未熄)인 채 산승(山僧)은 일모(日暮)에 의연히 산으로 돌아가고 까마귀 떼는 어둠 속을 타고 숲(藪)으로 돌아간 격이 되고 말았다.

중이 그대로 중노릇이나 잘 했으면 됐지 장삼파(長衫破) 바람을 떨치면서 관아(官衙) 법청(法廳)에 드나들기가 우리들 불자(佛子)들의 참 뜻이 아닐 것이다. 그럼에도 소송(訴訟)에는 소송으로 맞섰고 데모에는 데모로써 맞서서 이른바 대처파(帶妻波)와 안력을 거듭하던 나머지가 통으로 내적(內的)인 궤멸(潰滅)과 상실(喪失)과 참괴감이 깊어가니 자성(自省)의 틈이 절실이 촉구되어지는 것이다. 소위 불법자(佛法者)는 즉 비불법자(卽非佛法者)라고 옛날 스님이 일렀지마는 정화사업(淨化事業)에 착수하기 이전보담 승니(僧尼)의 수효는 늘고 점거(占居)한 사찰은 대다수에 이르렀다.

그렇건 마는 그 일이 곧 본분달성(本分達成)의 대업(大業)

의 모두가 아니다.

　오늘 불교는 승니만의 것이 아닌 줄은 우리들 자체가 잘 알고있는 바이다. 그래서 아시아의 불교권의 동태(動態)가 단순치 않음을 한국의 불교자의 한 사람으로서 소승(小僧)은 무관심하는 바이다.

　그렇지마는 그러한 동남아의 소승불교국(小乘佛敎國)에 있어서의 정치적 소요에 우리가 관심을 지불한다 함은 결코 지나친 한국 불교의 특징이 아니다. 우리가 세계 불교와 호흡을 함께 하면서 현재 한국의 불교현실을 자내증(自內證)하고 재정비하려면 우리는 참으로 옛 조사들 생활영역의 참 뜻으로 되돌아가서 천만(千萬)의 호랑이를 닮으려는 고양이 보담 한 톨 반 조각의 사자(獅子)의 산림(山林)을 한다 해야지 될 것 같다.

　올해 지난 세월의 매듭을 꿰(串)이는데 있어서 소승은 불교 장래의 고차적 도약을 위하여 집적(集積)과 함축(含蓄)과 같은 모두 쉬는 호흡과 자세를 거종단(擧宗團)해서 취했으면 한다. 구구지심(區區之心) 절절어차(切切於次)인 것이다.

　개공성불(皆共成佛) 하소서.

　나무아미타불 관세음보살!

　나무아미타불 관세음보살!

修行과 正覺

　우리 중인(衆人)이 미집(迷執)으로써 이 세상을 산다면 우리 마음속의 본태평천진불(本太平天眞佛)을 구현할 수 없다. 우리 중인이 정각으로써 이 세상을 산다면 우리 마음속의 여래일월광(如來日月光)을 발현할 수 있다.
　마음이 주인공이 되지 아니하면 이 우주(宇宙)의 문제를 해결할 수 없다. 인생과 우주의 주인이 되기 위하여 우리들 중인은 일시일념일법일행(一時一念一法一行)이 모두가 수행과 정각(正覺)의 도정(途程)에서 자아를 참구하여야 한다.
　결제(結制)는 자아를 참구하는 길임과 동시에 자아를 아는 길이다. 자아의 체성(體性)과 용상(用相)을 알지 못하면 비로차나(毘盧遮那)의 심해(心海)를 알지 못한다. 그러므로 생사본연(生死本然)의 의단(疑團)을 갖고 생사본연의 정해(正解)를 발현해야 한다.
　우리들 중인의 생활이 모두가 부처님이 일러주신 교해(敎海)의 법랑(法浪)을 적셔 가며 공풍(無風)한 신심을 가지는지 알 수 없다. 또한 부처님이 스스로 닦으신 선림(禪林)의 이취(理趣)를 밝혀가며 무구(無垢)한 지혜를 가지는 자 몇이나 되는지 알 수 없다. 운수(雲水) 납자(子)는 생명과 바꾼 구법(求法)이 있어야 한다. 승가에서 결제를 시해하는 것은 자아를 발견하는 기간을 설정한 것이다. 정말 공부하는 사람은 결제의 기간이 있을 수 없다. 그러나 공부에 전심하려면 방일한 시간 속에 살 수 없으므로 공부하는 사람은 일정한 공부시간이 있어야 하는 것이다.

　우주와 자아가 하나되고 원융무애한 방편을 내세우기 위하여도 자아에 대한 깊은 의심과 대화(對話)가 있어야 한다. 이 대화는 밖으로 향한 것이 아니라 안으로 향한 대화다. 그러므로 우리는 내심참구(內心參究)하는데 화두(話頭)라는 명제를 둔다. 화두는 내심발견의 길이며 언어논리의 첫 머리다. 첫 머리임과 동시에 전체를 포함한 해결이다. 화두공안의 척파는 일체지(一切智)를 궁행하는 아라한(阿羅漢)이 되는 것이다.

　이 아라한과(阿羅漢果)를 증득한 사문(沙門)대중은 불법의 이난(易難)을 초월하게 된다. 이 구제의 보살마음이 생기고 자비가 꽃피는 것도 모두가 자기수양과 자기구도에서 이루어지는 자아 발견에서 비롯하는 것이다.

　결제(結制)의 문은 넓은 광장 같으나 해제(解制)의 방은 좁은 바늘귀 같다. 이것은 결제 속에 살게하는 문은 자유롭게 열려있으나 해제의 방에서 무애춤을 추기는 어렵다는 것이다. 결제를 시작하는 마음이나 해제에 나오는 마음이 일시일념(一時一念)의 자아 발견이어야 하고 환희심을 터득한 마음이 되어야 한다.

　그러므로 해제를 규제에서 벗어난 방일로 안다면 도시 몽환(夢幻)이다. 해제는 영원한 정각(正覺)에로 나아가는 또 하나의 수업이다. 오늘날 산문아란야(山門阿蘭若)에 사는 모든 승중(僧衆)이 초발심(初發心)의 정념(正念)을 갖고 회향(回向)의 도에 나서야 할 것이다. 해제에 회향하는 마음은 공부에 집념하는 생각과 함께 살지 아니하면 안 된다. 성성한 정법에서 사는 납자는 해제와 결제가 모두 잠꼬대다. 해제와 결제를 초월한 구래부동의 본연사(本然事)가 본태평(本太平) 천진불(天眞佛)인데 어디서 해제나 결제의 시간을 구할 것인가? 부처는 부처이고 중생은 중생이다. 그러나 생불이 호융무애(互融無碍)하는 여여(如如) 그것은 자아발견에서 오는 해탈이다.

　조계산문(曹溪山門)의 일체의 중인(衆人)이여! 동안거(冬安居)에서 점두(點頭)한 무량자비심(無量慈悲心)을 인발(引發)하여 미집한 중생을 구제하는 보리심을 발현하여야 할 것이다. 해제는 승가가 가지는 공부의 마침이 아니라 보살도를 실수하는 과정임을 자인하여야 한다.

　부처가 부처라고 이름하지 않는데 중생은 어찌하여 중생임을 자랑할가. 중생이 부처 속에서 살려면 부처의 요요광(耀耀光)을 증득하라. 중생의 보리심이 보살의 마음이며 여래(如來)의 신력(神力)이다. 이 평상심을 자아발견과 중생구제에 회양함이 오늘의 해제가 되어야 한다.

平和·貧困·正義·正法

　오늘은 온 인류(人類)가 인종(人種)·국가(國家)·종파(宗派)·등을 초월해서 함께 축복하는 "부처님 오신 날"입니다. 인간이라면 계급 신분이나 성별 또는 종파를 구애받지 아니하고 모두 인간(人間)으로서 존중되어야 할 존재(存在)이고 구제 받을 수 있다는 진리(眞理)의 등불을 밝히신 부처님이 탄생하신 뜻 깊은 날입니다. 이 성스러운 날을 당해서 여러 동포 형제들께 축복을 드립니다. 특히 북녘 땅에서 압제(壓制)에 신음하는 북한 동포들께 재삼 건재하고 통일(統一)의 날에 손을 마주 잡게 되길 충심으로 기원합니다.

　인간은 누구나 모두 귀중한 존재이고 어떠한 사회적 제약에도 불구하고 형제라는 것을 일깨워 주신 분은 부처님이십니다. 그래서 인류의 평화(平和)가 무엇을 뜻하는 것인지 일깨워 주신 분이 부처님이십니다.

　그런데 오늘의 세계는 부단한 대전(大戰)의 위협 속에서 불안(不安)이 가시지 않고, 뿐만 아니라 일부 지역에서는 인간의 생명(生命)을 단절시키고 인류의 문명(文明)을 파괴하는 전쟁의 참화가 끊이지 않고 있습니다. 우리는 인간의 존중이라는 것이 평화질서(平和秩序)를 전제로 해서만 생각될 수 있다는 것을 다시 확신합시다. 남의 생명을 존중할 줄 아는 사람이 참으로 자기의 생명을 존중하는 사람이라는 평범한 진실을 다시 새겨 둡시다. 그리하여 이 지상에 인간이 모두 형제(兄弟)로서 평화롭게 살 수 있게 되기 위한 조건(條件)을 마련하는 일이 무엇인가를 알아서 이를 실현합시다. 인간의 생명은 어느 누구의 것이라도 무엇과도 바꿀 수 없다는 것을 인식합시다.

　동포 형제들, 우리 사회는 산업화(産業化)가 급속히 진행되어 어느 정도 생활의 여유가 이뤄지고 있습니다.

　이는 대단히 다행한 일입니다. 그러나 한편 다른 곳에 눈길을 돌려봅시다. 인간은 부(富)를 창조하고 생활의 편의를 도모하는 슬기로움을 자랑하고 있습니다. 그러나 아직도 수많은 사람이 굶주림을 겪고 거리에서 시들고 있는 광경도 돌아봅시다. 인간으로서 최소한의 위엄을 누릴 수 있는 부(富)조차 가질 수 없다는 것은 큰 불행한 일입니다. 어린 자식이 영양실조로 병들고, 병든 아내가 치료할 돈이 없어서 방치되는 빈곤(貧困)은 그대로 당하는 사람의 책임으로만 돌릴 수는 없습니다. 우리 불자(佛子)는 부처님께서 가르치신 사회봉사(社會奉仕)의 정신을 이 시점에서 다시 구현하여야 하겠습니다. 나한 사람의 욕심을 채우는 것을 가장 어리석은 행실로 본 부처님의 슬기로움을 다시 배울 때가 아닐까요? 너무나 나 하나만을 위하는 사회의 생존경쟁의 메커니즘이 우리의 마음을 메마르게 하였습니다 마는 참으로 자기를 알아야 할 때가 아닐까요?

　산업의 발전, 도시화에 따르는 대중생활(大衆生活)의 변모는 우리의 일상생활에서 부단히 소비추구(消費追求)의 충동을 자극합니다. 생활의 편리를 도모하는 것 자체가 그릇된 일은 아닙니다. 다만 문제는 자기를 소비(消費)의 도구로 전락시켜 자기 본래의 바른 모습을 잃어버리는 것이라고 하겠습니다. 나 자신을 압시다. 내가 무엇이고 어디에 와서 어디로 가는지 알아야 겠습니다.

　어느 시대이든 종교인(宗敎人)의 바른 자세는 사회의 부정(不正)을 비판하고 사회정의(社會正義)를 구현 하고자 헌신하는 것입니다. 우리 불자의 사회에 대한 자세도 예외는 아닙니다. 그런데 불자는 자기 내면의 수도를 중시하는 나머지 혹간 일부에서는 사회문제에 대해 외면(外面)하는 태도를 가지는 예가 없지 않습니다. 그러나 이러한 일은 단호히 시정해야 되겠습니다.

　부처님이 그의 재세시(在世時)에 무엇 때문에 고민하고 고뇌하셨습니까? 사회적 부정을 눈앞에 두고 그 분이 방관하는 자세를 취했습니까? 사회적 부정은 올바른 인간을 병들게 하는 것입니다. 인간이 병들고 시들어 가는 것을 방관하는 것은 무엇을 의미합니까? 사회적 부정의 방관자는 그 방조자가 아닙니까? 우리 사회에서 인간의 정당한 요구가 좌절되지 않고 인간으로서 살 수 있는 사회정의의 구현을 위해 불자(佛子)는 당연한 사회현실을 냉철히 바라봅시다. 한 사람의 형제가 겪는 부정(不正)으로 인한 피해(被害)에 대해 양심(良心)의 발언을 과감히 하는 용기가 아쉽습니다.

　사찰을 단장하거나 거창한 불사(佛事)를 하는 것은 그것대로 의의가 있습니다. 다만 그것에 의의가 있다는 것은 부처님의 가르침이 그곳에 담겨져 있을 때입니다. 인간이 의복을 입듯이 제도나 행사나 외적(外的) 설비는 필요합니다.

　그것 자체가 목적이 되어버리는 것은 소망스러운 것은 못됩니다. 부처님이 현세에 임하시면 무슨 일부터 하시려고 할른지 불자(佛子)제위는 가슴에 손을 얹고 반성하는 계기가 있어야만 하겠습니다.

　어떠한 일도 스스로가 충실치 못하면 이룰 수 없습니다. 우리 불교계는 그 동안 자체의 정비확립을 위해서 안간힘을 써

왔습니다. 물론 현상태가 부끄러운 정도라는 것은 우리 각자가 알고 있습니다. 문제는 각자가 할 수 있는 것부터 착수하여 종단을 중심으로 스님과 신도가 하나가 되어야 한다는 것입니다. 적은 이해를 초월해서 큰 일을 위해 그동안에 맺혔던 오해를 풀고 손을 잡읍시다. 지나간 잘못을 뉘우치고 남의 꾸짖음에 가슴을 열어서 참회하는 본 마음으로 돌아갑시다. 자기의 무능력을 꾸밈과 권위로서 숨기려고 하지 맙시다. 고쳐야 할 일을 이해(利害) 때문에 고집하지 맙시다.

　우리는 단합된 힘만으로써 조그만 일이나마 할 수 있습니다.

　주위에서 우리들을 바라보는 형제(兄弟)들의 눈길을 외면할 수는 없습니다.

　"부처님 오신날"을 기념하는 뜻은 우리가 그분의 가르침을 실천하는 것입니다. 우리가 모두 아는 진실이지만 다시 다짐합시다.

　오늘 기쁜 날을 당해 오백만 불자(佛子)의 이름으로 동포 여러분의 안녕을 기원합니다. 또 온 누리에 부처님의 가르침이 이루어지길 삼가 기원하며 우리 불자로서 이를 위해 사회에 이바지할 것을 다짐합니다.

佛心과 放生

　오늘 이 성스러운 법좌(法座)는 부처님의 증명과 삼천대천 세계(三千大天世界)의 보살마가살(菩薩摩訶薩)의 호지(護持) 아래 더욱 견고한 신념을 현발할 자리입니다.
　이 법좌에 동참하신 많은 중인은 불법의 정통(正統)과 한국적 신앙의 광정(匡正)을 요구하는 눈매가 반짝이고 있습니다. 우리는 이 위대한 증인이 모인 자리에서 한국 불교 구도(求道)와 순교(殉敎)의 신기원적 좌표를 설정하여 그 새로운 체용(體用)에 신앙을 굳히지 아니하면 의의 없는 기도가 되고 말 것입니다.
　그러므로 한국 불교 종도들이여! 항상 진신수수하여 스스로 조업한 미집(迷執)을 절파하는 신도를 개오수수해야 할 것입니다. 신심은 보리심(菩提心)을 발하는 시초이며 인체제불의 근원이 됨이며 불과성취(佛果成就)의 인연이 되는 것입니다. 신심을 떠는 중인은 불과를 증득할 수 없습니다. 불과는 신심이 결정된 만타라인 것입니다.
　불심(佛心)은 중인의 광명이오 구원의 손길입니다. 중인은 지금 화택고해(火宅苦海)에서 방황하며 사바세계는 온통 대화(大火)의 전운에 휘말려 가고 있습니다. 이 대화소기(大火所起)의 미집(迷執)을 소침하여 안일한 정토를 이룩할 수 없을까? 일체중인이 아상의 가사(袈裟)를 벗어버리고 자비심의 광장에서 보살핌의 기도와 보살핌의 행동을 귀일 시켜야 할 것입니다.

　오늘날 우리들 산문과 시정은 신앙적 질서를 상실하고 있습니다. 승도, 출가본연의 각오는 어디에다 묻어버리고, 승도, 대가 본래의 의무는 어이 하여 잊어버리고 사는 것입니까? 산문은 운수의 왕래와 담선이 있어야 합니다. 사미행자(沙彌行者)의 율의가 장로비구(長老比丘)의 습행(習行)이 되어야 하겠고 산문의 청규(淸規)는 백장(白丈)의 정맥(正脈)이요 승중(僧衆)이 생명입니다. 이것이 조계산을 푸르게 하는 총림입니다.

　재가의 신념은 불법을 확인함이요 화평의 시원을 고수함이며 이것이 가정과 국가를 태평하게 하는 상락인 것입니다. 승가는 중생을 제도하는 여래심의 본처이며, 산문처처와 총림방방이 모두 보살의 보시장이 되어 방생을 자재롭게 하여야 할 것입니다.

　우리들 조계산하의 승니와 신도는 일시일념일법일행(一時一念一法一行)이 부처님이 유계(遺戒)한 정법에서 수습하여야 하며, 유계의 범주를 벗어남은 스스로 산문출송과 신행파기를 자인한 소업이되는 것입니다.

　사문은 신행이 생명이고 신도는 봉행이 의무일 것입니다. 사문이 신행과 제도를 버리고 신도는 봉행과 이타를 망각하고 안위한 해탈을 소작함이란 도시 몽환 속의 공화(空華)를 견취함과 같습니다. 그러므로 우리들 한국 불교도는 중노릇의 큰 마음, 보살행의 의지를 발행하여 염념증진하고 신신작불의 결단이 있어야 합니다.

　역사를 후퇴한 한국 불교의 퇴영적이고 은둔적 자세를 탈피함은 물론 대중 속에 스며들 생명의 횃불을 발견하려고 하는데 그 의의가 있는 것입니다. 이미 승풍(僧風) 진작과 종도일심(宗徒一心)에 귀일 한 정화는 이제 제 이단계의 정화로 불 부처 교권의 유신과 신앙의 전진적 기지를 앞세울 때가 지금이라고 나는 생각하는 바입니다.

그러므로 종도들이여! 한국 불교의 교권은 중생을 보살피는 것으로 하여야 합니다. 중생이 중생을 보살피고, 중생이 보살을 보살피고, 또한 중생이 유정무정, 일체중생실유불성(一切衆生悉有佛性)을 보살피고 나아가서는 중생이 보살되는 그 중생을 보살피는 각오가 앞서야 합니다.

한국의 불교종도가 이웃을 돕고 나라와 민족에 희생할 각오를 다짐함도 모두가 마음에서 현발한 불교적 민족주체성의 발로인 것입니다.

승가여!

조계산문이여!

한국 불교종도들이여!

여안으로 계정혜를 수업하고 밖으로 방생보시(放生布施)하여 신행 구도함은 물론 파아현정하여 사회정의 실현의 본지를 살립시다. 우리는 현대가 요구하는 도제양성, 포교사업, 역경불사를 현대적 신앙표현으로 이끌어 나갈 것입니다.

능엄의 대다리니 백번 외워 참회한다 해도 중생을 보살피는 큰마음보다 못할지니, 오늘 이 큰 역사, 유신의 깃발을 높이 든 사부대중, 비구, 비구니, 청신남, 청신녀, 그리고 일체중인들이여! 이제부터 새로운 결의로서 정계와 정법을 발현하여 나라 안팎과 십만 세계가 부처님의 광명을 받아 평화롭고 풍요로운 화평이 깃들게 합시다.

오늘은 한국 불교사상 현대에 생명할 교권을 유신하고 신행을 전진시키고 보시정신(布施精神)이 사회에 미치게 함을 결의함에 그 의의가 더욱 크게 있는 것입니다.

社會淨化와 佛敎의 使命

　오늘 이 법회를 조감(照鑑)하시고 증명(證明)하시는 십방제불(十方諸佛)과 항사보살(恒沙菩薩) 그리고 무량겁전(無量劫前)부터 법연(法緣)을 맺어 이 자리에 동참하신 사부대중(四部大衆) 여러분——모든 것이 미흡한 "나" 청담(靑潭)이 비록 부르심과 종단(宗團)의 명을 받아 종정(宗正)의 위(位)에 오르게 되었다 할지라도 스스로 깊이 반성해 보면 실로 송구스럽기 그지없습니다. 그러나 나는 넓으신 부처님의 법은(法恩)과 모든 보살의 원력을 믿고 고스란히 전 생애를 바치겠습니다. 때는 바야흐로 깨우침을 등지고 어리석음에 전도되어 거룩함을 여읜지 해가 오래고 악(惡)한 것이 모질고 좋은 것은 가냘퍼 어지러움이 그 한참임을 보이고 있습니다. 사람들은 어리석게도 잔꾀를 부림으로써 여러 가지 생각들이 얽혀 그것이 바탕이 되어 거듭거듭 하다보니 산(山)같은 사람의 업(業)이 된 것입니다. 우리는 이제 모름지기 원력(願力)을 세우고 뜻을 돌이켜 참회하며 돈독한 믿음으로써 법에 귀의하여 회향법계(回向法界)를 창조하므로서 성불(成佛)하지 아니하면 이 세계를 구해낼 길이 없으며 이 사회를 바로 잡지 못할 것입니다. 그래 나는 4가지 서원(誓願)을 세워 안으로 우리 종단을 바로잡고 밖으로 인류사회의 정화를 염원(念願)하고자 합니다. 첫째, 기아의 고통에서 허덕이는 중생을 건질 것이며, 둘째, 욕심에 사로잡혀 싸움을 일삼는 중인들에게 자기 희생의 미덕을 깨우치게 할 것이며, 셋째, 이러한 것을 깨닫기 위해서는 불법이 가장 수승(殊勝)함을 알도록 눈을 뜨게 할 것이며, 넷째, 자타(自他)가 본시 둘이 아니며 산하대지와 삼라만상이 즉시 성불하게 되는 선리(禪理)를 깨치게 하는 것입니다. 이 4가지 염원은 "나" 청담이 새삼스레 세운 원력이 아니고 원래 있었으나 사람들은 그것을 잊고 몽환에서 헤매이기 때문입니다. 그러므로 이 몽환을 깨쳐 모든 것을 바로잡고 살아 순교(殉敎)하는 의지를 발양 하자는 것이 "나" 청담의 각오입니다. 여기서 비로소 나는 우리 정화의 3대 행동강령인 도제양성, 역경사업, 포교사업을 세우는 것입니다.

　우리가 정화불사(淨化佛事)의 봉화를 든지 10여성상이 되었으면서도 역량부족 탓으로 아직 원만한 성과가 없음이 사실입니다. 이렇듯 절박한 위기에 당면한 우리는 마땅히 정신을 가다듬고 뜻을 굳혀 부처님의 길로 과감히 나가야 할 것입니다. 고로 나는 승풍(僧風)을 바로 잡고 삼보(三寶)의 명분을 밝히고 그대로 실천하기 위해서 부처님의 광명을 바라보고 자진 기수가 되어 원융(圓融)이 조화된 삼보의 대의를 천양하며 시대가 요구하는 불교 현대화에 솔선 수범할 것을 스스로 다짐할 뿐입니다. 우리 종단의 제방승니(諸方僧尼)는 물론 신도들도 획기적인 이 대진군(大進軍)에 보조를 맞추어 줄 것을 이 식전에서 신심 부탁하는 바입니다. 그리하여 마침내 스스로 자각하여 불교본연의 자리를 만들어 참다운 사회정의와 세계평화를 이룩하는 불제자(佛弟子)가 되기를 우리와 함께 서약합니다.

　나무석가모니불(南無釋迦牟尼佛)!

새 佛教宣言

—— 적극적인 사회참여를 위하여

　인간이 산다는 것은 자연 안에서 사회적으로 얽혀서 살아가는 것이다. 그러므로 인간이 참으로 인간답게 살려면 먼저 자연에 있으면서도 자연을 초월하고 자기 안에 있으면서도 자기를 초월하는 본성을 발견해야 한다. 즉 우리가 종단 민족 인류 등 거대한 공동체를 말하지만 인간의 실존은 역시 각 개인의 인격성에 있기 때문에 상구보리 하화중생을 모토로 하는 우리 불자들은 우선 그 생활태도에 있어서 근면 검소하고 창의와 진취에 용감한 생활적 인간이 되어야 하며 인간 관계에 있어서 겸손 친절하며 협동 봉사하는 도덕적 자유인이 되어야 한다.
　그리고 그런 불자들의 단합된 운동을 통하여 급격한 사회변천과 함께 가치기준 자체가 변혁되는 기술적 문명 속에서도 세대나 문화형태를 초월한 우리 인간이 마땅히 해야 할 사회적 행위의 이상적 표준인 6바라밀적 가치체계를 확립시켜야 한다. 왜냐하면 현대의 조건 반사적인 잡다한 가치들은 인간을 무원칙 무윤리의 행동자로 타락시켜 사회존립을 파괴하기 때문이다. 따라서 우리 불자들은 외부적인 잡다한 조건의 유혹과 압제하에서도 인간의 인간됨이 그 정신적 주체성에 있다는 것을 자각하고 자아완성을 위하여 정진해야 한다.
　또한 역사는 이런 강한 정신력과 도덕성을 행사하는 능동적

새 佛教宣言 283

인 인간집단에 의하여 조성 될 뿐만 아니라 자연 또는 사회 등 환경의 도전에 대한 역사의 기능적 중심은 바로 개인의 창조적 인격활동인 것이다. 이러한 관점에서 볼 때 지금 우리나라와 세계의 환경은 어떠한가?

　세계는 지금도 양대 진영의 대립이 심각한 대로 있다. 군축을 운위하면서도 군확은 치열하게 경합되고 있다. 인도지나에서는 여전히 화염이 오르고 있다. 남북문제는 국제간의 부익부 빈익빈을 더욱 확대시키고 있다. 핵전쟁을 경계하면서도 인류는 한 찰나에 전멸될 수 있다는 위험신호 속에서 살고 있다. 이러한 환경의 도전에 일류는 어떻게 대처하고 있는가? 이런 도전에 대한 외면은 바로 역사의 사멸을 의미하기 때문에 우리 불자들은 결코 무관심 할 수 없다. 우리 나라는 어떠한가? 특혜를 받아 산업건설의 국가적 사명을 수행할 외자기업체들은 대다수가 불실의 암을 안고 있다. 음성적인 축재로 억대의 고급주택 영유가 공공연하게 경쟁되고 절대다수의 동포들이 빈한과 궁핍에 시달리고 있다.

　더욱이 이런 사실들을 고발해야 할 지성인들은 체념 또는 무관심의 길을 걷고 있고 또한 누구보다도 이런 현실을 시정해야 할 종교인들 마저 배타적인 대립과 문화창조에의 무관심과 현실 도피적인 경향으로 흐르고 있다. 환경의 도전에 대한 이런 퇴폐적인 자세로써 과연 우리의 새 역사가 건설될 것인가? 그러나 우리는 결코 실망하지 않는다. 그것은 우리의 삶에 나와 함께 크게는 민족과 세계와 함께 더 크게는 우주의 삼라만상과 함께 부처님 광명과 자비를 나누고 섬기며 사는 길이 있기 때문이다. 그러나 우리가 역사적 요청인 6바라밀을 실천하여 높은 인격을 갖춘 인간이 되었다 할지라도 자기인격의 고결을 지키는데 머무르고 만다면 그것은 그 한갓 이기적인 미덕의 교만에 불과하다.

그러므로 우리는 우리가 성취한 모든 진 선 미를 역사 속에 심어 사회와 중생에게 나누어 주고 그들의 미덕과 복지를 위하여 봉사하는 이타적인 보살적 인간이 되어야 한다. 우리들의 역사는 그런 사람들이 모인 성스러운 집단의 출현을 대망하여 우리들의 새 역사는 그런 사람에게 주어질 것이다.

이런 대망 속에서 새해를 맞이한 우리 조계종단은 종무행정의 일반적 기조를 무의미하고 잡다한 세속적 가치의 대립 투쟁으로 인해 위기에 처한 우리 사회에 공통적이고 궁극적인 불교적 가치 또는 목적을 제공하여 인간의 비인간화를 방지하고 분열된 제 계층 세력을 통합하는 사회적 사명의 완수에 두기로 한다. 따라서 우리 종단은 부처님의 광명과 자비로 제반 사회분야에 걸쳐 다음과 같은 사회적 역할을 다 할 것을 다짐한다.

첫째, 교육부분을 말하자면 원래 교육이란 지(智)·정(情)·의(意)의 조화적인 발전에 의한 자아완성을 뜻하는 것임에도 불구하고 그동안의 교육은 과학만능적인 발전의 결과로 말미암아 지적 측면만의 발전을 꾀하여 인간을 마치 기계나 도구와 마찬가지로 다루어 온 점이 많다. 그러므로 우리 종단은 물량건설에 앞선 인간건설을 위한 이른바 인간본위의 교육관을 확립하는데 주도적 역할을 담당해야 한다.

둘째, 문화예술 부분을 말하자면 원래 예술이란 인간생활의 일상적 의미를 예술적 의미로 승화시키는 이른바 인간의식의 내면적 갈등에서 미적 양심과 희열을 찾아내는 창작적 노력임에도 불구하고 뎃상 과정도 거치지 않은 듯한 추상미술, 음률의 조화도 느낄 수 없는 듯한 전위음악, 모든 것이 마구 동원될 수 있다는 조형조각, 미학이 완전히 배제된 소설, 무의미한 단어의 나열인 시와 같은 현대예술은 인간정신의 유기적 질서를 파괴하여 일반 대중에게 미적공감을 전달하지 못함으

새 佛教宣言 285

로써 그들로 하여금 섹스와 만화 그리고 코미디처럼 손쉽게 긴장과 피로를 풀고 위안을 받을 수 있는 저속한 통속문화에 빠지게 하였다. 그러므로 우리 종단은 퇴폐적인 상업문화를 배격하고 대중의 지성과 정서를 계발하여 그들을 저속성의 수렁으로부터 빠져 나오게 하는 건전한 대중 문화적 예술관을 확립하는데 지도적 역을 담당해야 한다.

셋째, 매스컴 부분을 말하자면 원래 매스·미디어란 한 나라의 문화풍조와 그 내용을 개선하는데 가장 효과적인 기능을 발휘할 수 있는 기관이기 때문에 이것을 잘만 활용하면 대중의 보다 높은 지적 심미적 자질의 향상과 그것으로 인한 민주시민성을 함양하는데 가장 큰 공헌을 할 수 있음에도 불구하고 지금까지의 매스·미디어는 그것을 조종하는 사람들의 선전도구나 영리기관으로 타락됨으로써 대중생활의 안녕과 이익을 가져오지 못할 뿐더러 그것을 알지 못하는 불안과 갈등과 혼란 속으로 몰아놓고 있다. 그러므로 우리 종단은 대중의 현대적 생활의 기초가 되는 합리적 사고력과 도덕적 판단력을 길러주며 또한 불교 복지사회(불국정토)를 실현하는데 필요한 궁극적 실제자에 관한 신념과 과학적 지식과 새로운 기술과 아름다움에 대한 감상 그리고 불교적 인도주의자와 책임감 등을 교화적으로 제공하는 이른바 실질적인 문화적 문맹성을 지양한 목표 지향적인 매스컴 관을 보급하는데 교도적 역할을 담당해야 한다.

넷째, 과학 기술부분을 말하자면 원래 과학 기술이란 인간생활의 편리와 이익을 위해 적극 활용되어야 하는 것임에도 불구하고 그 발달이 개인의 사생활을 침해한다던가, 의약품의 발달이 인체를 변화시킨 인공적인 환경 속에서 기호나 일련번호와 같은 기술적 장치에 따라 움직이게 하므로써 인간성이 말살되고 말았다. 그러므로 우리 종단은 과학 기술의 발전은 인간을 위한 인간의 궁극적 행복과 존재의의를 보다 근본적으로 보장하는데 선수 역할을 담당해야 한다.

다섯째, 법률 행정부분을 말하자면, 원래 법률이란 통치자가 권력자를 위해서가 아니라 모든 국민을 위한 법인데 법치주의는 그저 겉치레의 액세서리거나 프로그램적인 외형에 그치므로써 법률에 의하기만 하면 무슨 일이고 가능하다는 형식적인 법치주의로 타락하고 말았다.

그러므로 우리 종단은 반인간적인 법과 행정의 도구화가 국민의 발전과 개선의 능력을 저해시킬 뿐만 아니라 양심의 공정과 규범의 혼란을 초래하는 것으로 단정하고 이른바 처벌보다 교도위선의 교육형주의를 확장하는데 선도적 역할을 담당해야 한다.

여섯째, 사회구조 부문을 말하자면 원래 사회란 혁명이건 변혁이건 진보이건 간에 개혁을 어디까지나 인간 복지의 구현을 위한 제도적 발전을 뜻하는 것임에도 불구하고 지금 우리 사회는 그 개혁 과정에서 옛 전통과 새 질서 사이를 이어주는 내면적 규범의 구심점을 상실한 데다 사회 변혁의 심화 확대로 말미암아 지역간의 격차, 세대간의 단절, 계층간의 거리를 크게 빚어내고 말았다. 그러므로, 우리 종단은 사회 변혁이 몰고온 정신적 및 공업적인 각종 공해와 사회 각 계층간에 대립을 제거하는 사회 발전에 적극 참여함으로써 이른바 불교적 사회 정의를 구현하는데 구체적 역할을 담당해야 한다.

일곱째, 산업 경제부분을 말하자면 원래 경제란 생산에 기여한 노력과 성과에 대한 공정한 분배를 뜻하는 것임에도 불구하고 기업간 또는 산업간의 소득격차는 날이 갈수록 격심해져 그간 저소득만을 감수해야 했던 중소기업 내지 농공업 노동자로 하여금 "주권자이면서 동시에 비참한 상태"에 빠지게 했다. 그러므로 우리 종단은 산업간의 불균형에 의하여 야기기된 근로자들의 인간적 소외 상황을 극복하기 위한 협동적 노동 운동의 전개 또는 노동으로부터 해방된 종교적 여가 선용과 기업 경영에서의 노동 착취 의식을 불식함으로써 근로자의 취업 기회 및 직업 선택자 유도의 증대와 기업인의 사회적 소임의 자각과 공공 투자의 확대를 권장하는 이른바 불교적 경제 윤리관을 실천하는데 선도적 역할을 담당해야 한다.

여덟째, 정치 제도 부분을 말하자면 원래 정치란 국민을 위해 존재해야 되며 국가의 제도나 시책이 최대 다수의 최대 행복을 위해야 되는 것임에도 불구하고 현대 정치는 비인간적인 것으로서의 정치를 극대화시키고 있는 반면 비정치적인 것으로서의 인간을 극소화시킴으로써 인간의 자유는 실질적으로 상실되고 공허한 자유와 형식적인 민주제도만이 남게 되었다.

그러므로 우리 종단은 "나"의 부재 속에서 진행되는 제도적 노예화를 반대하고 자율적 판단과 창조적 의식을 가진 주체적인 "나"를 회복하는 이른바 인간적 자유화를 위한 민권 신장 운동을 전개하는데 지도적 역할을 담당해야 한다.

① 미등록 사암의 등록추진
② 사설 암자의 정리
③ 유사 불교 행위의 정화 선도
④ 계획 위원회의 합리적 운영
⑤ 각 교구 본사 삼직의 행정 강습 실시
⑥ 종단 소송의 원만 처리
⑦ 승적 및 교적의 정편완료
⑧ 교화 위원회의 합리적 운영
⑨ 포교사(승려) 및 교화사(신도)의 다량양성
⑩ 각급 종립학교 교육 과정의 합리적 개편
⑪ 군승증원 및 군불교 장교단의 조직
⑫ 기관지 육성 및 포교 성전의 보급

⑬ 강원 및 총림의 현대적 운영
⑭ 의식, 의제(衣制), 승규의 합리적 개혁
⑮ 신도교육의 강화
⑯ 사회 복지 사업의 적극 전개
⑰ 성보 보존 관리의 개선
⑱ 매스컴의 효과적 활동
⑲ 불교 문화 예술제의 개최
⑳ 재원확보를 위한 방안수립

이와 같은 제반사업을 통하여 우리 종단은 사회의 정화, 미화, 정돈, 건설을 위한 자유로운 인정과 봉사 등에 적극 참여함으로써 사회화에 의한 인간평가의 불교적 가치 조종의 원리를 제시할 수 있는 것이다.

宗敎는 사랑의 등불

―――世界平和促進宗敎者會議에서

존경하는 세계의 지도적 종교인 여러분, 우리의 이 모임은 바로 마음의 모임인 것입니다. 이러한 성스러운 자리에서 축사를 올리게 된 것을 한없이 기쁘게 생각하는 바입니다. 우리 인간이 마음이라고 부르는 이 마음은 그 자체가 허공도 아니요 물질도 아닌 것입니다. 물질과 허공 그 모든 존재 이전의 실재인 것입니다.

마음은 곧 "나"라는 이 생명의 본체입니다. 동시에 바로 전 우주의 생명으로서 지식도 사상도 신앙도 아니며, 부처님도 하나님도 일체 만물도 아닙니다. 그래서 아무 것도 아니고 아무 것도 아닌 것조차도 아니며 설명할 수도 없고 또한 생각할 수도 없는 그 무엇입니다. 바로 이것이 말하는 이 "마음"이요, 여러분인 것입니다. 듣고 보고 생각하는 우리들 자신입니다.

불이 뜨겁다 어름이 차다 하지만 불이나 얼음 그 자체들은 뜨겁고 차가움을 모르는 것이므로 대자연계에는 달고 쓰고 차고 더운 것이 없는 것입니다. 그것은 다만 이 마음의 생각일 뿐입니다. 따라서 인간의 실존인 이 마음은 직접 현상계를 지었다 허물었다 하는 우주 조화의 주체인 것입니다.

도대체 알 수 없는 "마음", 이것이 우리 자신의 문제요, 인생의 문제인 것입니다. 유사이래 수 천년 수 만년 동안 부처님을 비롯한 몇 몇 분을 제외하고는 정신적 예지 과학적 문명으로 끝내 그 실마리를 풀지 못한 숙제입니다. "나" 자신의 이 중대한 문제를 해결하지 못하고서는 영원히 살고싶어 하는 인류의 욕구와 자유와 평화는 이루어질 수 없을 것입니다. 인생을 외면한 때문입니다.

그러면 대체 마음이란 무엇일까? 사람은 오직 살고만 싶어 할 줄 아는 생명이 바로 "산" 것이기 때문입니다. 태초 이전부터 그러했고, 차원 이전부터 이렇듯 멀쩡하게 살아왔던 것이기 때문입니다. 영원히 죽어있는 허공이나 물질과는 정말로 좋은 대조인 것입니다. 허공이 될 수 없는 것입니다. 이것이 바꾸어 질 수 없는 영원 불변의 원리이 듯이 당초부터 죽어져 있는 무기 물질이나 허공은 여하한 상태에서도 이렇게 산 생명으로 변화할 수 없는 것입니다.

"산 생명"이 "마음", 이 "생명"에는 시간도 없는 것입니다. 그렇다면 이 "생명", 이 "마음"은 곧 우주의 핵심이며 만물의 생명이며 만사의 주체일 수밖에 없습니다.

"산 생명"이 "산 마음"을 떠나서 진리가 따로 있을 수 없고 또한 대자연의 섭리와 조화가 진행될 수 없는 것입니다. 그러므로 단일체로 된 "나"인 이 "마음"은 곧 전우주의 핵심적인 진리이며 대자연의 섭리이며 천지개벽과 음행조화의 원동력인 것입니다. 이렇듯 영원한 실재인 이 "생명"이 "마음"을 떠나서 어느 곳에 인생이 있을 수 있으며 또한 그 무엇이나 있을 수 있겠습니다? 너도 그렇고 나도 그렇습니다. 인생이여, 수 천만년의 과거를 깨끗이 정리한 다음에 한번 고요히 생각해 봅시다. 과연 무엇을 남겨둘 것이 있겠습니까? 그것들은 다 공무(空無)의 마음에서 생겨났다가 도로 공무에로 돌아가는 것들 뿐인 것입니다.

바로 말하면 그것들은 오직 자기 자신의 환각(幻覺)으로 환생 환멸(幻生幻滅)하는 것들에 불과합니다.

그러므로 "나", 이 "생명"은 곧 진리이며 부처님이며 무정이며 신이며 "악"이며 남성이며 여성입니다. 따라서 온 우주의 모든 것입니다.

그러나 또한 무서운 사실이 한가지 있다는 것을 짐작이나마 해야합니다. 그것은 다른 사건이 아니고 이 생명이며 "마음"인 "나" 자신의 내용에 관한 일입니다. 사실로는 이 "나"라는 나는 내가 아닌 것이며 생명이라는 "생명"은 "생명"이 아니며 마음이라는 "마음"은 사실상 마음이 아닙니다. 동시에 하나님도 부처님도 유정도 무정도 남녀도 선악(善惡)도 성인도 범부도 모든 것도 다 아닙니다. 나의 자신인 이 "마음" 자체의 사실과는 너무도 거리가 먼 내용의 의미도 없는 헛소리에 불과한 것입니다.

그렇다면 말하고 듣고 보고 생각하다가도 버릴 줄 아는 이 "나"는 과연 무엇이겠습니까? 모든 것들이 다 그것이 기도 하고 다 아니기도 말입니다. 말로나 생각으로나 글로서는 맞춰 낼 수 없는 그런 것입니다. 입만 벌리면, 아니 입을 벌리기 전에 벌써틀렸습니다. 까딱하기도 전에 "하늘"과 "땅" 차이로 틀립니다. "인생", 문자 그대로 신비이며 한 "생명"을, 이 "마음"을, 이 "나"를 바로만 깨닫고 보면 인생의 모든 문제는 모조리 해결됩니다. "나"는 영원하며 자유로우며 평등합니다. 온 우주의 모든 것이 다 완전합니다. 있는 것은 있는 그대로가 없는 것이고 없는 것은 없는 그대로 가 있는 것이어서 만물입니다. 제 자리에서 완전합니다. 이 행복도 아닌 행복이야 말로 영원한 행복입니다.

온 우주는 대자연의 분위기 속에 소용돌이 칠 뿐입니다. 인생, 이 영원과 자유 평등의 자아 완성, 아울러 인류 평화의 영원한 길을 일러주시기 위하여 부처님이나, 공자님, 그리스도를 비롯한 여러 성인들이 진리를 설파한 것입니다.

세계의 정신적 지도자인 종교인 여러분, 진리는 하나요, 둘이 아닙니다. 하나의 "신" 하나의 "부처님"께로 우리는 빨리 뭉칩시다. 인류를 전멸의 위기에서 구제하기 위하여 영원한 인류 평화를 이룩하기 위하여 우리들은 무조건 하나로 뭉쳐야 하겠습니다. 세계는 지금도 까닭모를 양대 진영의 대립이 심각한 가운데 인류 전멸을 위협하고 있습니다. 군축을 운위하면서 군확(軍擴)이 치열하게 추진되고 있습니다. 인도지나에서는 여전히 화염이 오르고 있을 뿐만 아니라 종교적 대립으로 말미암아 중동이나 인도 국경에서도 여전히 위기일발의 긴장이 감돌고 있습니다.
　이러한 환경의 도전에 우리 종교인은 어떻게 대처하고 있겠습니까? 이런 도전에 대한 외면은 바로 역사의 사명을 저버린 것이며 종교의 부패를 의미하기 때문에 우리 종교인도 결코 무관심할 수 없는 것입니다. 따라서 이번 "세계평화 촉진 종교자 대회"를 계기로 하여 우리 종교인들의 세계적인 연합기구를 설치하여 세속의 어떠한 정치적 세력보다도 최대 최강의 강한 우주 만물의 주체인 이 "마음" 곧 "나"를 바로 깨달아 영각(靈覺)의 세계에서 모든 성인과 신과 부처님을 한 자리에 만나게 함으로서 인간적 자유화를 바탕으로 인류 영원의 평화 운동에 지도적 역할을 담당하는 "사랑"과 "자비"의 등불이 되어야 하겠습니다. 감사합니다.

奉仕를 통한 社會參與

—— **世界宗敎機構의 結成을 提唱함**

현대 사회는 고도의 동적인 사회다.

과학 기술이 사회 생활의 모든 면에 지배적인 영향을 준다. 이 과학과 기술의 사회적 영향력은 가정에서도 중대한 의미를 지니고 있다. 그 까닭은 이 영향력이 사회의 구성원을 점점 경제적이고 상식적인 방법에 의존하고 인간적인 관심에 마음을 모이게 하기 때문에 세속적 영역은 계속적으로 확대되어 가는 한편 종교적 영역은 점차 좁혀간다. 이러한 경향에 따라서 종교는 그 영향력을 보존하기 위하여 세속적 활동 속에 뛰어 들어간다.

그러나 종교가 세속 제도와 경쟁하여 노력하고 있음에도 불구하고 이 영향은 종교를 일요일이나 축제일과 같은 한정된 시간과 교회나 사찰과 같은 일정한 장소에 묶어 두려고 한다. 말하자면 현대 사회는 종교에 대한 무관심이 그 특색일 뿐만 아니라 현대의 복합 사회(複合社會)에 있어서 종교 조직체는 분립(分立)되고 다원화(多元化)되어 있다. 그 회원은 자의적으로 가입하고 있을 뿐만 아니라 어떠한 종교도 이 현대 사회에서는 고대나 중세처럼 사회구성원(社會構成員) 전체의 신앙적 충성을 요구할 수 없게 되었다.

극히 소수의 예를 제외하고는 종교 기관과 세속 정부(世俗政府)간에 공적 관계는 없다. 이러한 특성들은 사회에 있어서의 종교의 통합 기능을 크게 약화시킬 뿐만 아니라 종교의 다원화는 세속주의의 성장에 더욱 박차를 가하였다.

그러나 종교의 조직력이 갖는 직접적 영향력은 약화되었지만 아직도 간접적으로 사회를 단결케 하는데 공헌하고 있는 것은 사실이다.

따라서 현대 산업 사회에서는 극히 소수의 성직자를 제외하고는 종교적 가치만으로 그 인격을 형성해 가는 일이 적다. 다시 말하면 통합력으로서의 종교적 가치만으로 그 인격을 형성해 가는 일이 적다. 다시 말하면 통합력으로서의 종교적 가치의 약화는 종교 집단이 주장하는 가치 체계의 다양성〔分裂〕에도 연유하겠지만 그보다 모든 종교의 가치 체계에 대한 주요 경쟁자인 이른바 상업주의적인 과학·경제·정치 등과 같은 세속적 가치 체계가 날로 확대되어 가는데 더 큰 원인이 있다.

이러한 사실로 미루어 볼 때 지금까지의 일정한 장소와 시간중심의 종교활동이 의식과 형식에 치우쳐 현대인의 삶의 자세에 변화를 못 주고 조직 사회의 직능별 그룹 특성에 적응하지 못하고 있는 것과는 달리 앞으로의 종교활동은 성직자의 일방 통행적인 설교(說敎)나 의식(儀式)과 같은 종교 프로그램에 염증(厭症)을 느낀 현대인에게 참여
의식을 높여 주고 신도간의 친교와 대사회적 봉사 활동을 하게 하는 한편 특히 짓밟히고 버림받은 자, 가난하고 병든자를 위한 사회 복지 사업에 적극 참여케 함으로써 서로 관련 없이 무의미하게 나타나는 현대 사회의 잡다한 가치들을 통합하여 현대인에게 삶의 만족을 줄 수 있어야 한다.

불교와 기독교를 비롯한 모든 개성 종교는 세계 각지에 전파되면서 그 역사적 처지의 변천과 함께 허다한 문제에 봉착하여 왔다. 민족적 특수성과 지역적 특이성 때문에 일어나는 민족적 지역적 제문제 고유한 민족 문화에 대처하는 데서 일

어나는 제문제 또는 각종교 자체가 가지는 신앙과 생활의 갈등에 관련되는 제문제, 이와 같은 큰 문제에 봉착하여 왔지만 세계의 기성 종교들은 대체로 어느 특정한 지역에 전래될 적마다 항시 그 민족의 문화 개화의 선구로서, 또한 역사적 형성기에 있어서의 신앙 견지와 사회 개혁의 선봉으로서 건실한 발걸음을 걸어 왔다고 할 수 있다.

그러나 금세기에 와서는 전세기의 폭발적인 움직임과 함께 급변하는 사회적 처지 속에서 종교는 마침내 방향 감각을 잃고 말았다. 2차 세계 대전 이후 오늘날까지 기성 종교들이 방향을 설정하지 못하고 있는 가장 중대한 원인은 각 종교마다 안고 있는 신앙의 단일성과 사상의 다양성 사이의 조화의 문제이다.

다시 말하면 각 종교가 고유한 전통적 신앙의 본질적 내용을 포기할 것 같으면 특정 종교자체의 자기 부정에 빠지고 말 것이며, 그렇다고 해서 그 사상 내용이 다양한 역사적 국면을 부인하고 오늘의 다원적인 인류 및 사회 상황에서 어떤 단원적인 인간 및 사회 형성을 꾀한다면 그것은 역사 자체의 왜곡이요, 사회 집단으로서의 종교 자체의 자멸을 면치 못할 것이다. 그렇다고 "다양 속의 일치"가 어떤 형식적 논리적인 것이어서도 안 된다.

이러한 점에서 모든 기성 종교는 세계의 역사적 측면 즉 현대의 다양화와 더불어 그 일치성의 실현을 현실적으로 또 종교 정책적으로 성취해 나가야하는 사회적 과제에 당면한 것이다. 그동안 세계의 기성 종교들은 이와 같은 역사적 현실을 직시하기보다는 각자가 처한 특수 종교적 입장에서 서로 대립, 비난하는 데만 전념하여 사회의 불신을 당하여 온 것이 사실이다. 세계의 기성 종교들이 직면하고 있는 둘째 과제는 봉사를 통한 사회 참여의 문제이다.

나의 國家觀

—— 나 自身을 알자

　일본 제국주의의 굴레로부터 해방된지도 어언 20년이 되었다. 그날 감격의 8·15는 우리 국민에게 신체의 해방은 되었으나 "정신의 해방"은 되지 못했던 것이다. 정신의 기둥을 잃은 우리 민족은 그동안 남의 생각에 혼을 빼앗겼었고 남의 장단에 춤추어 왔던 것이다. 이 사상적 황무지는 마침내 사회의 혼란과 민족의 분열을 연출하였고 나라 잃은 슬픔을 뼈저리게 겪은 이 민족에게 생각을 잃은 슬픔이 얼마나 처참한가를 산 체험으로 맛보게 하였다.
　다시 말하면 우리들에게 생활은 있었으나 그 생활을 영위하기 위한 생활의 이념이 없어 우리의 넋은 자기를 잃고 방황한지 이미 25년이 되었다. 그러나 남을 알기에 바빴던 우리는 이제 역사의 거울 앞에 서서 자신의 낡고〔封建的〕 물들고〔事大的〕 더럽고〔頹廢的〕 못생기고〔退嬰的〕 이지러진 얼굴을 쳐다보며 그동안 남의 생각에 매달려 살던 "생각의 구걸"에서 벗어나 우리 자신의 생각을 찾아야겠다는 자각에 눈뜰 때가 되었다. 왜냐하면 위대한 사상과 원대한 이상이 없는 민족은 살아 있어도 실은 죽은 민족이나 다름이 없기 때문이다.

우리는 韓國人이다

　우리는 한국 사람이다. 우리는 한국 사상을 말하기 전에 이미 한국 사람으로서 살고 있다. 한국 사람이 한국 사람으로서 사는 데서 한국 사상도 생겨난 것이다. 그러나 한국 사상도 하루아침에 그 어느 개인의 머리속에서만 들어진 것은 아니다. 장구한 역사를 통하여 이 한반도에서 삶을 영위한 우리 선조들이 두고두고 피와 땀으로 싸워 얻은 고귀한 체험의 열매인 것이다.

따라서 우리의 모든 노력의 궁극적인 목표가 우리의 살길을 찾는 데 있다면 한국 사상은 우리가 살아 나아갈 앞길을 밝혀 주는 것이어야 할 것이매 우리의 삶에 새 힘을 불어 넣어주는 활력의 몫을 담당할 수 있어야 할 것이다. 왜냐하면 남이 우리를 대신하여 우리의 길을 개척할 수도 걸어갈 수도 없을뿐더러 아무리 힘들어도 우리의 힘으로 우리의 길을 개척하여야 하며 걸어갈 수밖에 도리가 없기 때문이다. 그럼에도 불구하고 누구나 한국의 정치적 독립과 경제적 자립을 외치며 그를 위하여 싸울 줄 알면서 어찌하여 그의 정신적인 밑받침이 될 사상적 자주를 위하여서는 그렇게도 무관심하단 말인가?

한국의 지도 이념을 떠난 정치적 독립도 경제적 자립도 있을 수 없는 일이거니와 한국의 지도 이념이 딴 것이 아니고 바로 한국 사상이 지니고 있어야 할 기본 정신인 것이다.

"얼"의 解放

한국사람이 겪어온 고난 극복의 역사가 중첩한 파란과 곡절로써 아로새겨질 때마다 한국의 사상은 폭이 넓어지고 깊이를 더하여 왔다.

신라의 통일 불교, 고려의 호국 불교, 이조의 구국 불교에 일관된 불교 사상과 향학(鄕學)·성리학(性理學)·실학(實學)에 일관된 유교 사상을 2대 주축으로 한 한국 사상을 배경으로 더욱이 근세에 와서 일본의 침략을 전후하여 근대 정신에 자각한 우리 민족은 3·1 운동을 기점으로 하여 많은 민족 운동을 경험하여 왔다.
　다시 말하면 정치 운동으로, 사회 운동으로, 문화 운동으로 우리 민족은 일본의 제국주의에서 벗어나려고 하는 저항적 자각 운동(抵抗的 自覺運動)을 줄기차게 계속하여 왔던 것이다. 그 때문에 숱한 애국지사들과 선각자들은 생명도 잃고 고초도 당하였다.
　따라서 8·15 해방까지 우리가 서로 어떠한 길을 걸어 왔던지 간에 목표는 오직 하나 민족의 독립이었던 것이다.
　거기에는 빈부의 차이나 연령의 고하도 없었고 직업의 귀천이나 학식의 다과도 없었다. 우리가 독립을 하려면 먼저 알아야 되고 우리의 물산(物產)을 애용하며 우리의 문화를 사랑하여야 된다고 생각하여 왔다. 그때의 민족 의식에는 협잡도 없었고 권모술수도 없는 그야말로 모든 것이 하나에 귀일 되는 순수한 "민족애"만 있었다.
　그리하여 이와 같은 민족자각의 투쟁 과정을 통해 실천적으로 형성되어진 한국 사상의 기본 정신인 "민족의 얼"은 시대 정신사적으로 보아 향학(鄕學)에서 불교(佛學)→성리학(性理學)→실학(實學)까지의 국학(國學) 형성 과정을 바탕으로 하여 3·1 운동을 기점으로 6·10만세 사건, 광주 학생 사건 등, 국내 애국 운동의 자주 독립 정신과 대한 민국 임시 정부를 중심으로 국외에서 전개된 항일 무력 투쟁의 조국 광복 정신과 해방 직후, 강대국의 신탁 통치에 결사 반대한 건국 투사들의 반탁 자주 정신과 6·25 동란시 국제 공산 세력의 불법 남침을 분쇄한 호국 용사들의 반공 순국 정신과 제1공화국의 불의와 부정에 항거한 4·19 민주 학생들의 민주 개혁 정신과 제2공화국의 무능과 부패에 항거한 5·16혁명, 군인들의 국가 재건 정신에 의하여 연면히 계승되어졌다.

뿐만 아니라 제3공화국의 이념적 기조로서 빈곤·무지·질병·불결 등 오랫동안 누적되어 온 민족적 병폐를 일소하고 그릇된 전통 대신 올바른 전통과, 낡은 질서 대신 새로운 질서를 확립하기 위한 민족 중흥의 사상적 근거가 된 것이다.

民族精神의 理念的 本質

따라서 민족 중흥을 위한 한국적 이데올로기의 현대적 의의는 낡고 물들고 더럽고 못생긴 것을 무찔러버리고 새롭고 순수하고 깨끗하고 아름다운 것을 창조하기 위한 한국의 지도 이념의 새로운 확립을 뜻하는 것인데, 낡았다는 것은 우리 나라가 아직도 후진성을 완전히 극복하지 못하고 있다는 것이고, 물들었다는 것은 그와 같은 후진성으로 말미암아 아직도 선진국에 의존하는 사대적 경향을 탈피하지 못하고 있다는 것이고, 더러워졌다는 것은 그와 같은 사대화(事大化)로 인해 개인적 양심과 민족적 정기와 사회적 정의가 땅에 떨어져 불의와 부정과 부패와 추태가 판을 치는 타락된 사회 풍조를 뜻하는 것이고, 못생겼다는 것은 그러한 퇴폐적 생활 감정과 생활 태도로 말미암아 인류가 지향하는 최고 이상이며, 민족 번영과 국가 발전의 기초인 복지 사회의 건설을 위한 전진적 노력을 중단한 퇴영적(退嬰的) 사회를 뜻하는 것이다.

다시 말하면 민족 번영과 국가 발전을 위한 아름다운 복지 사회의 건설은 개인적 양심과 민족적 정기와 사회적 정의가 실현되는 깨끗한 사회 질서의 확립을 전제로 하며 건전한 사회 질서의 확립은 자주적이고 독립적인 순수한 주권 국가의 성립과 사회적 후진성을 극복하는 근대화 작업, 즉 새로운 사회적 체질의 형성을 건제하지 않고서는 어렵다는 것이다.

그러나 이 모든 전제보다 더욱 중요한 일은 자칫하면 근대화 작업 과정에서 범하기 쉬운 인간 소외(人間疎外)의 현상인 것이다.

 따라서 우리는 근대화 작업이 "나"의 부재(不在) 속에서 진행되는 한, 진정한 의미에 있어서의 근대화 작업은 절대로 불가능하다는 것을 명심할 필요가 있다.

民族精神의 歷史的 使命

 지난날의 민족 정신의 사명이 정치적 독립과 경제적 자립이었다고 하면 오늘날에 와서는 사회적 정의를 세우는 것이 민족 정신의 새로운 과제가 될 것이다.

 왜냐하면 우리는 과거 민족의 독립을 목적으로 하나가 되기 위하여서는 빈부의 차별이나 귀천의 가림도 하지 않았다. 그 때문에 우리는 물질 생활에 서로 고르지 못한 생활을 불평 없이 감당해 왔지만 이제 독립이 된지도 벌써 성년(成年)이 훨씬 지났으니 우리는 완전히 하나가 되기 위하여서도 사회적 정의를 세울 때가 온 것이다. 다시 말하면 민족 각자가 자발적으로 이 나라를 사랑하고 육성하기 위하여서는 우리 사이에 차별의 생활이 있을 수 없는 일이다.

 만일에 사회적 정의가 이 나라에 세워지지 않는다면 우리 민족은 언제나 분열될 가능성을 가지게 되는 것이다. 따라서 저마다 특수한 사명을 지니고 있는 국민 각자가 저마다 자유로운 권리만이 아니라 독립된 권리를 가지고 공통된 이념〔한국사상〕과 과거〔역사적 경험〕의 보편적인 도덕률〔개인양심―민족정기―사회정의〕의 발견과 실현이라는 공동목표에 의하여 지배되는 조국이란 운명 공동체로 결합될 때에 비로소 참된 "나(人間性)"가 실현되는 것이다.

 이것이 바로 나의 불교적 국가관이다.

人間社會의 밑바탕

　물은 수평을 유지하기 위해 부단히 아래로 흐르고, 사람은 마음의 평화를 갈구하여 영원히 그 요구점을 찾아 움직이게 마련입니다.
　우리가 짚고 선 이 자리에서 잠시 주위로 눈길을 돌려보면 실로 어처구니없는 상황 속에 우리는 스스로를 붙들어 매어놓고 있음을 발견하고 새삼 놀라지 않을 수 없습니다.
　지구는 두 쪽으로 나누어져 생존의 자멸(自滅)을 겨냥하며 마주 서있고 사람들은 왜 싸우는지 이유조차 잘 모르는 싸움에서 피를 흘려 바다를 이루는가 하며, 내일을 찾을 길 없는 공허에 지쳐 자살이 아니면 발가벗고 미치광이 춤을 추고 있는 것이 오늘의 세계 현황이 아닙니까?
　한편 국내로 눈길을 돌려 볼 때 국토는 타의에 의해 동강이 나고 동포끼리는 서로 죽이고 할퀴는 처절한 대치(對峙)가 계속되고 있을 뿐 아니라, 국민 도의는 땅바닥에 뒹굴고 이해만을 쫓는 빈욕의 눈망울은 상호 불신과 증오로 충혈이 되고 있습니다.
　10대의 이유 없는 반항이 백주의 강도로 출현하는가 하며, 정조관의 개방은 강변과 세 거리의 총살체로 나타났습니다.
　진짜라고는 거의 찾아보기 힘들만큼 상가에는 가짜가 범람하고 심지어 가짜 박사 가짜 의사, 가짜 경찰 가짜 인간까지 등장하게 되었습니다.

로마 제국의 영화의 멸망은 도의의 타락과 국민의 이기심 때문에 빚어진 비극이라고 하지만 가까이는 아세아 대륙에 융위(隆威)를 떨치며 대국으로 불리던 중국의 몰락 또한 인간 천시와 배금사상에 기인되었음을 우리는 익히 목격하여 왔던 것입니다.
　다수의 대중이 생활고에 허덕이고 있는데 일부 특수층만이 호의호식하면서 민주주의를 제고(提高)한대서야 사회 개조는 가난한 과제로 남을 수밖에 없는 일입니다.
　지금 우리 사회에 인간은 있어도 그 인간 속에 마음이 없습니다.
　선과 악을 가릴 줄 아는 마음——.
　오늘, 인간 사회의 도의의 표준은 선과 악에 그 기점을 두고 있습니다. 그러나 지난날 미(美)와 추(醜)를 도의(道義)의 기점으로 삼았던 그리스 사회의 질서는 오늘의 법치국가(法治國家)보다 월등히 정연하였음을 우리는 역사에서 찾아 볼 수 있습니다.
　한 송이의 꽃을 아끼는 마음의 소유자는 곧 나아가 선량한 시민이요, 꽃을 보고 침을 뱉거나 밟아버리고도 태연할 수 있는 마음은 흉악한 범죄를 능사로 할 수 있기 때문입니다.
　우리는 이제 상실한 인간의 마음을 찾아 나서야겠습니다.
　그리하여 사회정의를 회복하고 균형잡힌 발전을 위한 새로운 이념을 찾아 세워 올바른 민주주의의 발랄(潑剌)한 사회 기풍을 조성해야겠습니다.

人類의 나아가는 길

　지구(地球)에 생명체(生命體)가 나타나기 시작한 것은 2천억년 전입니다. 이때부터 이미 오늘의 비극(悲劇)의 씨는 그 속에 스스로 내포(內包)하고 있었던 것입니다.
　그 생명체에서 다시 나타난 인간의 기원(起源)을 3백만년 전으로 현대 문명은 고증(考證)하고 있습니다.
　그 길고도 먼 암담한 시간과 공간(空間) 속에서 무수한 원시 동물(原始動物)들이 생멸(生滅)의 윤회(輪廻)를 거듭해 왔습니다. 그러나 이렇듯 오랜 생명의 역사 속에서 이 원시 동물들은 혹은 퇴화(退化) 혹은 멸종(滅種)되어 없어지고, 오직 끈질긴 인간의 전진의지(前進意志)만이 무한한 시련(試鍊)과 고통(苦痛)을 극복하면서 오늘의 인류 문명(人類文明)을 형성, 잔존(殘存)하고 있는 것으로 알고 있습니다.
　그러면 1970년 오늘, 우리 주변을 둘러보면 무엇이 어떻게 되어가고 있는가를 똑똑히 살펴보지 않을 수 없습니다.
　합리주의(合理主義)를 추구하는 서구 문명(西歐文明)은 지금으로부터 100년전(1870)인 보불 전쟁(普佛戰爭) 이후 줄곧 쉬지 않고 전쟁 준비 경쟁을 일삼아 왔습니다. 작년도 군비 지출 총액(軍備支出總額)은 무려 2천억 불에 달하는 막대한 돈입니다. 이런 추세로 간다면 10년 후에는 그 배액(倍額) 이상에 달하는 천문학적 숫자의 지출이 강요될 것입니다. 인명 살상(人命殺傷)에만 쓰이는 총기(銃器)만도 7억5천만 자루가 사람들의 손에 쥐어져 있으며, 5천만명의 인원이 전쟁 준비 작업에 동원되어 있습니다.

한편 오늘날 이 세상에는 15억을 헤아리는 인류가 굶주림으로 인해 죽어가고 있습니다. 이러한 사실의 일단은 바로 수개월 전에 있었던 비아푸라전쟁이 여실히 보여 주었습니다.

그러므로 이제 저 천문학적 숫자인 군비 지출의 10분의 1만이라도 유엔에 기탁(寄託)된다면, 10년내에 이 지상에서 기아(饑餓)를 일소할 수 있는 가능성을 찾을 수도 있습니다.

그러나 이념을 달리하는 두 개의 세계는 동서로 갈리어 각기 자기들의 고집에만 집착하고 있습니다. 상호 핵탄두(核彈頭)와 수폭(水爆)같은 가공한 무기로 지구의 자폭과 인류 자멸의 화를 자초하려 하고 있습니다. 이러한 일촉즉발의 위기의식은 인간들을 불안과 공포로 몰아 넣었습니다. 이러한 부조리와 모순의 지배가 오늘의 현실입니다.

현대인은 마신(魔神)을 즐겨 믿으려 하지 않습니다. 그러나 이 마신과 같은 기계 문명의 기적 앞에 인류는 완전히 압도당했습니다. 그러므로 인류는 그들의 예지로서 쌓아올린 마신의 함정에서 자신의 구출을 꾀하지 않는 한 그 자멸을 면치 못할 것입니다.

이 마신은 인간의 "마음"이며 곧 세계 시민 각자의 "마음"속에 존재해 있습니다.

인간이 다른 동물과 구별되는 것은 종교를 갖고 있기 때문입니다. 이 종교는 나를 찾는 "마음"에서 출발한 것입니다. 이 "마음"이야 말로 우주 속에 있으면서 우주를 포괄하는 핵심임을 깨달아야 합니다.

이 "마음"은 우주에 본래한 것이며 자제한 것이므로 모든 존재에 앞선 실존입니다. 또한 만유(萬有)를 실재케 하는 존재의 의지입니다. 따라서 2천억년전 생명체 생성연기의 기원이며, 태초로부터 미래에 또한 영원 불멸에서 자유화 한 것임을 알 수 있습니다.

"내"가 무엇인가를 모르는 데서 온갖 혼돈과 어리석음이 비쳐지니 먼저 "나"를 찾아 "나"의 정체를 파악해야 한다. 진아(眞我)를 체득함으로서만이 어떤 경지에 처해서도 확고 부동한 인간 본연의 자세를 유지할 수 있는 것입니다.

이제 전 세계 시민들은 각자 마음으로부터 마신을 추방하고 상실했던 본래의 "마음"을 찾아 올바른 자아를 발견해야 합니다. 자신이 만들어 놓은 기계문명과 물질 만능의 예속에서 풀려나와 인생 본연의 영원과 자유와 평화에로 전진 자세를 가다듬어야 하겠습니다.

세계 평화를 위하여! 인류 역사의 전진과 번영을 위하여! 우리가 당장 취할 길은 무기를 버리는 일입니다. 전쟁은 즉각 중지해야 합니다. 진정한 평화는 "마음의 평화"에서 비로소 성취되는 것임을 우리는 알고 있기에 말입니다.

약육 강식의 원초적(原初的) 생존 경쟁 수단을 본뜬다는 것은 달을 정복한 현대 문명인의 체모가 아닙니다. 자신이 무엇인지 모르고 혼미(昏迷) 속을 방황해온 20세기 문명인들은 이제 "나"의 의미를 올바로 찾읍시다. 각자의 마음으로부터 증오(憎惡)를 뿌리 뽑고 탐욕을 추방하여 공존과 제휴의 새로운 이념을 확립하도록 사상 무비(無比)의 인간 혁명과 인류 전환의 일대 과단(果斷)을 촉구합시다. 또한 그러기 위해선 민족도 이데올로기도 넘어뛴 "마음"의 새 터전을 마련해야 살아날 수 있다는 것을 다시 한번 강조하여 둡니다.

禪 詩

사랑과 죽음의 수레바퀴
곰곰이   생각하고 찬찬히   따져보소
착하거나 악하거나 지은운명 그대로다
대자연과 인간사회 흘러가는 인과법칙
그테두리 그안에서 될만치   되고만다
원인은   마음대로 결과는   구속이다

착하고도 잘못살고 악한사람 잘만사니
세상이치 진리없다 함부로   원망마오
전생에   복못지어 명짜르고 복이없다
이세상을 원망말고 이내마음 바로잡자

강태공은 성인이되 운수나쁜 팔십년은
앉은자리 풀도안나 세상멀리 동정호로
곧은낚시 드리워서 액운을   넘어서고
행운수복 팔십년은 주문왕의 스승되다

석가여래 세존님은 성인중의 성인으로
그재질과 그인격은 천상천하 독보로다
사십구년 팔만장경 인류의   태양이요
생명근원 이내고장 돌아가는 대로로다

전생에   지은선악 금생운명 좌우한다
천막억겁 전생부터 옳은스승 못만나서
이리짖고 저리닦아 죄와복이 원인되어
결과다시 원인되어 나고죽고 죽고나서
생사고해 돌아치니 억만겁에 끝이없다

부귀빈천 그대로가 영웅범부 할것없이
도대체가 생사윤회 인과법칙 구속한다
나고죽고 죽고나서 생사서로 꼬리물어
한정없는 생사바다 몽중고생 지루하다
잘되어도 꿈속이요 못되어도 꿈속이다

천상인간 도사이신 대자대비 불타께서
고해중생 건지고자 삼천년전 그옛날에
인도나라 정반왕궁 태자로서 태어났다
오탁악세 고해중생 암흑천지 횃불들어
사십구년 전도하니 사부제자 생겼도다

팔만사천 대장경은 아난존자 전하시고
정법안장 불조혜명 가섭존자 대를잇고
팔십평생 갸륵한일 여덟토막 나눠보자

첫째는   천상에서 마야부인 태중으로
둘째는   사월팔일 룸비니에 탄생하고
셋째는   사대문밖 인생허망 깨치시고
넷째는   이월팔일 성을넘어 출가했다
다섯째는 설산수도 한번앉아 육년동안
여섯째는 정법으로 마왕파순 항복받고

일곱째는 녹야원서 다섯비구 제도하고
여덟째는 이월보름 구시라국 열반하다
이와같은 거룩하신 여덟가지 모범보여
시방세계 중생제도 팔천번째 왕래로다
팔만사천 대장경은 둥글고　　또한밝아
인류문화 지침이니 보배중의 보배로다

석가여래 전전생에 가리왕의 혐의입어
눈빼히고 코귀베고 사지마저 오려내니
불법보호 대원으로 거룩하신 옥황상제
보다못해 크게성내 돌개바람 뇌성벽력
돌우박을 퍼부우니 가리왕은 참회하고
천상선약 전단향토 바른즉시 낮우어서
원상여전 회복되다 인욕선인 대보살은
가리왕과 상제에게 한결같이 무심하다

석가여래 과거전생 백천만생 수도할제
반구절의 법듣고자 이몸죽어 바치면서
영혼천도 법을빌며 내생일을 부탁하니
법을배워 도닦는이 아니어찌 본안보리

또한가지 예를들자 옛날옛적 국왕때에
독수리에 쫓겨드는 비둘기를 살리려고
만승천자 귀중한몸 다뜯어서 새밥주다
몸과마음 조복받고 무상대도 성취하여
생사를　　초월하며 온세상을 구제코자
이처럼　　애를쓰니 시비가왕 갸륵하다
팔만사천 대장경이 한자한자 낱낱이가

무수생명 바쳤으니 그대로가 뼈살피다
다겁다생 드나들며 세세생생 애써모아
팔만장경 전해주사 그은혜가 망극하다
뼈를갈고 살을벤들 그은혜를 갚을손가
마음깨쳐 중생구제 이것이 불은보답

발심보살 법장비구 사십팔원 세우시고
백천만겁 드나들며 남녀노소 차별없이
평등자비 보는대로 먼저인사 하심하여
구국국민 대자비로 무량대복 지으시고
염불참선 다라니로 용맹정진 지혜닦아
성불하신 아미타불 극락정토 장엄하니

시방제불 모든부처 일삼아 선전이다
이와같은 소식듣고 시방세계 중생들이
가기쉽고 깨기쉬워 너도나도 다투어서
낱낱이 가는사람 백천만억 되건마는
넓도좁도 아닌극락 많도적도 아닌대중
마음닦아 최상공양 향상일로 구품연대
시방삼보 받들면서 무량중생 구제로다
탐욕악심 중생업력 오탁사바 이룩하고
사십팔원 보살공덕 극락세계 장엄토다

문수보살 대지혜와 보현보살 두타만행
관음보살 서른두몸 신통조화 중생구제
지장보살 서원력은 지옥중생 다하도록
달마조사 구년동안 말없이 앉으시고
혜가대사 눈속에서 팔을끊어 법구하고

육조대사 조계종풍 달마대사 예언대로
한꽃송이 다섯잎이 결과가 찬란하다
이차돈은 옳음지켜 목을바쳐 흰젖솟고
자장율사 계율가짐 죽음으로 맹세하고
원효대사 두타만행 거리에서 왕궁에서
대자대비 베풀어서 억조창생 건지시고
불법정통 주인공인 보조국사 태고왕사
지공나옹 무학대사 대대로 법을잇고
서산사명 대도성취 장하신 자비방편
임진왜적 항복받아 전멸겨레 구원하다

우리들은 뒤를이어 서른일곱 수도방법
육도만행 두루닦고 삼승일승 초월하며
불법마저 벗어나서 차례단번 전후이어
불보살님 받들면서 중생교화 이룩하자
유리왕의 원수풀어 노소남녀 학살할제
서가종족 정법믿고 인과보복 달게받아
추호도 대항없이 죽음으로 빚갚으니
신앙이야 아마도 이로모범 삼으리

시간공간 만물들이 내마음의 그림자다
잘된다고 기뻐마소 내마음의 그림자다
망한다고 슬퍼마소 내마음의 그림자다
세상을 원망마소 내마음의 그림자다
불평하지 마옵소서 내마음의 그림자다
천상이나 지옥들이 내마음의 그림자다
그림자 굽었다고 미워말고 바로서소
이내마음 바로서면 온세상이 바로선다

온세상　　사람들아 마음밖에 천지없다
내마음이 참좋으면 온세상이 다좋다오
남의탓을 하지말고 이내마음 바로갖자
무서운　　저지옥도 내발로　 걸어가고
한없이　　좋은천당 내복으로 올라간다
고해바다 육도중생 제저질러 꿈이로다
꿈속꿈의 꿈밖으로 생사꿈을 깨고보면
온우주에 주인공이 내아니고 누구던가
천상천하 나만높다 우리마음 가르쳤네

열 가지의 죄악

몸으로 세 가지 죄
〈첫째는 살생〉
악하다고	잡아먹고	만만타고	때렸으니
세세생생	명짜르고	갖은병신	온갖잔병

〈둘째는 도적〉
일않고서	놀고먹고	틈틈이	도적질로
남의피땀	훔쳐먹고	개소되어	빚갚는다

〈세째는 간음〉
간통오입	버릇되어	아들딸도	다버리고
패가망국	원흉으로	세세생생	가정불화

입으로 네 가지 죄
〈첫째는 거짓말〉
거짓말로	남을속여	자기협잡	일삼는다
의지할곳	없게되고	세세생생	신용없다
이내신세	고달픔이	이어찌	남일일가

〈둘째는 속임수〉
사기협잡	갖은수단	온세상을	망쳐먹고
악도에	떨어져서	갖은고초	다받을제
슬피우는	귀곡소리	가엾고	불쌍하다

〈세째는 악담〉
농삼아   하던일이   악담욕설   버릇되어
싸움패로 품을팔아   피투성이   일삼으니
세상사람 다싫다고   인간대우   못받는다
〈네째는 이간질〉
시기질투 음해질과   나의사이   이간질로
사람오장 다태우니   간곳마다   난리로다
죽어서   갈곳이란   천만겁에   지옥살이

마음으로 세 가지 죄
〈첫째는 탐욕심〉
보는대로 욕심내어   한없는   탐욕으로
불타는   정열질투   사회가정   파산된다
타는욕심 끝없나니   분수없이   넘지말자
〈둘째는 북수심〉
흥망성쇠 돌고도니   권리세력   남용마오
골을내면 돌차기로   자손까지   앵화로다
감정으로 흐르는일   바로된것   누가봤나
〈세째는 어둔맘〉
마음밖에 진리찾아   삿된짓은   다하누나
과학철학 종교하며   음향조화   운수믿어
갖은요망 다부려도   그운명은   못고친다
세상만사 그모두가   내마음이   저질러서
원인결과 정했건만   그근원을   모르고서
지엽에서 허덕인들   그운명을   고칠소냐
차라리   한생각을   착실하게   돌이켜서
음향조화 무극태극   그바깥에   뛰어나서
온우주에 주인공이   됨만같지   못하리라

몸과입과　마음까지　세가지의　죄업으로
주책없이　움직여서　열가지죄　저질렀다
몰랐으나　지었지만　열가지의　그죄악을
하나하나　남김없이　뿌리뽑아　참회하고
깨끗이　　목욕재계　부처님전　소향합장
수없이　　예배하며　팔과몸을　향사르어
남김없이　참회하고　또다시　　맹세하여
모든죄악　범치말고　착한공덕　다닦으세
죄악되는　열가지는　이미들어　알았으니
열가지의　착한공덕　부지런히　고루닦세
복과지혜　구비하게　금생일생　잘닦으면
내생부터　세세생생　명도길고　복도많고
효자열녀　아들딸도　애국애족　충성으로
인간오복　고루타고　온세상이　부뤄한다
일문권속　정법믿어　불법천하　이룩하고
온세상의　사람들이　한날한시　부처되세

열 가지의 착한 공덕

첫째 대자대비
넓고깊은　자비은혜　끝없이　　베풀어서
원수들을　도와주고　악마들을　제도하자
죽어가는　목숨살려　원한을　　풀어주고
산목숨을　사랑하여　풀한포기　밟지마세
남의목숨　죽인죄로　오사급사　단명하다

둘째 근로봉사
놀지말고　끈기있게　부지런히　노력하여
내힘으로　내벌어서　없는사람　살려주고
피땀흘려　내모아서　다생빚을　청산하자
놀고먹고　편히살면　남의노력　도적이요
놀고먹은　그죄악은　세세생생　빈천하니
차라리　　굶어죽고　공없는덕　입지마오

셋째 정조청정
일편단심　이내마음　정조가져　고귀한덕
청천에　　백운같고　진흙속에　백옥같이
정조와　　신의지켜　부부간에　서로믿고
가정화합　만사성취　백년해로　의지하자
고래로　　전해온말　부부끼리　화합하면

국가에   충성하며   효자열녀   절로난다
제행정조 지닌공덕   그얼굴이   미묘단정
부정한   인과로는   추한얼굴   병골신세

넷째 정직하자
정의 앞에 이몸바쳐   만고에   빛이되고
세상을   구원한덕   세세생생   행복하다
정직하면 위덕있다   덕있는이   한말하면
온천하에 법이되며   온갖사람   다믿는다
말한마디 거짓되어   신용한번   잃고나면
온세상이 믿지않아   일일이   낭패된다
남속인   죄악으로   세세생생   버림받고
간곳마다 고독신세   한탄한들   무엇하리

다섯째 진실하자
남속여   모은재산   일시잠간   보관되나
끝내잘된 예가없고   자손만대   앙화로다
듣기좋게 발라마쳐   남못살게   속인죄로
모진병에 죽어가면   발설지옥   고통이다

여섯째 점잖하자
한치되는 이입으로   일생신세   좌우한다
성현들의 경계말씀   가슴속에   깊이새겨
자비롭게 일러주고   원만히   해결하면
온천하의 남녀노소   한가족이   되고만다
악담패설 하는사람   온세상이   원수되어
간곳마다 불평이고   시시때때   싸움이다
악담패설 지은죄는   세세생생   병신험상

일곱째 공경하자
만물중에	영장으로	인간세상	행복함은
서로가	공경하며	화합으로	이루었다
공자님의	인의예지	공경이	근본이요
예수님의	박애정신	사랑이	근본이다
낙원행복	바라거든	하심공경	힘써닦자

여덟째 보시적선
한방울의	물이라도	내덕을	베풀망정
털끝만한	신세라도	공없이는	받지말자
보시적선	주인공은	간곳마다	환영이요
의식주에	부족없이	세세생생	호강이다
복은지어	나눠먹고	죄는지어	남못준다
힘껏노력	내벌어서	소원따라	나눠주자
흩어주면	모여들고	감춰두면	가난든다
탐내고	아낀죄로	죽어서	아귀되고
세세생생	추한얼굴	그무엇	때문일까

아홉째 인욕하자
허망한	세상일에	제가속아	된골내면
십년감수	경계말씀	옛적부터	일러왔다
이세상에	모든일이	내마음의	그림자다
제그림자	미워하니	제골내어	돌차기다
성공은	참는공덕	한번참아	내몸안락
두번참아	가족행복	세번참아	천하태평
내가참고	네가참아	온세상이	참다보면
사바세계	극락으로	참고참아	이뤄진다
부처님의	그성상도	참는공이	이뤘으니

육도만행　가운데서　인욕공부　제일된다
무진장의　공덕문이　참는것이　열쇠로다
열째 정신차려
흩어진맘　거두고　온갖생각　다버리고
정신차려　눈뜨고서　올바르게　살펴보라
산높고　물깊은줄　잘도아는　이맘자리
이자리를　깨고보라　혼연일체　본래면목
마음밖에　천지없고　천지밖에　마음없어
이름없고　모양없어　모든흔적　끊어졌다
모량무수　저부처님　이도리를　깨치시고
천지를　두루알며　임의대로　자유자재
법부중생　슬퍼하사　간절하게　일렀건만
꿈속꿈에　꿈을꾸는　미혹한　저중생들
아득하고　아득하여　돌아갈줄　모르도다
마음밖에　진리찾고　마음밖에　부처찾고
마음밖에　하늘믿고　마음밖에　신을섬겨
과학이니　철학이니　종교까지　만들어서
이리저리　얽맺으니　꿈깰날이　기약없다
이육신은　허망하고　주관객관　거짓이라
이것저것　할것없고　너와내가　따로없다
통틀어서　마음이며　마음마저　아니로다
깨달으면　본래주인　모르며는　종이로다
제좋아서　종질하며　고독불만　설워말라
고와낙은　정한인과　인연좇아　살아가라
일심으로　공부하여　한눈깜짝　할동안에
깨고보면　변함없이　법부그냥　부처로다
정법신앙　잃은과보　세세생생　미신사도
잡신사도　권속되어　애닯고도　불쌍하다

이 책을 내면서

　7십년의 한 평생을 제도중생(濟度衆生)과 견성성불(見性成佛)의 대비원력(大非願力) 속에 머무시며 몽매한 중생을 일깨워 주시고 불화·분쟁의 종단을 채찍질하셨으며 분단된 조국·민족의 통일을 염원하셨고, 양단의 대립된 사상 속에서 불안에 떠는 인류를 위한 평화를 갈구하시던 청담 큰스님께서 입적하신 지도 벌써 1년. 한국 불교계의 거성이신 청담 큰스님을 10여년간 모시고 불사에 정진하던 소승은 그 고결하신 인격과 온후한 천성과 청렴한 조행(操行)과 굳건한 입지와 강력한 실천력으로도 금생의 업을 풀지 못하시고 열반에의 길로 먼저 드심을 통탄하며 그 공과 덕을 다시 한번 추념하며 내생에선 기필코 성사 있으시길 바라는 마음 절절하다.
　청담 큰스님은 분명히 금세기의 한국이 낳은 위대한 구도자였다. 큰스님은 인류 아니 인간을 위해 절규하듯 말씀하셨다. 〈모든 사유·지식·감정은 "나"에게서 생성되었지만 "참 나"는 아니고 마음 바로 그것이 "나"다. 이 마음은 생각을 내고, 좋고 싫음의 기분을 느끼게 하며, 지식·철학을 배우게 하기도 하는데 그렇다고 그것들이 바로 "나"일 수는 없다. 즉 생각·기분·지식은 마음의 피조물이기 때문에 인식 이전의 "나", 자타 이전의 "나"가 될 수밖에 없는 것이다. 서양의 일반적인 철학에선 생각함으로써 나를 인식하는 따위의 개념들은 불교에서의 "나"와는 근본적으로 다르다.〉

이에 곁들어 사람의 몸뚱이는 하나의 물질인데, 흔히 중생들은 눈에 보이는 몸뚱이에만 애착을 느낀 나머지 오직 "산 것" "참 나"인 마음을 등지고 본체를 잃고 방황하기가 일수라는 것이었다. 그러므로 물질은 근본적으로 "산 생명"과 같을 수가 없으며 몸뚱이를 이루는 피부·근육·혈액·골격·신경 따위들은 과학적인 분석에서 물질의 구성 조합에 불과하다는 결론이 나왔다. 그리하여 무엇을 할, 그리고 알 능력을 갖지 못하므로 죽은 것과 다름이 없다. 그때문에 몸뚱이는 가아(假我)이며 마음은 진아(眞我)이고, 몸뚱이는 마음의 그림자에 불과하다. 물질계 즉 현상계는 구경(究竟)을 깊이 따져들면 공(空)과 무(無)에 다달아 마음의 그림자 이상은 될 수 없는 것이다.

　소승은 큰스님 곁에서 유심의 진리를 찾기에 심혈을 기울였는데 그때문에 큰스님의 수도 행을 남못잖게 잘 알고 있는 터이므로 어느 때 어디건 서슴없이 밝혀 주장할 수가 있다.

　큰스님의 수도 행은 한국 불교 전통인 대승 불교 수도의 산 표본, 즉 6바라밀행을 초인적으로 실천하시어 중생과 불승들에게 절대적인 영향력을 끼쳤다.

　큰스님의 "인욕행"은 "인욕 보살"이란 명예로운 이름을 갖고 계셨다. 언제나 자비스럽고 부드러운 얼굴로 끈기 있게 대하셔서 아무리 고집스럽고 성이난 사람도 큰스님 앞에선 머리를 숙이지 않을 수 없다. 그것은 출가위승하여 수도생활을 하시기 전부터 천성의 인내력을 가졌기 때문이다. 이런 일화도 있다. 소년 시절 큰스님의 고향인 경남 전주 남강에서 있었던 일이다. 엄동설한의 얼음 물 속에 발가벗은 채 목만 내놓고 장시간을 들어앉아 있었다. 주위 사람들이 놀라 물으며 만류했더니 "남아로 태어났으면 국가 민족을 위하는 지사(志士)가 되던가 아니면 우매한 중생을 구제하는 고승이 돼야 하는데 그러자면 우선 인내력이 필요하다. 나는 내 인내력이 얼마인가를 시험하고 있으나 아무 염려랑 마시오." 태연스럽게 대답해서 주위 사람들을 다시 놀라게 했다 한다. 그런 천성의 인내력은 불가(佛家)에 입문한 뒤 더욱 다듬어지고 굳어져 만인을 감화시키는데 크게 작용했다.

그뿐 아니라 스님의 지계행(持戒行)은 부처님의 계률 그대로를 살려 한국 불교의 정통과 중흥에 큰 공헌을 했다. 일제의 식민지 통치로 빚어진 불교의 타락은 부처님의 2백5십 계율이 산산조각이 났다. 스님은 크게 통탄을 하시어 한국 불교 정화의 기치를 높이 쳐들고 불철주야 팔도 방방곡곡을 누벼 끝내는 결실을 맺고야 말았다. 자유당 시절 분쟁과 부패 그리고 부정 속에 날이 지새던 사원은 폐허화되다시피 돼 있었다. 큰스님은 짓밟히고 곪아빠진 불도를 되찾기 위해 무언 단식농성을 벌이다가 뜻하지 않은 폭행을 당하여 반신불수가 되면서까지 초지를 굽힐 줄 몰랐다. "설령 내가 금생의 성불을 늦추는 한이 있어도 정화불사만은 기필코 이루고야 말겠다"는 결의에 찬 말씀은 현종단의 좌우명으로 깊이 남아 있다.

그와 아울러 스님의 정진행(精進行)은 달마선사의 말씀 그대로 "칠전팔기"의 끈기와 정진력을 보였다. 파벌과 질시로, 급변하는 시대조류에 완전 소외된 종단을 일선에 나서 몸소 떠맡아 노심초사했으며 불교계의 대표자로 사회의 각계 각층 대소 행사와 회의에 참석하시어 사회 속에 불교를 심어 불교 정화는 물론 사회 정화에도 커다란 수확을 거두었다. 오늘은 경상도, 내일은 여자대학, 모레는 해외로 그분이 필요하다는 곳은 어디건 때와 장소를 가리지 않고 노구를 이끌고 참석하시어 설법을 하셨으며 또 큰스님을 찾아드는 수많은 신도 중생도 바쁜 일과의 틈을 내어 따뜻한 대화로 맞아주었다. 그런 정진력은 춘원 이광수 같은 독실한 기독교 신자를 일주일간에

끈질긴 설법으로 마침내 개종을 보게 하여 《원효대사》, 《이차돈의 죽음》, 《꿈》같은 걸작을 낳게끔 했다. 그리고 삼각산 기슭의 도선사 주지스님으로 오시고부터 수많은 신도들을 위해 쉬임없이 "관음재일법회"와 "방생법회"에 설법을 하시고 또 퇴락된 도선사를 수년만에 놀라울 지경으로 중창(重創)하시고 10만 신도의 사찰로 발전시켰는가 하면 한편 경내에 호국 참회원도 세우셨다. 신라의 통일 불교, 고려의 호국 불교, 이조의 구제 불교―― 현세 한국 "불교유신"을 거쳐 "유심(唯心)"을 바탕으로 한 호국 그것이라야 하신다며 조국을 위한 불교의 공헌을 주창하신 큰스님은 호국 참회원의 절대 필요성에 따라 고난을 이겨가며 창설을 보신 것이다. 이러한 큰스님의 집념은 정화와 교화의 이원적인 큰짐을 진 정진으로, 불사의 염원으로 삼으셨다.

또한 큰스님은 선정행(禪定行)에 있어서는 정적인 선정을 피하고 끝없이 움직이는 동적인 선정을 취하셨다. 산중 선원의 정좌 수선의 수도 생활을 거쳐 불교 정화 사업에 발벗고 나선 그때부터 시작하여 수도 서울 한 복판의 조계종 총무원이 지금까지 한시도 움직이지 않고는 못 배기시는 것이었다. 이 땅의 끝과 끝을 오갈 때도 걷고 움직였으며 지금처럼 불교의 대중화가 지상 과제인 이 때에 심산 유곡 깊숙이 묻혀 신도들을 맞이하시는 것이 아니라 오히려 대중을 찾아 떠돌아다니시는 것이었다. "담화를 하면서 보행을 하면서 이루는 선정이야말로 중생을 교화하고 공익을 돌볼 수 있지 않을까" 하시면서 "앉거나 서거나 차를 타거나 대화를 나누거나 그것은 움직이는 것과 일맥 상통하는거야" 이러한 큰스님의 뜻은 종교의 대중화에서 한국 불교의 정통을 찾는 교화불사의 선정행 그대로 "참 뜻", "참 모습"을 보여준 것이라 하겠다.

큰스님의 이러한 면면들을 더듬어 살피다 보니 소승과 중생을 책망하던 몇 말씀이 뇌리를 강타한다. 불철주야 불사에 진력하시는 모습이 딱해 휴식을 권할라치면 "설법을 하다 쓰러지면 그보다 더 큰 영광이 어디 있겠는가" 이렇게 반문하시곤 되려 우리들을 책망하셨다. "내생에 가선 네가 나의 스승이 될지 모르니 좀더 똑똑하고 부지런히 배워야지" 하시던 큰스님은 마치 스스로의 열반을 예언이나 하는 듯, 그 이틀 전에 "육신은 멸하지만 법신은 멸하지 않는 것"이라고 하신 그 말씀이 지금도 소승의 귀에 쟁쟁하다.

그렇듯 불철주야 이 나라 이 민족과 한국 불교계를 위해 헌신을 하셨어도 여한이 있으신지 "내생에 가서도 청정한 집안에 태어나 출가하여 제도 중생을 하겠다" 하셨는데 금생에 남은 수많은 중생과 불제자는 그 큰 뜻, 넓은 사상을 보살펴 잇지 못하고 원점으로 돌아간 듯하니 새삼 큰스님의 영원설법이 아쉬워지기만 한다.

그래도 큰스님이 남기신 한 마디 한 구절의 사상을 한데 모아 한 권의 책을 엮어 그 뜻을 다시 펴내는 바이다.

이 책은 큰스님 열반 1주기에 초판을 내어 많은 분들의 호평을 받아 매진되었다. "선시(禪詩)" 몇 편을 덧붙여 수정·증보판을 내어놓는다.

1974년 2월 15일

청담큰스님 3주기를 맞아
李 慧 惺 합장

◎ 略 歷

1903年 慶南 晉州市 水晶洞에서 출생, 姓名 李讚浩, 法名 淳浩 法號 靑潭. 晉州第一普通學校 卒業. 晉州公立農業學校 卒業. 日本兵庫縣 上部赤松村雲寺 秋元淳雅老師에서 師事하여 得道. 慶南 固城 玉泉師 南主榮 사에 再得道. 佛敎淨化후 比丘僧長老 朴漢永師에 師事하여 再得籍. 서울 安岩洞 開運寺 佛敎傳問講院에서 大敎科卒. 大韓佛敎曹溪宗 總務院長. 大韓佛敎曹溪宗會 議長歷任. 慶南 陜川 海印寺를 거쳐 傳言先寺. 住持 大韓佛敎 曹溪宗 統合宗團 第二代 宗正. 大韓佛敎曹溪宗 長老院長. 總務院長 歷任. 1971年 涅槃

◎ 著 書

《현대의 위기와 불교》,《신심명 강의》,《금강경 강의》,《반야심경 강의》,《잃어버린 나를 찾아》,《마음》,《알기쉬운 선입문》外 多數.

마 음

2002年 4月 30日 印刷	著 者　李　　靑　　潭
2002年 5月 5日 發行	發行者　張　　基　　燮
	組版　和成印刷社
	印刷　瑞一印刷所
	製本　元進製冊社
	發行處　三育出版社
	서울 特別市 城東區 金湖1街洞 252-2
	電話 02) 2298-6039
	H·P 011-9913-6039
	FAX 02) 2282-6049
값 9,500원	登錄 1968年 4月 8日 제 2~299
	ISBN 89-7231-054-9

著作權者와 合意하에 印紙를 省略함